PROBATE RECORDS IN ENGLAND

영국의 유언검인기록

김호연 지음

UUP.

영국의 유언검인기록

- 2017년 01월 20일 **초판 인쇄**
- 2017년 01월 25일 **초판 발행**
- **지은이 김호연**
- **펴낸이** 오연천
- **펴낸곳 UUP**(울산대학교출판부) 680-749 울산광역시 남구 대학로 93(무거동) 울산대학교 출판부
- 전화 (052)259-2488 팩스 (052)277-3011 ▪ **홈페이지** http://uup.ulsan.ac.kr
- **출판등록** 제370-1996-000001호(1996.3.13)
- ₩ 22,000

이 도서의 국립중앙도서관 출판도서목록(CIP)은 e-CIP 홈페이지(http://www.nl.go.kr/ecip)에서 이용하실 수 있습니다.(CIP제어번호: CIP2017001652)

ISBN 978.89.7868.402.6 (93920)

책을 내며

영국의 유언검인기록(probate records)은 유언장(wills)과 유산목록(probate inventories)으로 구성된다. 유언장은 유언자의 유언을 기술한 문서로, 유언자가 그의 사후에 재산에 대한 처분과 가족에 대한 통제력을 행사하려는 문서이다. 유산목록은 유언집행인(executor)이 유언장에 의거하여 집행한 사망자의 동산에 대해 교회법정에 제출하여 검인된 검인물품목록을 의미한다. 이 책에서는 의미를 좀 더 정확하게 하기 위하여 유산목록으로 표기하였다.

이 책은 16세기부터 18세기까지 영국인들의 유언장과 유산목록에 대하여 다루고 있다. 유언장은 당대인들의 종교적 신념, 재산에 대한 처분, 가족관계, 상속관습 등을 보여주는 기록문서이다. 우리는 이를 통하여 종교개혁에 따르는 영국인들의 종교적 신념의 변화, 사망자의 동산과 부동산의 상속, 아내와 장남 및 다른 아들들과 딸들에 대한 상속관습, 가족과의 관계 및 친척들과의 관계 등을 분석해낼 수 있다.

유산목록은 사망자의 들판에 파종된 작물, 집안에 보관된 곡물, 가축, 농기구, 가구, 그릇이나 여러 용기 등의 세간, 옷, 상점의 물건 등에 대한 목록이다. 대체로 가옥의 방마다 놓여있는 세간의 종류와 개수, 그리고 그 가치를 기록하고 있다. 우리는 이를 통하여 당대의 농업현황을 자세히 파악할 수 있고, 사육하던 가축의 종류와 두수, 농기구의 종류와 숫자, 가구의 종류와 숫자 등을 상세히 알 수 있다. 이를 통하여 농업의 발전과 변화과정, 농기구나 가구의 변화와 발전 과정, 주택의 발전과정, 16~18세기 사이 영국인들의 생활수준의 향상과정, 소비문화의 확산과정 등을 구체적으로 분석해낼 수 있다.

영국에서 유언장과 유산목록을 통한 연구가 시작된 것은 한 세기도 넘었지만, 이들을 사료로 하여 본격적인 연구가 시작된 것은 1950년대이다. 일부 연구자들에 의해 농업사로부터 시작된 연구가 상속관습, 가옥의 발전, 농업혁명, 인구변화, 생활수준의 향상, 물질문화의 확산, 종교적 신념의 문제 등 여러 분야로 확산되어 연구가 진행되고 있다.

유언장과 유산목록은 산업혁명 이전 시기인 근대초 영국의 사회경제사를 연구하는데 결정적인 사료로 평가받고 있다. 이 책은 이들 사료에 대한 안내 및 분석서이다. 이 책은 원래 2005년 출간된 저자의 『근대초 영국 농촌사회연구』의 후속편으로 구상된 두 권 가운데 하나로, 한 권은 2015년 『영국의 장원기록문서』로 출간하였다. 이번에 출간하는 『영국의 유언검인기록』 역시 『영국의 장원기록문서』와 마찬가지로 오랫동안 준비하였으나 여전히 만족할 만한 상태는 아니다. 그렇기는 하나 현재 우리나라에서 이들 사료에 대한 안내서가 없는 점을 고려하여 출간하게 되었다.

이 책의 1장은 유언장의 작성, 내용, 검인 및 집행 등에 대한 내용이며, 2장은 유산목록의 작성과 구성방식, 연구동향과 자료의 한계 등에 대한 내용이다. 3장은 16세기 체스터필드, 4장은 16세기 후반 옥스퍼드셔, 5장은 16~17세기 킹스 랭글리, 6장은 17~18세기 미드 에식스를 대상으로 발간된 유산목록에 대한 분석내용들이다.

이들을 준비하면서 유언장과 유산목록에 대한 안내서, 연구서 및 논문, 각 지역에 대해 발간된 유산목록에서 많은 도움을 받았다.

이 책을 발간하면서 근대초 영국의 사회경제사를 연구하는 후학들에게 일부나마 도움이 되기를 희망한다. 아울러 서양의 유언장과 유산목록에 관심이 있는 독자들에게도 도움이 되기를 기대한다. 끝으로 이 책이 출간되도록 애써준 울산대학교 출판부에 감사의 마음을 전한다.

2016년 12월 26일

저자 김호연

목차

3장 16세기 체스터필드 / 77

4장 16세기 후반 옥스퍼드셔 / 107

5장 16~17세기 킹스 랭글리 / 151

1장
유언장

1. 유언장의 의의

유언장(wills)은 사람들이 그들의 사후에 그들 재산에 대하여, 그리고 그들 상속자들에 대하여 통제력을 행사하려는 문서이다. 그렇지만 오랜 동안 유언장 없이도 그 같은 목적이 달성되었는데, 그것은 재산과 상속에 대한 다양한 법률과 관습에 의해서였다. 법률과 관습은 일반적으로 사망자의 미망인과 다른 피부양인들을 부양하는 것을 허용했고, 또 상속이 이루어지도록 허용하였다.

그런데 유언장 제도가 도입된 이후 연구자들은 법률과 관습에 의존하던 시대보다 상속에 관련된 사실들을 훨씬 많이 알아 낼 수 있게 되었다. 따라서 유언장은 영국의 역사연구자들에게 사회변화를 연구하는 중요한 사료로서 자리하게 되었다. 물론 유언장이 가족사나 인구사, 물가변동과 농업혁명을 연구하는 후대인들을 염두에 두고 작성된 것은 아니나, 유언장에는 영국사회의 변화과정이 투영되어 있다는 점에서 사료로서 매우 귀중한 가치를 지닌다.

초기 유언장은 9세기 앵글로-색슨시대(Anglo-Saxon Age)의 것부터 잔존한다. 이들의 직접 기원은 대륙의 게르만 부족사회에서 찾을 수 있는데, 게르만의 브리튼 침략과 정착 과정에서 수반된 것으로 보인다. 그렇지만 영국에서 유언장의 초기역사는 분명치 않고 학자들 사이에 많은 이견이 있다. 영국에서 초기 유언장에 대한 연구 상황은 Dorothy Whitelock과 Michael M. Sheehan의 저작들에서 잘 보여주고 있다.[1)]

어느 정도의 유언장이 구두로 작성되었는가는 노르만 정복 이후에도 알려져 있지 않다. 이들 구두 유언(oral will)은 증인 앞에서 몇 마디 문장의 말일 수도 있으며, 또 항상 문서화된 것도 아니었다. 이런 종류의 구두유언장(nuncupative will)은 가난한 사람들 사이에서, 그리고 결혼한 여자처럼 유언장을 만들 수 없는 사람들 사이에서 수 세기동안 지속되었다.

유언장에 대한 검인(probate, 檢認)은 1858년까지 교회가 독점하였다. 유언장에 관련된 검인절차에는 장기간 동안 교회법, 보통법, 성문법을 혼합적으로 사용하였다. 사제들은 죽어가는 사람들에게 그가 저지른 잘못에 대하여 속죄해야 하고, 그의 부의 일부를 빈자의 구호를 위하여 사용해야할 의무가 있다는 점을 분명히 했다. 특히 납부하지 않은 십일세에 대한 속죄를 강조하였다. 그 같은 교회와 사제의 영향은 유언장에 그대로 반영되어 있는데, '잊고 납부하지 않은 십일세 얼마를 납부한다'는 내용과 '빈자들을 위하여 얼마를 기부한다'는 내용이 발견되는 수많은 유언장에서 확인할 수 있다.

우리말의 유언장은 'testaments'와 'wills' 두 가지의 의미가 있는데, 처음에는 testaments의 의미로 발전했고 후에는 여기에 wills의 의미가 합류되었다. 기원적으로 testament는 유언인의 개인재산,

---

1) Dorothy Whitelock, *Anglo-Saxon Wills* (Cambridge University Press, 1930); Michael M. Sheehan, *The Will in Medieval England* (Pontifical Institute of Medieval Studies, Toronto, Studies and Texts No. 6, 1963).

즉 현금, 부채, 임대, 물건 등 동산(good and chattel)에 관련된 것이었고, 이들은 유산으로 유증되었다. 그러나 will은 기원적으로 보통법상 유언인의 자유보유지의 토지, 즉 유언인의 부동산(real estate)에만 관련되었다. 이 같은 부동산은 법률상 창안된(devised) 것이지 유증된(bequeath) 것이 아니다. 그런데 16세기까지는 will과 testament가 서로 호환될 수 있는 의미로 사용되었다. 그러므로 엄밀히 말해서 testament와 will은 서로 다른 범주의 재산에 관련된 의미였으나, 16세기까지는 유언장의 서두에서 종종 같은 의미로 사용되기에 이른 것이다.[2)]

영국에서 토지에 대한 유언에는 오랜 동안 심각한 제한이 있었는데, 토지 이전이 엄격한 규율에 적용되었기 때문이다. 그 같은 규율은 원래 군주의 봉건적 그리고 다른 부과금의 권리를 보호하기 위한 것이었다. 이에 따르는 문제들을 해결하기 위하여 여러 세기 동안 토지에 대한 다양한 신탁과 보유의 종류들이 법률가들에 의하여 발달되었다.[3)]

유언장 가운데 구두유언장은 구두, 즉 말로 한 유언장으로 유언의 증거로서 증인에 의해서 유언자 사후에 써진 것이다. 그에 비하여 유언보충서(codicil)란 유언장에 부가된 것으로, 유언자가 부가하기를 원하는 어떤 것도 포함될 수 있었으며 유언장의 일부로서 취급된다. 그러나 메모나 삽입은 유언장에 부가될 수 없으며, 그런 경우에는 유언장 자체가 무효가 된다. 유언보충서는 유언장의 내용을 설명하는 데 사용될 수 있거나, 또는 추가 유증이나 유언장의 어느 조항을 철회하거나 수정, 또는 무효화 하는데 사용할 수 있었다.

---

2) Grannum, Karen and Nigel Tayor, *Wills and Other Probate Records* (The National Archives, 2004: 이하 *Wills and Other Probate Records*로 표기함), p. 5.

3) Baker의 영국 법제사는 이 같은 내용에 대한 훌륭한 안내서이다. J.H. Baker, *English Legal History* (Butterworth, 3rd edn 1990).

유언장에서 언급되는 재산(estate)은 사망자의 소유물, 즉 가축과 작물, 살림살이, 농기구, 값나가는 그림 등 모든 동산의 집합으로 언급된다. 그에 비하여 토지와 건축물로 대표되는 부동산은 위에서 언급한 바와 같이 유언장을 통하여 유증될 수 있는 재산이 아니었다.

유산수령인(beneficiary)은 유언장에 의해 수혜를 받는 자를 말한다. 즉, 유언자에 의하여 유산이 유증되거나 유산이 남겨진 사람이다. 그에 비하여 유언집행인(executor, executrix)이란 유언자에 의하여 그의 소망이 집행되어 유언장 조항이 실행되도록 지명된 사람이다. 유언집행인은 유언장의 조항이 실행도록 하기 위하여 유언장에 대한 검인을 받아야 한다.

2. 유언장 작성

1) 초안 작성

초기 유언장들은 구두진술로 증인 앞에서 써졌다. 일반적으로 죽음이 다가오면 죽어가는 사람이 죽음을 준비하도록 성직자가 임석했는데, 죽어가는 사람의 마지막 소망을 유언으로 받아들이고 또 마지막 성사를 행하였다.

이 같은 초기 유언장에는 종종 유언자가 '아픈 몸'을 제외하고는 '건전한 정신'이라는 진술이 포함되었다. 이 '건전한 정신'의 언급은 유언자가 자신의 감각을 통제하고 억압에서 자유로워야 한다는 법률적 요구를 충족하기 위한 것이었다. 옛 유언장의 다수가 일종의 약화된 건강에 대한 선언을 담고 있어, 유언자들은 죽음에 임박하거나 위험한 질병에 이르기까지 유언장을 작성을 하지 않았던 것으로 추론할 수 있다. 그렇지만 일부 사람들은 일찍 작성했는데, 결혼이나 출산에 따라, 와병 또는 상속에 따라서였다.

법률에 의하면 교회법정이 유언장을 진짜 문서로 받아들이기 위해서는 적어도 유언장에 서명을 한 2명의 증인이 필요하였다. 이들 증인은 사망자의 가까운 친구들이기나 신뢰하는 친구늘이었던 것으로 보인다. 증인의 수는 1676년 사기와 편견예방법(Act for Prevention of Fraud and Prejudice)에 따라 3~4명으로 늘었다. 그런데 만약 유언장이 유언자에 의하여 써졌거나 구술되었다는 데에 의심의 여지가 없을 때에는 증인들이 항상 필수적인 것은 아니었다. 증인들은 남녀 모두 가능했으며, 범죄자와 위증자, 아동, 바보, 미치광이 등은 증인이 될 수 없었다.4)

유언장 마지막에는 유언자가 유언집행인의 이름을 적어야 했다. 그렇지만 유언집행인과 유언자 사이의 관계에 대해서 언급해야 했던 것은 아니다. 이 같은 이유로 유언장을 통하여 가족사를 연구하는 경우 사망자와 유언집행인의 관계를 밝혀내는데 한계가 있다.

법률은 유언장이 작성되고 증인이 있었다면 임종소망을 받아들였다. 물론 구두유언장에 대해서는 교회법정에서 유언검인이 승낙되어야했으며, 유언자가 건정한 정신이었다는 것이 인정되어야만 했다.

중세시대 동안 유언장은 구두진술에서 점차 써진 문서로 진행되었다. 그러나 읽고 쓰는 능력으로 인하여 써진 문서로의 진행이 상대적으로 보편적이지는 않았다. 매우 소수의 사람들만이 자신의 유언장을 직접 작성했다. 전통적으로 유언장 작성은 교구사제의 소관분야였다. 그러나 시간이 지남에 따라 일을 맡은 서기, 변

4) *Wills and Other Probate Records,* pp. 8, 82.

호사, 의사와 다른 전문가들의 일반적인 업무가 되었다.

유언장을 작성했던 서기의 임무는 유언자의 소망과 요구 사항을 인지하여 형식적이며 법률적인 문서로 서술하는 것이었다. 때로는 만족할 만한 판본이 만들어지기 전에 많은 수정이 가해졌음에 틀림이 없다. 가끔은 유언장을 완성한 후에 유언보충서 첨부를 위하여 서기가 다시 불려가기도 했다.

유능한 서기의 비용은 비쌌다. 그렇다하더라도 많은 재산을 남긴 경우에는 믿을만하고 능숙한 서기를 찾는 것이 필수적이었다. 유언장 초안에서의 실수는 법률적인 면에서 수정하려면 입증에 많은 비용이 들 수 있었고, 또 유언자 사후에 분쟁이 될 수 있었기 때문이었다. 특히 유증의 일부가 누락되는 경우에는 분쟁의 소지가 다분했기 때문이었다.

2) 기록

유언장은 3가지 방법으로 기록되었다.

첫째, 유언자가 자신의 손으로 직접 기록할 수 있었다. 이 경우가 자필문서(holograph)로 알려져 있다. 처음에는 문자해독이 극히 드물어서 이런 종류의 유언장이 드물었다. 유언자의 자필문서가 유효하기 위해서는 적어도 2명의 믿을만한 증인의 서명이 있어야만 했다.

둘째, 제 3자에 의해서 기록될 수 있었다. 이 방법이 위에서 언급한 바와 같이 유언장 초안 작성의 통상적인 방법이었다.

셋째, 구두유언에 의하여 기록될 수 있었다. 이 같은 유언장이 구두유언장으로 알려져 있다. 이는 일반적으로 유언자의 마지막 임종시에 유언장 초안이 남겨진 경우였다. 유언시에 적어도 2인의 증인이 입회해야 했고, 또 그들에게 유언자가 그의 유언을 한다는 것을 알게 해야 했다. 이 유언은 통상적으로 유언자 사망 후에 가능한 빨리 작성되어 서명되었다.

구두유언의 경우 사기를 예방하고 또 다른 유언장들이 공표될 수 있는 충분한 시간을 제공하기 위하여, 구두유언장은 적어도 유언자 사망 후 14일까지는 검인이 허용되지 않았다. 교회법정은 구두유언장이 취할 정확한 형태를 특정하지는 않았으나, 유증의 의미를 명확하게 하여 모호하거나 불명확한 것을 피할 것을 요구하였다. 1676년 사기와 편견 예방법에 따르면, 만약 재산이 총 £30를 넘으면 구두유언장은 적어도 3인의 증인이 입회하지 않으면 안 되었다. 구두유언장은 쉽게 확인되는데, 일반적으로 'Memorendum'이라는 말로 시작하기 때문이다. 색인된 유언장에서 이들은 'nunc'로 확인되고 있다. 1837년 유언장법(Wills Act)에 따라 현역 군인과 선원 외에는 구두유언장이 무효가 되었다.5)

3) 작성자

유언장을 남긴 사람들은 영국사회에서 가장 높은 지위에 속하는 작위귀족부터 가장 낮은 빈민에 이르기까지 모든 사회계층의 사람들이었다. 그렇기는 하나 가난한 사람들보다는 부유한 계층의 사람들이 더 많이 남겼는데, 사망 이전에 정리할 필요가 있는 복잡한 부동산과 재정문제 때문에서 그랬을 가능성이 컸다. 또한 유언검인에 관련된 교회법정의 비용에 대하여 더 자주 불만을 제기할 가능성이 컸기 때문이었다.

그에 비하여 상대적으로 처분할 재산이 적었던 가난한 사회구성원들은 유언장을 남길 필요성이 적었다. 또 그들의 유언장은 대

---

5) *Wills and Other Probate Records,* pp. 8, 75, 82.

주교의 법정보다는 주로 인근의 부주교나 주교의 법정에서 검인되었다. 예컨대 18세기에 Berkshire의 부주교의 법정은 주로 술 주조인, 벽돌공, 직조공, 갓 제조공, 제화공, 포목상, 정원사, 식료품 상인, 벨트 제조공, 노동자, 하인, 무두장이, 수레공 등의 유언장을 검인했다. 당시의 유언장에서 언급되는 다른 직업은 제빵공, 생강 쿠키공, 변호사, 여관주인, 외과의사, 상인, 양복장이 등이 있으며, 가끔 남자는 젠틀맨, 여자는 미망인 혹은 노처녀로 묘사되었다.[6]

그렇지만 모든 사람들이 유효한 유언장을 작성할 수는 없었다. 일부는 작성할 수 없었고, 또 일부는 작성할 수 없다고 간주되었다. 파문된 자(1813년 폐지됨), 이단자, 배교자는 종교적 이유로 유언장 작성이 금지되었다. 1534년 영국 국교회의 로마와의 단절로 영국내의 가톨릭교도들은 적대적 입법으로 고통을 받았다. 17세기에 프로테스탄트로 사망한 남편의 가톨릭 미망인은 남편의 유언집행인 권리가 박탈되었고, 과부산(dowry)의 3분의 2를 몰수당했다. 1672년 심사법(Test Act)은 가톨릭교 미망인이 그녀 남편의 재산을 상속하기 위해서는 남편의 사망 4개월 이내에 프로테스탄트의 믿음을 따라야한다고 규정하였다. 1700년의 법률은 가톨릭교인이 토지를 사거나 상속하는 것을 금지하였다.

결혼한 여성은 1882년 이전에는 남편의 동의에 의해서만 유언장을 작성할 수 있었다. 남편은 그 유언장을 언제라도 취소할 수 있었는데, 심지어는 그녀의 사후에도 유언검인 이전에는 취소할 수 있었다. 그렇지만 미망인과 독신여성은 유언장을 남길 수 있었다. 결혼한 여성들이 스스로 유언장을 남길 수 있게 된 것은 1882년 기혼여성재산법(Married Women's Property Act)에 의해서였다.

미성년자들도 유언장을 남길 수 없었는데, 소녀는 12세 미만,

---

6) *Wills and Other Probate Records*, p. 2.

소년은 14세 미만이었다. 소녀의 경우 결혼하면 그녀의 남편이 동의하지 않는 한 작성된 유언장은 무효가 되었다. 1540년의 유언장법(the Statute of Wills)은 21세 미만의 토지 창출을 금지했고, 1837년 유언법은 21세 미만의 유언장 작성을 금지했다.

장애인이나 정신이상자도 유언장을 작성할 수 없었는데, 선천적인 귀머거리(그래서 벙어리)와 미치광이 및 천치도 작성할 수 없었다. 또 반역자, 명예훼손자, 고리대금업자, 중죄인, 자살자 같은 범죄자도 유언장 작성이 금지되었다. 반역자와 자살자의 유언장이 무효로 처리되던 것은 1870년 몰수법(Forfeiture Act)으로 폐지되었다.[7]

4) 작성 빈도 및 이유

그렇지만 인구의 어느 정도 비율이 유언장 남겼는가는 알기 어렵다. 이 비율을 추정할 수 있는 가장 직접적인 방법은 유언장의 숫자와 교구 기록에서의 성인 사망자의 수를 비교하는 것이다. 그러나 실제로는 말처럼 비교가 되지 않는다. 이유는 많은 장례기록에서 사망자의 이름과 사망일자만 기록되어 있어서 사망자가 성인인지 아동인지 알 수 없기 때문이다. 또 결혼한 여성 같은 사회의 특정 구성원은 유언장 작성에서 제외되었기 때문이다.

1858년 이래로 교회법정에서 유언장을 검인하던 사법권이 중지되었다. 그 후 유언장을 작성하는 사람들의 수가 꾸준히 증가하였다. 특히 유언장을 남기는 여성의 수가 1882년 기혼여성재산법에 따라 증가하였다.

유언장을 작성한 이유는 유언자들이 자신의 문제를 해결하고, 그들 가족이나 혹은 피부양자에게 재산을 남기기 위해서였다. 또

---

7) *Wills and Other Probate Records,* pp. 79-80.

자선적인 유증이나 친구를 기억하기 위하여 유언장을 작성했다. 일반적으로 유언장 작성 시기는 생애의 초반기는 아니었다. 중세와 근대초에 영국에서 유언장을 빨리 작성하면 일찍 죽는다는 미신적인 믿음이 있었던 것이다.

일부 기혼 남성은 사망 전에 그들의 부동산과 혼인계승 부동산(marriage settlements)을 분리했다. 이런 경우는 유언장 작성의 필요성이 감소되었다. 그러나 만약 그의 사후에 아내가 재혼의 가능성이 있다면 특히 아내의 나이가 어린 경우에는, 유언장은 재산 이전이나 분쟁에 대한 사려 깊은 예방책으로 생각되었다. 왜냐하면 아내가 재혼하면 그녀의 보유재산은 새남편의 재산이 되었기 때문이었다. 그의 사후에 분쟁이 있을 것 같은 경우에는 유언장 작성은 불가피한 것으로 생각되었다.

3. 유언장 내용

1) 형태

유언장에는 다음의 일부 혹은 전부가 포함되어야 한다. 첫째, 유언자의 이름, 거주지, 직업, 둘째, 건강상태, 셋째, 기독교신앙 진술(초기 유언장에는 더하다), 넷째, 정신 능력상태, 다섯째, 장례에 대한 설명(지시), 여섯째, 유증의 세부사항(자선 유증이 가족 유증 앞에 올수 있다), 약정, 일곱째, 유언자의 서명(증인이 있어야 함), 여덟째, 증인(들)의 이름, 아홉째, 유언집행인(들)의 지명, 열째, 유언장 날짜.

예컨대 1532년 2월 14일 Kings Langley에서 작성된 요먼 Aldwyn

Robert의 유언장은 다음과 같다.[8)]

유언장
이 름: Robert Aldwen
신 분: 요먼
작성일: 1532년 2월 14일
검인일: 1534년 4월 16일 at Wheathampstead

"신의 이름으로 기도하나이다. Lincoln 주교구 내의 Hertfordshire의 Kings Langley 교구 Sheperfelde 마을에 사는 요먼인 Robert Aldwen은 육체는 아프고 허약하나 온전한 정신과 기억력으로 신에게 기도하고 감사드리며, 다음과 같이 마지막 유언장을 작성하여 유언합니다. 우선 나의 영혼을 구주이시며 창조주이신 예수 그리스도와 그의 가장 다정하고 축복받으신 어머니인 우리의 성모 마리아, 그리고 모든 하늘의 성인들에게 맡기나이다. 내 육체는 킹스랭글리 교회 뜰 친구들 옆에 묻히기를 원하옵니다. 킹스 랭글리 교회의 높은 제단에 최근에 잊었던 십일세와 헌금 8페니를 … 링컨의 모 교회에 2페니를 … 성모의 촛불을 위하여 2페니를, 성 안나와 성 막달라 마리아의 촛불을 위하여 2페니를 … 같은 교회의 횃불을 위하여 2페니를 … 나의 대부 Sir Christofere Pykering이 나와 나의 좋은 친구들을 위하여 기도하도록 한 마리 좋은 양을 … 위에서 언급한 교회에서 사용하도록 청동냄비 한 점을 … 앞서 언급한 교구 교회의 보상을 위하여 6실링 8페니를 … 킹스 랭글리의 성 세례자 요한 형제단에 밀 3부셸을 유증합니다.

또한 킹스 랭글리에 있는 나의 모든 가옥과 토지를 내 아내 Joan에게 그녀의 평생 동안 유증하며, 그녀의 사후에는 나의 상속인인 나의 아들 Robert Aldwen에게 유증합니다. 또 Missenden의 Richard Aldwen에게 나의 장례식과 비용의 절반을 부담하게 합니다. 또 나의 아들 Nicholas에게 양 6마리, 접시 2점, 홑이불 한 쌍, 긴 손잡이

8) *Life and Death in Kings Langley: Wills and Inventories 1498-1659*, ed. Lionel M. Munby (Kings Langley Local History & Museum Society, 1981), no. 11, pp. 10-11.

와 삼발이가 달린 요리 솥 하나, 궤 하나를 … 나의 손자 Richard Aldwen에게 … 백납접시 2점 … 언급한 Nicholas에게 큰 쇠망치 하나와 자귀 하나를 유증합니다. 또 나의 아들 Richard Aldwen이 Calabures 근처 나의 땅에서 난 12개 목재 나무를 Kings Langley에 있는 나의 집을 수리하도록 나의 아들 Robert에게 양도하도록 합니다. 나머지 나의 모든 동산 및 부동산은 나의 아내 Joan에게 평생 보유하며 수익을 취하도록 유증하며, 다음에는 나의 아들 Robert에게 유증합니다. 나의 아내 Joan과 아들 Robert를 이 마지막 유언장의 공동 집행인으로 삼아, 위에서 언급한 물품들을 그들이 최선이며 상책이라 생각하는 바에 따라 처분토록 하겠습니다."

1532년 2월 14일 작성함. 증인: Sir Christofere Pykring, Richerede Seman screvener, William Roberdes.

Robert Aldwen의 유언장에서 보여주는 바와 같이 당시의 유언장은 유언자의 이름(Robert Aldwen), 거주지(Kings Langley 교구 Sheperfelde 마을), 직업(요먼)을 명기하고 있다. 또 '육체는 아프고 허약하나 온전한 정신과 기억력'이 있다는 것을 명시하여 육체적인 건강은 좋지 않으나, 정신능력 상태는 그의 유언장 작성에 전혀 문제가 없다는 점도 밝히고 있다. Robert Aldwyn은 그의 영혼을 '구주이시며 창조주이신 예수 그리스도와 … 성모 마리아, 그리고 모든 하늘의 성도들에게' 맡긴다는 표현으로 그의 기독교 신앙을 명확히 하고 있다. 그리고 그의 사후 시신을 교회의 뜰에 매장되기를 원하며, 교회와 제단에 바칠 현금과 물품을 언급하고, 그의 아내와 자녀들에 대한 유증의 내용을 구체적으로 서술하고 있다. 마지막으로 Robert Aldwen은 아내 Joan과 아들 Robert을 유언집행인으로 지명하였고, 유언장 작성 날짜와 증인 3명의 이름이 기록되어 있다.

이 같은 형식의 유언장은 단순한 것부터 복잡한 것까지 다양한 형태였다. 만약 유언자가 그의 아내와 자녀들을 위하여 만약에 대비한

준비사항을 만들면, 유언장의 복잡성 및 길이가 더해졌다. 유언장은 끝에 유언자에 의하여, 혹은 유언자의 입회하에 다른 사람 혹은 유언자의 지시에 의하여 서명이 되어야 했다. 증인들 입회하에 유언인은 서명을 인정해야 했고, 증인들은 유언자 입회에서 유언장에 서명해야 했다. 때로는 유언장은 매 페이지 아래에 서명되었거나 위나 옆에 같이 꿰맨 느슨한 페이지들과 함께 마지막 페이지 맨 아랫부분에 서명되어 있다. 근대 유언장은 종종 변호사에 의해서 작성되거나, 또는 채워질 공란이 있는 프린트된 형태의 문서로 작성되었다.

2) 종교적 서두

Robert Aldwen의 유언장에서 알 수 있듯이 초기의 유언장은 종교적 서두(religious preamble)로 시작되었다. 이에 대해서는 이미 많은 연구와 논쟁이 있어왔다. 중세에는 종교가 생활의 중심부를 형성했다. 그런데 그 같은 종교적 진술이 어느 정도 개인의 신앙문제인지 혹은 단순히 서기에 의한 형식적인 삽입문구인지는 알려지지 않았다. 그렇지만 서기가 유언장이 서명되기 전에 유언자에게 다시 읽어주었다고 가정하면, 종교적 표현이 유언자 자신의 것이 아니라 할지라도 종교적 진술은 대체로 유언자의 견해를 반영하는 것 같다.

종교개혁 이전의 가톨릭 신앙에 대한 서술의 완전한 형태에는 5장에서 상술하고 있듯이, '전지전능하신 신', '성모 마리아', '하늘의 성스런 성인들'이 등장한다. 또 교구 교회의 high altar에 미불된 십일세를 지불하고, 거의 모든 유언자가 자신의 영혼을 위한 미사를 위해서 사제에게 얼마간 유증하고 있다. 좀 여유가 없는 유언자는 교구 길드에 의해서 고용된 사제의 미사를 이용하고 있다. 이는 종교개혁 이전 유언장에는 연옥에서 그들의 영혼이 머무는 기간을 단축하려 노력했다는 것을 보여주는 것이다.

그에 비하여 종교개혁 이후 대부분의 유언장에는 '내 영혼을 나의 창조주이며 구세주이신 전능하신 신의 손에 맡깁니다.'처럼 표현되어 있다. 또 캘빈사상의 영향에 따라 '선택된(elect) 하늘의 성인들'에 속하기를 원하는 문구가 등장하고, 종교개혁 이전의 제단 앞의 촛불 대신 빈자들을 위한 유증도 등장한다. 그리고 1580년대부터 점점 더 많은 유언장에서 부활에 대한 새로운 강조의 영향도 보여준다.

이를 통하여 우리들은 유언자의 신앙을 판별할 수 있는데, Kings Langley에서의 예를 들면 다음과 같다.

• 1531년 8월 4일, 요먼 Richard Seman의 유언장
" … 나는 나의 영혼을 전지전능하신 신과 우리의 축복받으신 성모, 그리고 하늘의 모든 성인들에게 맡깁니다. …나는 나의 교구교회 high alter에 12d. … Wynge 교구사제 sir John Clerke에게 3s. 4d. … Langley의 교구사제 sir Christofere Pykeryng에게 내 영혼을 위해 기도해 주도록 가장 좋은 가운을 유증합니다. …"[9)]

• 1585년 17월 26일, 젠틀맨 John Kettell의 유언장
" … 나는 나의 영혼을 삼위일체이신 전능하신 신, 창조주인신 하늘의 … 성부, … 그의 아들 예수 그리스도, … 그리고 성신께 맡깁니다. … 나는 하늘의 선택된 성인들에 속할 것입니다. 그리고 나의 육체는 내 생명과 영혼과 분리될 때 왔던 땅으로 갈 것이며, 그곳에서 전능하신 신이 기껍게 부활로 다시 일으켜 세우실 때까지 머물며 살 것입니다. … 나는 같은 교구의 가난한 이웃들을 위하여 사용하도록 20s.을 기부할 것이며 … "[10)]

Richard Seman의 유언장에는 '전지전능하신 신', '성모', '하늘의 성인들', 사제에게 기도를 위한 유증 등 전형적인 가톨릭 신앙이

9) *Life and Death in Kings Langley*, no. 9, p. 9.
10) *Life and Death in Kings Langley*, no. 37, p. 29.

드러나 있다. 반면에 John Kettell의 유언장에는 '창조주', '하늘의 선택된 성도들', '부활', 빈자들을 위한 유증 등 프로테스탄트의 신앙이 반영되어 있다.

3) 유산

유산(bequcst or legacy)은 유언자에 의해서 남겨진 재물을 의미하는 개념이다. 수혜자 또는 수증자(beneficiary or legatee)는 상속받는 자이다. 유산의 흔한 형태는 보석, 접시, 가구, 의복 등이다. 암소, 황소, 양, 돼지 등 농가의 가축은 사망자의 재산이 적었던 인생 초기 유산의 특징을 이룬다.

유산은 전체적으로 조건이 없는 '절대적'으로 또는 특정 조건이 부가되거나 실현되어야 하는 '조건부'로 유증될 수 있었다. 앞서 언급한 바와 같이 유언장은 유언자의 부에 대한 정확한 지표라기보다는 처분 의도에 대한 진술서이다. 그래서 유언자가 유산에 대하여 긴 목록을 작성했다 하여 충분한 재산이 있어야 하거나 또는 반드시 남긴 것으로 가정할 필요는 없다. 좀 더 정확한 부에 대한 실상은 유산목록(probate inventories)과 혹시 존재한다면 회계문서, 또는 1796년과 1903년 사이의 경우에는 재산에 대한 사망의무기록부(death duty registers)를 통하여 확인할 수 있다.

유언장에는 종종 미망인의 유산에 대하여 언급하는데, 남편 재산의 '3분의 1'이었다. 이는 미망인의 평생 또는 재혼할 때까지의 권리를 언급하는 것인데, 결혼시부터 그녀의 과부산으로 남편 재산의 '3분의 1'로 결정되었다.[11] 때로는 유언장 작성시에 이미 제

---

11) 과부산은 이미 13세기에도 잘 확립된 관습이었다. E. Miller and J. Hatcher, *Medieval England: Rural Society and Economic Change 1086-1348* (Longman: London, 1978), pp. 135-36. G.C. Homons, *English Villagers of the Thirteenth Century* (Rusell & Russell: N.Y., 1960), pp. 177-80.

공되어 자세한 언급이 없을 수도 있다. 종종 미망에게 제공되는 남편의 유산은 그녀가 재혼하지 않는다는 조건 하에서였다. 이는 1882년 기혼여성재산법 이전에는 여성의 소유물 및 재산이 결혼 시에 남편에게 귀속되었기 때문이었다. 예컨대 Cart Nativorum의 한 예는 "Berengar of Werrigton과 그의 처 Amice가 John Reeve of Walton에게 Walton에 있는 1 ½ roods를 양도하였는데, …이 토지는 Amice가 사망한 전남편 Robert Harold의 자유지에서 받은 그녀의 과부산 가운데 한 부분이었다"12)라고 기록하고 있다. 이처럼 미망인이 재혼을 하여도 과부산에 대한 권리는 그대로 인정되고 있다. 이 같은 경우 두 번째 남편은 그 토지(즉, 재혼한 아내의 과부산)에 대해서 권리를 갖고, 그녀가 죽어도 이 토지는 전남편의 상속인에게 귀속되지 않고 두 번째 남편의 권리로 남아 있었다. 이 같은 이유로 R.J. Faith는 한 농가의 보유지가 사라져 일가(一家)가 몰락하는 원인을 추적하면서, 그 이유 중의 하나를 미망인의 상속관습으로 돌리고 있다. 즉, 일가의 전보유지(全保有地)를 과부산으로 받은 미망인이 그 토지를 가지고 재혼함으로써 그 재산이 두 번째 남편에게 귀속되어버렸기 때문이라는 것이다. J.Z. Titow는 토지부족이 심했던 흑사병 이전의 시기에 토지 없는 젊은 남자가 토지를 가진 미망인과 결혼하여 결국은 일가의 보유지가 바뀌고, 전형적인 장원의 개념에서 제시되는 부(父)에서 자(子)로, 세대에서 세대로 혈연에 따라 가보유지가 계승된다는 원칙이 흔들리게 되었다고 말한다.13)

---

12) C.N.L. Brooke and M.M. Postan, eds., *Carte Nativeorum: A Peterborough Abbey Cartulary of the Fourteenth Century* (Northamptonshire Record Society, xx, Oxford, 1960), no. 172.

13) R.J. Faith, "Berkshire: Fourteenth and Fifteenth Centuries," in P.D.A. Harvey ed., *The peasant Land Market in Medieval England* (Oxford, 1984), p. 160; J.Z. Titow, "Some Difference between Manors and their effects on the

우리는 미망인이 반드시 사망자 자녀 모두의 어머니라고 생각해서는 안 된다. 당시에는 아내 사후에 재혼하는 남성이 드물지 않았기 때문이다. 물론 자녀들에게도 유산이 분배되었다. 일반적으로 재산의 큰 부분이 장남 또는 법적 상속인에게 돌아갔다.[14] 그러나 이는 유언장에 기록되지 않을 수도 있다. 그런 조항은 이미 권리증서(deeds)에 기록된 내용이었다. 결혼한 딸들도 이미 그들의 결혼지참금(marriage portion)을 받았을 수 있으며,[15] 그래서 유언장에서 생략되었을 수 있다.

4. 검인

유언장이 효력을 발생하기 위해서는 법정에서 검인되고 법원관리에 의하여 등록되어야 했다. 그러므로 검인이란 유언장이 관련 법률에 의하여 법원에서 공식 인정되는 과정이다. 즉, 법률적으로 유언장이 유효한 것으로 인정되는 것으로, 유언장이 변조되지 않고 다른 법률적 요구조건에 맞는다는 것을 법원에서 공식적으로 인정하는 것이다. 검인은 그 자체로는 유언장의 자세한 내용에 관여하는

Condition of the Peasant in the Thirteenth Century," *Agricultural History Review*, x (1962), pp. 6-9.

14) 영국의 중부지방인 미들랜드(Midlands)지역에서는 13세기부터 장자상속제가 지배적이었다는 사실이 잘 밝혀져 있다. G.C. Homans, *English Villagers of the Thirteenth Century, pp.* 109-132, 195-207.

15) marriage portion은 결혼지참금으로 딸이 결혼시에 부모에게서 받은 재산이다. 결혼지참금을 마련하기 위하여 중세시대에도 부모들은 한 뙈기의 땅이라도 구입하고자 노력하였다. Janet Williamson, "Norfolk: Thirteenth Century," in P.D.A. Harvey ed., *The peasant Land Market in Medieval England* (Oxford, 1984), pp. 93-4, 100-3; Zvi Razi, "Family, Land and the Village Community in Later Medieval England," *Past and Present*, 93 (1981), p. 9.

것은 아니다. 법원은 검인을 통하여 유언집행인(들)이 유언장의 내용을 집행하도록 허용한다. 요컨대 검인이란 유언장의 조항이 효력을 발생하게 하는 법률적 절차이다.

일반적으로 법원은 유언집행인에게 유언장에 의거 유언인의 재산처분을 집행할 수 있는 검인인정의 문서와 더불어 유언장사본을 제공한다. 그 같은 유언장사본을 때로는 검인서라 언급하기도 한다.

이 같은 검인은 1858년까지 교회법정에서 행해졌는데, 영국 전체에서 200여 곳이었다. 대부분의 사람들은 교회법정의 영향에 미치는 곳에서 살았다. 이들 법정은 각각의 독립된 유언장 기록관을 가지고 있고, 중앙의 인덱스가 없다.

1858년 1월 12일부터는 국가가 업무를 떠맡아 런던에 기반을 둔 새로운 검인법정(Court Probate)이 설립되었다. 이 법정은 유언장을 검증할 수 있는 40개의 지역 등록소를 포함하는 네트워크를 갖고 있다. 낮은 가치의 유언장은 잉글랜드와 웨일즈에 산재한 250여개의 내국세 세무소(the Inland Revenue)에서 검인될 수 있다. 유언장의 세부사항은 통합 인덱스를 위해서 중앙법정에 보내진다.[16)]

16세기에도 유언장 검인은 불필요한 연기 없이 적절히 이루어져야한다고 규정되었다. 그렇지만 실제로는 다양한 검인법정마다 세부적인 절차와 관행이 달랐으므로, 법은 일반적인 사항만 규정하여 견본만을 제공할 뿐이었다. 즉, 법정에 지불해야할 수수료, 종종 jurat라 불리는 서약인에 대한 확인사항으로 언제 어디서 누구앞에서 서약했는가를 유언장 뒤에 명기할 것 등을 규정하고 있다.

검인은 대주교, 주교 혹은 부주교의 대리인에게 서약하는 유언집행인 앞에서 행해졌다. 유언집행인은 그가 성실히 유언장대로 집행할 것이며, 빚과 유산을 지불하고, '진실되고 완전한 유산목록'을 제

16) *Wills and Other Probate Records,* p. 3.

출할 것이라고 서약하였다. 서약 후 유언장 사본이 양피지에 복사되어 등록소 서기에 전달되거나 다른 주교의 관리에게 전달되었다.

19세기 후반에는 검인에 대한 지침서가 출판되기도 했다. 지침서는 검인 신청시에 유언집행인은 등록소의 사망 확인서나 공식 매장기록과 함께 유언장과 사망인의 자세한 재산 및 부채 명세서를 같이 제출할 것을 조언하고 있다.

5. 집행

1) 유언집행인

유언의 집행(administration)이란 관련 법정에 의하여 적합한 집행인(administrators)에게 유언장에 의거 유언자의 재산처분을 집행할 수 있는 권위를 인정하는 것이다. 유언 집행을 허용하는 집행명령서(letter of administration)가 미망인이나 최근친족(next of kin), 또는 채권자(creditor)에게 허용될 수 있었다.

유언자의 사망에 따라 유언집행인(executor)의 처음 임무는 마지막 유언장을 찾는 것이었으며, 1858년 이전에는 검인을 위하여 적합한 교회법정을 확인하는 것이었다. 즉, 남긴 유산의 규모와 관련하여 거주지에 해당하는 대주교 특권 재판소인가 또는 주교법정이나 부주교법정인가를 확인해야 했다.

유언집행인과 증인들은 법정에 제시된 유언장이 최종 유언장이며, 유언자에 의해서 직접 써졌거나 또는 유언자에 의하여 구술된 것임을 서약해야 했다. 18세기의 경우 런던에 가는 비용 등의 사유로 법정에 갈 수 없었던 유언집행인들은 지역 변호사의 주선으로 위원회(commission)가 대리로 서약하였다. 문제나 이의가 없다고 판단되면, 판사는 검인을 허가할 수 있었다. 이 때 해당 법원은 인장이 찍힌 문서를 발행했다. 집행명령서로 알려진 이 문서는 유언집행인이 사망자 재산의 물품목록(inventory) 제출, 사망자 소유의 돈 취합, 사망자의 빚과 적법한 비용(치료비, 장례비, 경비) 지불, 유산분배 및 이에 대한 회계문서(account) 제출의 권한과 책임을 부여하였다. 유언집행인은 유언장의 검인이 승인된 후 6개월 내에 법정에 유산목록을 제출해야 했으며, 유산목록 제출 6개월 이내에 유산분배와 비용에 대한 회계문서를 제출해야 했다.[17)]

이미 언급한 바와 같이 유언장과 교회법정 모두는 사망한 사람의 개인 소지품과 동산에 대해서만 사법권을 가졌다. 1837년 유언장 법(Wills Act)에 이르기까지 부동산에 대해서는 권위를 갖지 못하였다.

유언집행인은 유언장 작성이 금지된 자를 제외하고 누구든 가능할 수 있었다. 그는 유언자가 원하는 대로 규정에 따라 유언을 집행해야 하는 사람으로 적합해야 했다. 그래서 유언집행인과 유언자 사이에는 재산을 분배하고 빚을 지불하는 도덕적 행위에 실질적인 합의가 있는 것으로 간주되었다. 유언자는 그의 생시에 언제든지 그의 유언장을 다시 작성할 수 있었고, 유언집행인을 해촉할 수 있었다. 반대로 유언집행인도 유산의 집행권을 포기할 수 있었다. 유언집행인은 아무 필요조건 없이 지명될 수 있었으나, 특정 기간 혹은 유언자 재산의 특정부분에 대한 집행을 조건부로 지명될 수도 있었다. 지명되는 유언집행인의 수는 제한이 없었다. 그리고 특정 유언집행인이 특정 재산을 집행할 수 있도록 할 수도 있었다. 만약 유언집행인이 집행을 거부하면, 유언집행인은 유언자의 빚의 처분과 재산분배에 관여할 수 없었다. 그렇지만 도둑을 방지하기 위하여 가축을

17) *Wills and Other Probate Records,* pp. 46, 81, 93.

돕거나 소유물을 돌보는 등의 다른 관용행위는 허용되었다.

유언장을 남기기 않았거나 유언장이 무효로 판결된 비유언자(intestate)의 경우에는 해당 법원에서 유언집행인을 지명하였다. 1529년의 법에 의하면 우선순위의 순서는 다음과 같았다. 첫째, 남편 혹은 아내, 둘째, 자녀, 셋째, 부나 모, 넷째, 형제나 자매, 다섯째, 최근친족 (삼촌, 숙모), 여섯째, 채권자, 일곱째, 기타, 법정의 판단에 의함. 비유언자의 재산분배는 공정을 기하기 위하여 1670년부터 집행자에게 다음이 요구되었다. 첫째, 미망인에게 3분의 1, 나머지를 사망자 자녀들에게, 여러 자녀가 있을시 동일하게 균분한다. 둘째, 자녀가 없을시 2분의 1을 미망인에게, 나머지를 최근친족에게 배분한다. 셋째, 미망인이 없을시 자녀들에게 균분한다. 넷째, 미망인과 자녀가 없을시, 이해관계자(예컨대, 채권자)에게 허용한다. 다섯째, 미망인, 자녀, 최근친족, 이해관계자가 없는 경우, 재산은 왕에게 귀속된다.[18)]

2) 증인

증인(witness)의 목적은 문서가 진짜임을 증명하고 유언장의 은폐나 제3자에 의하여 유언장이 부정하게 대체되는 것을 막기 위함이었다. 앞서 언급한 바처럼 1676년 사기와 편견예방법에 따라 3~4명의 믿을만한 증인이 요구되었다. 그 이전에는 2명의 증인이면 일반적으로 충분하다고 여겨졌다. 그런데, 만약 유언장이 유언자에 의하여 써졌거나 구술되었다는 데에 의심의 여지가 없을 때에는, 즉 비록 선서 진술자가 유언자의 손글씨에 익숙한 친척이나 지인 중에서 채택되었다 할지라도 증인이 항상 필수적인 것은 아니었다.

---

18) *Wills and Other Probate Records,* pp. 46-7.

증인은 남녀 모두 가능했으나, 범죄자와 위증자, 아동과 바보, 미치광이, 한쪽에 편향된 사람은 배제되었다. 1858년 이전에는 유언장에 의해서 수혜를 입어도 증인으로 활동하도록 받아들여졌다. 그러나 1858년 이후에는 유산의 수혜를 받지 않은 2인에 의하여 유언장이 증언되어야 했다. 자필유언장이 효력을 갖기 위해서도 적어도 2인의 믿을만한 증인이 요구되었다.

6. 교회법정과 기록물

1) 중세 유언장의 기원

중세시대 유언장의 관리는 교회 당국자와 세속 당국자 모두의 관심사였다. 각각 종부성사 및 자선유증, 그리고 사후 재산의 분배에 관심이 컸기 때문이었다.

교회는 유언장 검인과정에 대한 책임에서 유리한 위치에 있었다. 유언자의 임종시에 사제가 종부성사를 위해 불려갔고 마지막 고백을 들었기 때문이었다. 이 때 사망자는 그의 재산에 대하여 마지막 유언을 하곤 했다. 실제로 중세 초기의 유언장은 다수가 임종시에 남긴 구두유언장이었다.

유언장의 검인에 대한 사제의 책임이 의식적인 결정의 결과인지 혹은 자연적 발전과정의 결과인지는 알려져 있지 않다. 분명한 것은 세속법정은 교회의 도움 없이는 유언검인이 불가능했을 것이라는 점이다. 사망자의 마지막 유언을 들었던 자가 사제였고, 문서로 유언장이 작성되었을 때 초안 작성자가 교육받은 사제였기 때문이었다. 또 유언자의 사망 후에 유언장 내용을 명확히 이해하고, 유언장 없이 사망한 경우 유언자의 재산처분에 대하여 유언자의 희망에 대하여 조언했던 사람이 사제였기 때문이었다.

그렇기는 하나 유언장의 검인과정에서 세속법정의 역할이 무시될 수는 없었다. 비록 교회법정이 유언장 검인과 집행에 책임이 있다 해도, 교회법정은 오직 사망자의 동산, 즉 가구, 가축, 임대, 곡물, 의복, 보석 등의 재산에 대해서만 사법권을 가졌기 때문이다. 토지로 대표되는 사망자의 부동산에 대해서는 세속법정이 사법권을 행사하였다.

2) 교회법정

1858년 이전에는 유언장을 검인하고 집행을 허용하는 것이 교회의 권리 겸 의무였다.[19] 유언장 검인과 관련된 교회법정(Ecclesiastical courts)은 적어도 윌리엄 정복왕 때부터 세속법정과 별개체로 형성되었다. 교회법정은 교회법(canon law) 하에서 작동되었으며, 유언업무 및 십일세 미납, 결혼분쟁, 명예훼손, 이단 등의 문제를 담당하였다.

교회에 의해 집행된 주요 형벌은 파문(excommunication)과 공적 속죄(public penance)였다. 그에 비해 세속법정은 투옥이나 처형할 수 있는 권한이 있어, 강간이나 반역 같은 더 심각한 범죄를 심문할 수 있었다. 1858년 이전에는 전국에 걸쳐 200여개의 교회법정이 산재했었고, 그 결과 통합된 단일 교회행정의 패턴이 없었다.

교회법정 역시 세속법정과 마찬가지로 위계에 의해 작동되었다. 잉글랜드와 웨일즈는 요크(York)와 캔터베리(Canterbury) 2개의 관구

---

19) 본고에서는 1858년 이전의 교회법정과 기록물에 대해서 논한다. 1857년 유언검인법(The Probate Act 1857)에 의하여 교회법정의 유언검인 사법권이 폐지되고, 잉글랜드와 웨일즈에 대하여 국립 유언검인법정(National Court of Probate)이 설립되었다. 1858년에는 유언검인등록소(Probate Registry)가 설립되어 당시부터 지금까지 유언장과 유언집행 문서가 보관되고 있다.

(province)로 나뉘었다. 두 관구는 각각 대주교에 의해서 주재되며, 다수의 주교구(dioceses)로 구성된다. 각각의 주교구는 2명이나 그 이상의 주교들에 의해서 주재되었는데, 여러 부주교구(archdeaconries)로 구성된다. 각각의 부주교구는 부주교에 의해서 주재되고 다수의 지역 주임사제 관할교구(rural deaneries)로 구성되었다.

1604년 이전에 대주교들은 한 주교구 이상에 소유물이 있는 사망자에 대한 재산을 집행할 독점적 권한을 갖는다고 주장하였다. 그러나 1604년 제정된 교회법으로 대주교의 권한이 제한되었다. 즉, 모든 유언집행인은 관구 내의 다른 주교구에 사망자의 소유물이나 빚이 있는가를 명확히 선서해야 한다. 만약 사망자가 한 주교구 이상에 총 ￡5(런던은 ￡10)나 그 이상의 '주목할 만한 소유물(nona notabilia)'을 가졌다면 이 재산은 대주교의 법정에서 다루어진다. 그러나 한 주교구 이상에서 ￡5 가치의 소유물이 없는 사람은 주교 혹은 부주교 법정에서 취급된다. 그 결과 주교와 부주교에 의해서 대주교의 권한이 제어되었고 또 그들의 수입이 증가되었다.[20]

역사연구자들에게 '주목할 만한 소유물'의 규칙은 중요한 의미가 있는데, 그것은 유언장이 어느 법정에서 검인되었으며 따라서 그 문서가 현재 어디에 위치하는가를 결정했던 규칙이기 때문이다. 요컨대 1858년 이전에는 사망자가 남긴 재산의 규모와 소재가 어느 법정에서 유언장이 검인되어야 하는가를 결정했다는 것을 알 수 있다. 좀 더 구체적으로 설명하면 다음과 같다.

첫째, 만약 사망자가 잉글랜드 북부인 Carlisle, Chester, Durham, York 주교구에 살았다면,[21] 그리고 웬만큼 부유하여 한 주교구

20) *Wills and Other Probate Records,* p. 13.
21) 여기에는 Cheshire, Cumberland, Durham, Lancashire, Northumberland, Nottinghamshire, Westmorland, Yorkshire를 포괄한다.

이상에 £5 가치 이상의 소유물을 가지고 있었다면, 유언장이나 집행서가 요크의 대주교 관구법정(Prerogative Court of York)에서 검인 및 승인되었다.

둘째, 그러나 만약 사망자가 잉글랜드 남부나 웨일즈에 살았다면[22], 그리고 얼마간 부자라서 한 주교구 이상에 총 £5 이상의 소유물을 가지고 있다면, 유언장이나 집행서가 캔터베리의 대주교 관구법정(Prerogative Court of Canterbury)에서 검인 및 승인되었다.

셋째, 만약 사망자의 재산이 하나 이상의 부주교구에, 그러나 같은 주교구에 위치하면, 유언장이나 집행서는 주교의 법정에서 검인되었다. 만약 소유물이 단 하나의 부주교구에 있으면, 유언장이나 집행서는 부주교법정에서 검인 및 승인될 수 있었다.

넷째, 부주교와 주교 재판소의 기록들은 일반적으로 사망자가 거주했던 지역의 주나 혹은 주교구 기록관(record office)에서 발견될 수 있다.

마지막으로 북부와 남부 관구 모두에서 '주목할 만한 소유물'을 지닌 경우에는, 각각의 대주교 관구에서 검인이 이루어지고 집행서가 발행될 수 있었다. 왜냐면 각각의 대주교 사법권은 그의 관구 내에만 제한되어 있었기 때문이다.

세월이 지남에 따라 대주교들은 주교들의 영역을 침해하기 시작했고, 반대로 주교들도 대주교의 영역을 침해하게 되었다. 대주교법정은 점차 '주목할 만한 소유물'의 규칙과 관계없이 유언장

---

22) Berkshire, Buckinghamshire, Cambridgeshire, Cornwall, Derbyshire, Devon, Dorset, Essex, Gloucestershire, Hampshire, Herefordshire, Hertfordshire, Huntingdonshire, Kent, Leicestershire, Lincolnshire, London, Middlesex, Suffolk, Northamptonshire, Oxfordshire, Rutland, Shropshire, Somerset, Staffordshire, Surrey, Sussex, Suffolk, Wales, Warwickshire, Wiltshire, Worcestershire가 여기에 해당한다.

을 검인하고 집행을 허가하여 결국에는 구분선이 침식되었다. 게다가 1604년에 정해진 ￡5의 재산기준은 세월이 지나도 변하지 않았다. 결과적으로 18세기와 19세기에 이전에는 대주교법정에서 제외되었던 많은 사람들이 이제는 그곳에서 유언업무를 처리할 수 있게 되었다.

3) 요크 대주교 관구법정

북부 잉글랜드에서 유언장 업무에 대한 최고의 법정은 요크 대주교 관구법정(Prerogative Court of York/ PCY)이다. 여기서는 '주목할 만한 소유물'에 해당하는 북부 관구의 유언장 업무에 사법권을 가졌다. 이 유언기록들은 현재 Borthwick 역사연구소(the Borthwick Institute of Historical Research)에 보관되어 있으며, 14세기부터 1858년까지 존재한다. 이 연구소는 또한 요크 대주교구 내의 작은 교회법정의 기록들도 보관하고 있다.

요크 대주교의 사법권은 Carlisle, Chester, Durham, York 주교구로 구성되었고, 대주교 부재시에는 대성당주임사제와 사제단 법정(Dean and Chapter Court)이 대주교 대신 사법권을 행사하였다. 원래 주교들이 유언장 검인업무의 대부분을 담당했으며 그들의 법정이 the Exchequer Court of York로 알려져 있다. 그런데 앞서 언급한 바와 같이 요크 대주교 관구법정이 bona notabilia가 적용되는 북부 관구의 재산들에 대하여 사법권을 요구하게 되었고, 다수의 특유한 법정과 변화하는 변경이 요크 대주교의 사법권을 복잡하게 만들었다.[23)]

---

23) 자세한 사항은 www.york.ac.uk/inst/bihr에서 찾아볼 수 있다. PCY의 검인기록 복사본은 Borthwick 연구소에 우편으로 신청이 가능하다.

4) 캔터베리 대주교 관구법정

잉글랜드 남부지방과 웨일즈의 유언장 업무에 대한 최고 사법권을 가졌다. 물론 주로 '주목할 만한 소유물'을 포함하는 유언장이다. 캔터베리 대주교 관구법정(Prerogative Court of Canterbury/PCC)에서는 헨리3세 시기부터 유언장 검인과 집행허가에 대한 권리를 요구하였다. 이 법정은 1858년 폐지될 때까지 런던의 Doctors' Commons[24)]에 기반을 두고 있었다.

PCC의 유언 기록들은 현재 국립기록관(The National Archives/TNA)[25)]에 보관되어 있다. 반면에 대주교 사법권 내의 작은 교회재판소의 기록들은 지역의 주 기록관(the local county record office)이나 주교구 기록관(the diocesan record office)에 보관되어 있다.

PCC가 유언법정 가운데 가장 크고 바빴던 곳이었는데, 이유는 최상위 유언법정이었고 판결의 비중이 커서 유언자들이 이 법정에서 검인되기를 원했기 때문이었다. 주요 사법권 외에 PCC는 해외에서 사망한 군인과 선원에 대한 사법권을 요구했다. 1817부터 PCC에서 이들이 판결되기 위해서는 재산가치가 ￡20를 초과해야 했다. 군인과 선원의 유언장은 등록된 사본 유언장 인덱스 끝이나 별도의 섹션에 나온다.

처음부터 PCC에 의한 유언장 검인이 부유계층의 관심을 끌었을 것인데, ￡5의 제한이 장벽으로 작용했기 때문이었다. PCC는 또한 낮은 교회법정으로 갈 업무들의 관심도 끌었는데, PCC의 명망 때문이었다. 궁극적으로 인플레이션으로 인하여 고정된 ￡5가 점점 덜

---

24) 옛 런던에 있던 건축물로, 유언, 결혼, 이혼 문제 등을 처리하는 종교 및 해군 재판소였다.

25) TNA는 연합 왕국의 중앙정부 국립 기록관이다. 자세한 사항은 www.nationalarchives.gov.uk에서 찾아볼 수 있다.

제한적인 것이 되었다. 1810년부터 1858년 법정이 폐지될 때까지 영국은행(the Bank of England)은 PCC에서 검인한 것만 수용하였다.

5) 기록물

1858년 이전 시기에 대해서는 유언장과 집행서를 한 곳에서 찾을 수 없다. 많은 교회법정에서 유언장을 검인하고 집행서를 승인할 수 있었기 때문이다. 그래서 가족 이름과 살던 곳이 필요하다. 그렇다 해도 가족 이름이 항상 일정했던 것은 아니며, 또 개인기록이 특정 교회법정의 규칙에 의해서 예기치 않은 곳에서 나타날 수도 있다는 점을 염두에 두어야 한다.

현재 최대의 교회법정이었던 PCC에 등재된 유언장은 온라인으로 검색이 가능한데, 1383년에서 1858년까지 1,016,000건 이상의 유언장을 포함한다. 현재 Bedfordshire, Berkshire, Buckinghamshire, Cambridgeshire, Cornwall, Devon, Dorset, Essex, Gloucester-shire, Hampshire, Here-ford-shire, Hert-ford-shire, Huntingdonshire, Kent, Leicester-shire, Lincolnshire, London, Norfolk, Northamptonshire, Oxfordshire, Shropshire, Somerset, Staffordshire, Suffolk, Surry, sussex, Warwickshire, Wiltshire, Worcestershire에 대한 PCC 기록들이 온라인으로 검색이 가능하다.[26] 온라인 검색이 안 되면, 주 거주자를 위한 교회법정에 의해서 검인된 유언장의 현 소재지를 확인한다. 각각의 주에 의한 유언장과 집행장의 위치는 대체로 각 주의 기록관에서 찾을 수 있다. 마지막으로는 지역 교회의 유언장 인덱스를 점검해보면, 일부는 온라인 이용이 가능하고 이들 가운데 많은 부분이 출간된 경우가 있다. 이 외에도 국립기록관(the National Archives / TNA), 가

---

26) www. documentsonline.nationalarchives.gov.uk.

족기록센터(the Family Records Centre / FRC), 족보학자협회(the Society of Genealogists), 지역 기록관(local record office)에서 찾을 수 있다. 국립기록관은 연합 왕국의 중앙정부 국립 기록보관소로, 2003년 4월 2일 공문서기록관(The Public Record Office / PRO)과 사료위원회(The Historical Manuscripts Commissions / HMC)가 통합되어 설립되었다. 본부인 Kew에는 중앙정부의 기록물이 Domesday book에서 최근기록물까지 보관되어 있다. (The National Archives의 주소 : Kew, Richmond, Surrey, TW9 4DU. Telephone : 020 8876 3444. Website: www.nationalarchives.gov.uk). 런던 중앙에 위치한 The Family Records Centre (FRC)는 the National Archives와 the General Register Office와 함께 공동으로 행정이 처리된다. 이곳에서는 영국의 가족사 연구에 중요한 사료인 출생, 결혼, 사망 증명서가 1837년부터 보관되어 있고, 1841년에서 1901년까지의 총인구조사 기록도 보관되어 있다. (The Family Records Centre 주소 : 1 Mydddelton Street, London, EC1R 1UW. Telephone : 020 8392 5300, Website : www.familyrecords.gov.uk/frc)

2장
유산목록

1. 작성

유산목록(probate inventories)이란 유언집행인이 사망자의 재산에 대해 법정에 제출한 물품목록문서를 의미한다. 이는 유언집행인이 유언장의 검인이 승인된 후 6개월 이내에 법정에 제출해야 하는 사망자 개인의 동산에 대한 자세한 물품목록문서를 말한다.

이 같은 유산목록의 작성은 유언장의 검인과 집행과정의 일부로서, 1342년부터 캔터베리 대구교 John Stratford의 교회법정에 의하여 요구되기 시작하였다. 이전에도 유산목록의 존재에 대한 문서적 증거가 있기는 하나 공식적으로 작성이 시작된 것은 1342년이다. 그렇지만 유언자와 비유언자 모두의 재산에 대하여 다량의 유산목록이 존재하는 것은 법으로 요구된 1529년 이후부터이다.[1)]

유언검인과 집행과정의 일부로서 유산목록을 작성한 이유는 사망한 사람의 재산 가치를 확인하여 공개하고, 사망자의 미불채무 지불 및 유산분배를 용이하게 하기 위해서였다. 일단 법정이 합법적인 유산목록을 생산하고 사망자의 빚이 청산되면, 유언집

---

1) *Willa and Other Probate Records*, p. 91.

행인은 재산의 잔액을 최근친족에게 분배해야 했다. 이런 조치는 유언집행인이나 집행인[2]에 의한 독단적인 일처리나 부정직을 방지하기 위하여 채택되었다.

유산목록이 작성되어 문서로 남아 있는 것은 유언장 검인이나 비유언자의 유산 집행이 인정된 후 6개월 이내에 유언집행인 또는 집행인이 법정에 사망자의 재산에 대한 목록을 제출해야할 의무가 있었다. 그런데 대체로 유산목록은 유언자나 비유언자의 사망 며칠 내에 최근친족이나 유산수령인, 채권자 같은 이해관계자 2~4인에 의해 작성되었다. 이는 부동산이 아닌, 개인 소유물이나 가구와 다른 가내 물품, 의복, 임대 재산, 가축, 곡물 등의 동산에 대한 목록이었다. 토지와 건물 등으로 구성되는 부동산은 여기에서 제외되었는데, 부동산은 교회법정의 사법권에서 벗어나 있었기 때문이었다.[3]

법은 사망자의 소유물 평가가 공개적으로 증인들의 참석 하에 이루어져야한다고 규정하고 있다. 유산목록에 포함된 소유물들은 '소유물의 정확한 가치에 대하여 정직한 전문가'에 의하여 가치가 평가되고 가격이 매겨져야 했다. 또는 당시 경매에 낼 수 있는 가격으로 매겨져야 했다. 종종 유언집행인 혹은 집행인(집행인은 일반적으로 미망인이었다)이 그의 이웃을 가치 매기는데 부를 수 있었다. 또는 상점에서 판매되는 물품 같은 전문 제조상품이 있다

---

2) 유언장을 남기지 못한 비유언자의 재산 처분은 법정에서 집행인을 지정하였다. 1장 참고.

3) 이 점이 영국의 사회변화를 연구하는 사료로서 유산목록이 갖는 최대의 약점으로 지적되고 있다. 다행히 현존하는 유산목록의 절반 정도에는 부동산인 토지와 건물의 상태를 알 수 있게 해 주는 유언장이 부착되어 있다. Mark Overton, "English Probate Inventories and the Measurement of Agricultural Change", in A. Van Der Woude, and A. Schuurman eds., *Probate Inventories: A New Source for the Historical Study of Wealth, Material Culture and Agricultural Development* (Hes Publishers: Utrecht, Netherlands, 1980), p. 205.

면 전문가를 불렀다. 이 같은 가치평가사들에게는 봉사의 대가가 지불될 수 있었는데, 사망자의 소유재산에서 지불될 수 있었다.

유언집행인 혹은 집행인은 유산목록이 제출되고 그것이 사망자의 재산에 대해 정확하며 진실된 가치평가라는 것을 선언할 때 엄숙히 선서해야만 했다. 누구든 사망자의 재산 가운데 일부 품목이 유산목록에서 빠졌다는 것을 진술하려면 교회법성의 재판관 앞에서 증명해야 했으며, 그렇지 않으면 재산목록문서는 그대로 받아들여졌다.

2. 가치평가

유산목록에 기재된 각 품목에 대한 가치가 정확하게 반영된 것인지의 여부는 확인하기가 어렵다. 가치평가사가 의도적으로 또는 부지불식간에 높게 평가했거나 낮게 평가했을 가능성이 모두 있었다. 그렇지만 유산목록이 법정에 제출되어야 했으므로, 가치평가사들은 의도적으로 잘못된 가치제공이 위험하다는 점을 인지하고 있었다. 왜냐하면 부정직한 유언집행인은 유산수령인과 채무자, 그리고 교회법정에 의하여 책임이 추궁되었기 때문이었다.

그럼에도 과대평가가 일어날 수 있었는데 그 이유는 다음과 같았다. 첫째, 사망자의 집에 타인의 물건이 있을 수 있었다. 이 경우 가치평가사가 알기 어려워 사망자의 재산 가치가 그만큼 더 높게 평가되었다. 둘째, 곡물이나 가축 같은 물품의 경우에는 가치가 평가된 날짜와 판매된 날짜 사이에 변동이 있을 수 있었고, 판매된 날짜에 가치가 떨어지면 사망자의 재산은 그만큼 더 높게 평가된 것이었다. 물론 과소평가될 가능성도 있었는데, 과대평가된 반대의 경우였다.

그러면 구체적으로 어떤 물품이 유산목록에 포함되었는가? 법에 의하면 사망 당시 사망자에 속하는 모든 것들이다. 즉, 사망자 개인의 소지품, 소유물품, 집안의 세간물품, 판매용 상품, 임대, 밀과 보리, 아마와 같은 작물, 빚, 임차료 등이다. 반면에 토지와 건물은 물론이려니와 창문의 유리, 나무, 작물 가운데 사료용 풀, 당근과 순무 파스닙(parsnips) 같은 둥근 뿌리채소는 포함되지 않았다. 시민법(civil law) 하에서는 의복, 침대, 보석, 장신구 같은 개인의 물품인 미망인의 '주목할 만한 소유물'은 유산목록에서 제외되었다. 그러나 교회법정에서는 미망인의 개인 물품을 일반적으로 그녀의 의복만으로 해석하였다.4)

그런데 이 같은 유산목록에서의 가치평가만으로는 사망자 개인의 정확한 부를 알 수 없다. 유산목록이 사망자의 동산에 국한된 재산목록이기 때문이다. 여기에는 사망자의 중요한 재산인 부동산이 기록되어 있지 않았다. 그러므로 사망자의 사회경제적 지위를 추정할 수 있는 정확한 부를 나타내는 지표로 사용할 수 없다. 사망자의 부에 대한 더 정확한 현황은 회계문서와 유언장을 같이 분석할 때만 밝혀낼 수 있다.

3. 구성방식과 존재

유산목록은 형식을 갖춘 법률문서이므로, 정보를 정형화된 방식으로 담고 있다. 물론 정확한 성격은 교회법정마다 다르다. 그렇지만 세부사항은 다음과 같은 내용을 담고 있다. 첫째, 평가 대상자의 이름, 가끔 거주 장소와 직업, 둘째, 방마다의 세부사항, 가정물품의 가치, 셋째, 상점의 상품, 넷째, 농기구, 곡물과 가축, 다섯

4) *Willa and Other Probate Records*, pp. 93-4.

째, 가치평가자(들)의 서명, 여섯째, 사망자가 진 신용거래(판매).

Mid-Essex의 Roxwell 지역에서 17세기 중엽에 작성된 유산목록의 구체적인 예를 들면 다음과 같다.[5)]

• 유산목록

Thomas Reeve of Roxwell, husbandman, 1659년 7월 28일

"In the Hall : 테이블 1, 조립식 수틀 6, 쿠션 5와 벤치 판 1 - ￡1. 4s.; 의자 5, 작은 테이블 1 - 4s.; 불꼬챙이 지지대 1쌍, 나무 주걱, trammell, tongues, 풀무와 다른 도구들 - 5s.

In the Buttery : 맥주 그릇 4 - 16s.; 통 9 - ￡1. 2s.

In the Little Room next to the Buttery : 놋그릇 1, 주전자 4, 냄비 2, 거품제거기 1 - ￡3; 치즈 moots 7, 치즈 bread 1, 사발 1 - 4s. 6d.; 선반들, 통 1, 냉각기, 반죽 통과 다른 도구들 - 14s.

In the Milke House : 교반기 1, 우유그릇 5, 가루 통 1, 주발 2 - 14 s.; 선반 4 - 3s. 6d.; 프라잉 팬, 석쇠, 육즙받이 - 2s.; 도기 포트들과 다른 도구들 - 2s.; 천칭 2, 무게 저울들과 상자모양 다리미 - 10s.

In the Parlour : 깃털침대와 밀집침대 1, 베개받침 2, 베개 3, 침대보, 담요, 커튼과 침대틀 및 매트 - ￡7; 깃털침대와 털침대 1, 털 베개받침, 깃털베개 2, 침대보, 담 요, 매트 1과 침대틀 절반 - ￡2. 5s.; 시트 9쌍, 낡은 시트 1쌍, 베갯잇 3 - ￡5. 10s.; 테이블 목천과 냅킨 - ￡1; 찬장 테이블 1, 궤 2, 의자와 박스 1 - 16s.; 은수저 2 - 10s.; 백납접시 9, 얇은사발 2, 받침접시 2, 수저 6 - ￡1; 나무쟁반 24 - 8d.

In the Chamber next the Parlour : 깃털침대 1, 털침대 1, 깃털베개 2, 깃털 베개받침, 침대틀과 커튼, 침대보와 담요 1 -

5) *Farm and Cottage Inventories of Mid-Essex, 1635-1749*, ed. Francis W. Steer (London, 1969), no. 25, pp. 87-8.

£4; 궤 2 - 8s.

In the Room over the Parlour : 밀과 보리 - £2; 양모 - 10s.

바퀴들과 통들, 오래된 잡동사니 - 10s.; 수레 2, 쟁기의 보습들 - £3; 마구와 판대기들 - 10s.

말과 암말 1마리 - £7

써레 1쌍 - 7s.

젖소 3, 젖뗀 송아지 1과 송아지 1 - £10; 암퇘지 2와 돼지 2 - £2; 양 9 -£3. 10s.

밀 3 acres - £10; 보리 2 acres - £6; 콩 5 roods - £2. 10s.

팬, 추수용 삽, 가래, 곡괭이, 삽, 도끼, 창, 쇠스랑, 도리깨 - 13s.

입은 옷과 지갑의 돈 - £3

총액 : £83. 0s. 8d."

가치평가사 : John Collyn, Richard Thurrowgood.

Roxwell의 Thomas Reeve의 예에서처럼 유산목록 작성 대상자의 이름과 거주지, 직업, 그리고 작성날짜가 기재되었고, 다음에는 각 방마다의 세간에 대한 종류와 가치가 기록되어 있다. 그리고 집안에 보관 중인 곡물의 가치, 가축의 종류와 가치, 농기구의 종류와 가치, 그리고 들판에 재배중인 곡물의 면적과 가치가 기록되어 있다. 또 보관하고 있는 현금과 동산의 총액, 그리고 가치평가사의 이름도 기록되어 있다.

Thomas Reeve는 농부였기 때문에 상인들과는 달리 가게가 없었다. 상인의 경우에는 가게에 진열되어 있는 판매용 상품의 종류와 가치가 기록되어 있고, 또 신용거래에 따른 지불해야할 빚의 목록과 받을 외상값의 목록이 기록되어 있다.

그런데 역사연구자에게는 불행하게도 잔존하는 유산목록이 일정치 않다. 그럼에도 이들 문서가 제공하는 정보들이 역사의 각 분야 연구자들에게 큰 흥미를 끌고 있다. PCC에 속하는 유산목록은 1417년에서 1858년까지 존재한다. 그 가운데 1710년부터는 유산목록이 오직 소송이 제기된 경우에만 요구되었다. 반면에 PCY에 속하는 유산목록은 1688년 이전에는 거의 존재하지 않는다.[6)]

한편 유산목록 작성이 불가능할 경우에는 대신 신고서가 제출되었다. 이는 종종 유산목록이 제출되지 못하는 이유를 제시하는 서약진술의 형식을 띠고 있다. 이 문서는 유산목록처럼 자세할 수도 있으나 유언집행인에 의해 사망자의 재산이 무엇인가에 대한 간략한 서술일 수도 있다. 신고서는 대체로 유언자의 사망으로부터 얼마간의 시간이 지났을 때 유산목록 대신 제출되었다.

유언집행인은 유산목록이나 신고서, 또는 회계문서를 제출하기 위하여 항상 법정에 출두할 위치에 있지는 않았다. 법정은 위원회나 지역 변호사에게 유언집행인이나 집행인이 적절한 서약을 받을 권한을 부여하였다. 이런 절차를 통하여 대신 변호사가 요구되는 문서를 법정에 제출할 수 있었다.

4. 연구 부문

유산목록이 영국의 역사가들에 의해서 언급되기 시작한 것은 백년이 넘었으나, 사회경제사의 자료로서 큰 관심을 불러일으킨 것은 1955년 이후의 일이다.[7)] 그 후 60년 동안 영국의 사회경제사가들은 매우 가치가 있는 것으로 생각되는 유언장과 유산목록을 분석해왔다. 역사연구에서 새롭게 조명된 이들 유언장과 유산목록은 잉글랜드와 웨일즈의 거의 모든 교구에서 이용할 수 있는 문서이므로, 이제는 사료로서 광범위하게 자리 잡게 되었다. 국가차원에서는 요크

---

6) *Willa and Other Probate Records*, p. 98.

7) M. Overton, "English Provate Inventories and the Measurement of Aricultural Change", p. 205.

와 캔터베리 2곳의 대주교 관구법정인 PCY와 PCC의 접근을 더 용이하게 하고 있다. 2003년에는 1장에 언급한 바와 같이 공문서기록관(PRO)과 사료위원회(HMC)가 합쳐져 중앙정부의 국립기록관(TNA)이 설립되었다. 그 결과 국립기록관의 방문이나 우편, 인터넷 사이트를 통하여 더욱 편리하게 유언장과 유산목록에 접근할 수 있게 되었다. 또 기존에 출판된 문서들을 이용할 수도 있다.[8)]

유언검인문서들이 연구되던 초기에는 거의 전적으로 유산목록에서 끌어낼 수 있는 농경, 교역, 산업, 가옥에 대한 분석에 집중되었다. 또 유언장이 무시되는 경향이 있었고 계보학자들에게 큰 흥미가 있었다. 그러나 현재는 법정에 제출된 검인이나 집행과 관련된 모든 문서를 다 같이 분석해야 한다는 점이 인식되고 있으며, 유언장과 유산목록이 서로 다른 가치가 있다는 것도 인식하고 있다.

최근에 들어 유산목록의 기록들은 영국뿐만 아니라 근대 초 유럽사회의 변화과정을 밝혀내는데 가장 중요한 사료로 평가되고 있다.[9)] 그에 따라 이제 유산목록들은 유럽의 여러 학자들에 의하여 사회경제사 연구의 여러 분야, 즉 사회계층의 부의 분포와 구성, 노동자의 삶과 문화, 가족사, 생활 형태와 물질문화(material culture)의 변화, 건축의 변

---

8) 현재 The National Archives' Prerogative Court of Canterbury (PBOB) Series, PROB 1～PROB 44의 목록과 Published indexes to Prerogative court of Canterbury and York Wills and Administrations 목록의 자세한 현황은 *Wills and Other Probate Records* pp. 185～96을 참고할 것.

9) N. Evance는 이들 사료가 어떤 문헌보다도 인간 생활의 물질적, 정신적 환경에 대하여 더 나은 통찰력을 제공하다고 평하고 있으며, M. Spufford는 이들 사료가 특히 유럽의 경우 최근에야 발굴된 것은 놀라운 일이라고 평하고 있다. N. Evance, "Inheritance, Women, Religion and Education in early Modern Society as Revealed by Will", in Philip Riden, ed., *Probate Records and the Local Community* (Allen Sutton, 1985), p. 69; M. Spufford, "The Limitations of the Probate Inventory", in J. Chartres and D. Hey, eds., *English Rural Society, 1500-1800: Essays in Honour of Joan Thirsk* (Cambridge University Press, 1990), p. 141.

화, 농업의 변화, 여성들의 삶, 가죽산업, 철광산업 등 각종 산업의 발전과정, 도매와 소매상의 분포 등에 광범위하게 이용되고 있다.[10)]

본서의 3장~6장에서도 각 농가가 소유하고 있는 곡물의 양과 파종된 곡물의 면적, 소유 가축의 수와 농기구 등의 현황을 구체적으로 살펴보고 있다. 아울러 가옥 내의 방의 수와 이름, 그리고 각각의 방들이 어떤 물건이나 세간으로 채워졌는지를 분석하고 있다. 특히 6장의 예와 같이 유산목록은 당대의 테이블, 의자, 찬장, 침대, 궤, 조명 등 가내세간에 대하여 구체적으로 알게 해주고 있다. 또 특히 본서의 3장과 6장의 예에서와 같이 식음료의 종류와 무두장이와 제화공, 장갑공 등 가죽업, 대장간, 못제조공, 자물쇠공 등 금속업, 직물업, 방적 및 방직, 낙농, 매아주조, 제분 등 가내수공업에 대하여도 알게 해주고 있다. 이 같은 구체적인 내용들은 이미 언급한 바와 같이 유산목록을 통해서만 알 수 있는 내용들이다.

다음은 유산목록을 통한 농업, 가옥과 세간, 가내수공업 등의 발전과정에 대한 연구현황들에 대하여 살펴보도록 한다.

5. 농업의 발전

유산목록을 이용하여 처음으로 사회의 변화를 연구하기 시작한 국가는 영국이었으며, 영국의 경우에도 초기의 연구는 농업사를 크게 벗어나지 못하였다. 이 분야의 선구적인 학자는 1940년대부터 잉글랜드의 중부 지역인 Leicestershire를 중심으로 연

10) A. Schuurman, "Probate Inventories: Research Issues, Problems and Results", in Van Der Woude and Schuurman eds., *Probate Inventories*, pp. 19-31; "Introduction", in Riden, ed., *Probate Records and the Local Community,* pp. 1-10.

구한 W.G. Hoskins였으며, 그의 뒤를 이은 학자가 Lincolnshire 지역을 중심으로 농업의 변화를 연구한 J. Thirsk였다.11) 그러나 1970년대에 이르기까지 Alan Everitt와 Frank Emery 등 소수의 학자만이 그들의 전통을 잇고 있었다. 그럼에도 이들은 농업의 형태, 지역에 따른 농업특화, 촌락의 사회적 계서 등에 대하여 꾸준히 연구하여 그들의 영향력을 넓혀왔다. 그 결과 1970년대에 들어 D.G. Hey와 M. Spufford 등의 학자들에 의하여 중요한 연구업적이 나타나기 시작하였다.12) The Agrarian History of England and Wales 4권과 5권의 몇 장을 비롯하여 Thirsk의 기념논총에 실린 논문들과 그 밖의 몇몇 연구들이 유산목록을 기본 사료로 연구된 성과들이다.13)

이들 연구들을 통하여 파종된 곡물의 종류와 파종 비율의 변화과정, 새로운 곡물의 도입과정, 사육되는 가축의 종류 및 가축 사육 두수의 변화과정, 농기구의 변화과정, 그리고 지역에 따른 농

---

11) 이들의 주요한 연구는 다음과 같다. W.G. Hoskins, *Studies in Leicestershire Agrarian History* (The Leicestershire Archaeological Society, 1949); *The Midland Peasant: The Economic and Social History of a Leicestershire Village* (Macmillan: London, 1957); J. Thirsk, *English Peasant Farming: The Agrarian History of Lincolnshire from Tudor to Recent Times* (London, 1957).

12) A. Everitt, "Farm Labourers", in J. Thirsk ed., *The Agrarian History of England and Wales, Vol. IV. 1600-1640* (Cambridge University Press, 1967), pp. 396-465; F. Emery, "The Farming Regions of Wales", in *The Agrarian History of England and Wales, Vol. IV. 1600-1640,* pp. 113-60; D.G. Hey, *An English Rural Community: Myddle under the Tudors and Stuarts,* (Leicester University Press, 1974); M. Spufford, *Contrasting Communities: English Villagers in the Sixteenth and Seventeenth Centuries* (Cambridge University Press, 1974).

13) Thirsk ed., *The Agrarian History of England and Wales, Vol. IV. 1600-1640*; J. Thirsk ed., *The Agrarian History of England and Wales, Vol. V-I. 1640-1750* (Cambridge University Press, 1984); Chartres, J. and David Hey ed., *English Rural Society, 1500-1800: Essays in Honour of Joan Thirsk.*

업의 특화과정[14] 등에 대하여 많은 사실들이 밝혀지고 있다.

그 가운데 '농업혁명(Agricultural Revolution)'에 대한 논쟁과 관련하여 가장 주목할 만한 것은 근대 농업발전의 핵심 요소로 언급되는 사료작물의 도입과정을 구체적으로 밝혀낼 수 있다는 점일 것이다. 순무와 클로버의 도입이 영국의 농업발전에 결정적인 기여를 했다는 점에 대하여는 거의 이론의 여지가 없으나, 언제 그것이 도입되어 일반화되었는가에 대하여는 많은 논란이 있어왔다. Lord Ernle과 그의 추종자들은 1760～1830년대에 사료작물의 일반화와 더불어 '농업혁명'이 일어났다고 주장하는 반면, E. Kerridge는 1560-1660년 사이에, E.L. Jones는 1660～1750년에 그 같은 현상이 나타났다고 주장하고 있다.[15]

그런데 Mark Overton은 순무와 클로버의 파종에 대한 단편적인 사례에 의존하던 Lord Ernle이나 E. Kerridge, 또는 E.L. Jones와는 달리 농민들의 유산목록을 집단적으로 분석하여 그들의 확대과정을 구체적으로 밝히고 있다. M. Overton에 의하면 Norfolk와 Surfolk에서 전체 농가의 50% 이상이 순무를 경작한 것은 1720년대에 이르러서였다. 1670년대에는 전체 농가의 10% 정도만이 순무를 경작했으며, 1680년대 말에 20% 정도, 1690년대 말에 30% 정도, 그

---

14) B.M.S. Campbell and M. Overton, "A New Perspective on Medieval and Early Modern Agriculture: Six Centuries of Norfolk Farming, c.1250-c.1850", *Past & Present*, No. 141 (1993), pp. 38-105; M. Overton, "Agricultural Revolution? Development of the Agrarian Economy in Early Modern England", in Alan R. Baker and Derek George, *Explorations in Historical Geography* (Cambridge University Press, 1984), pp. 119-39. J. Thirsk, *England's Agricultural Regions and Agrarian History, 1500-1750* (Macmillan: London, 1987).

15) Lord Ernle, *English Farming: Past and Present*, 6th edn, introduction by G. E. Fussell and O. R. Mcgregor (London, 1961); E.L. Jones, *Agriculture and the Industrial Revolution* (Basil Blackwell: Oxford, 1974); E. Kerridge, *The Agricultural Revolution* (Routledge, 2013).

리고 1710년경에 40% 정도의 농가가 순무를 재배하였다.[16] 따라서 M. Overton의 분석이 정확한 것이라면 선진 농업지역인 동부 잉글랜드 지역에서도 1720년대 이후에나 순무의 생산이 가축의 사육에 중요한 영향을 미치게 되었다고 생각할 수 있다.

한편 1979년 유산목록의 분석을 통하여 에이커 당 곡물생산량으로 표시된 토지생산성의 향상을 측정할 수 있는 방법이 M. Overton에 의하여 제시됨에 따라 농업사 연구는 새로운 국면을 맞게 되었다. M. Overton의 방법은 Robert C. Allen의 비판과 M. Overton의 비판적 수용을 통하여 유산목록의 자료들을 통하여 생산성향상을 구체적인 수치로 파악할 수 있는 길을 연 것이다.[17] 이에 따라 '농업혁명'에 대한 논의들이 토지생산성과 노동생산성 향상을 중심으로 새롭게 전개되고 있다.

그런데 토지생산성과 노동생산성을 중심으로 전개되고 있는 '농업혁명'의 시기에 대해서는 M. Overton과 Robert C. Allen의 주장이 크게 대립되고 있다. M. Overton은 "전례 없는 토지생산성과 농업생산량의 증가", "필연적으로 산업혁명으로 귀결되는 전례 없는 노동생산성의 증가"라는 지표를 통하여 '농업혁명'으로 귀결된 발전들은 18세기 말과 19세기초에 나타났다고 주장한다. 그

---

16) M. Overton, "The Diffusion of Agricultural Innovations in Early Modern England: Turnips and Clover in Norfolk and Sufflk, 1580-1740", *Institute of British Geographers Transactions,* new series, Vol. 10, no. 2 (1985), pp. 208-09.

17) M. Overton, "Estimating Crop yields from Probate Inventories: an Example from East Anglia, 1585-1735", *Journal of Economic History,* Vol. 39 (1979), pp. 363-79; Robert C. Allen, "Inferring Yields from Probate Inventories", *Journal of Economic HIstory*, Vol. 48 (1988), pp. 117-25; M. Overton, "The Determinents of Crop Yields in Early Modern England", in Campbell, B.M.S. and Overton, M. (eds.), *Land, Labour and Livestock: Historical Studies in European Agricultural Productivity* (Manchester University Press, 1991), pp. 284-322.

에 대하여 Robert C. Allen은 "수요곡선에 따르는 생산량 증가(out-put growth)", "유산목록에서 계산한 곡물 생산량(crop yields)", "실제 지대에서 보여주는 생산성(productivity)" 세 가지 지표 모두에서 농업혁명이 1750~1800년 사이보다는 1600~1750년 사이에 일어났다는 것을 보여준다고 주장하고 있다.[18] 질소합성 식물에 대한 Robert C. Allen의 연구 역시 자신의 주장을 뒷받침하는 것인 반면, 토지생산성에 대한 Jonathan Theobald의 연구는 M. Overton의 견해를 지지하는 듯하다. 그런가 하면 Leigh Shaw-Taylor의 논문은 농업자본주의가 1700년까지는 잉글랜드 남부와 동부에서 지배적이었으나, 북부에서는 발전은 늦었다고 주장하고 있다.[19]

6. 가옥과 사회적 신분

1) 가옥

16~17세기 유산목록에서 보여주는 가옥과 가내세간은 당대인들의 주거환경 및 물질문화의 상황을 생생히 보여주고 있다. 16세기 영국은 가옥과 가내세간에서 큰 변화를 보이기 시작한 때였다. 1573

18) M. Overton, "Re-Establishing the English Agricultural Revolution", *The Agricultural History Review*, Vol.44 (1996), pp. 1-20; Robert C. Allen, "Tracking the agricultural revolution in England", *The Economic History Review*, Vol.52 (1999), pp. 209-35.

19) Robert C. Allen, "The Nitrogen Hypothesis and the English Agricultural Revolution: A Biological Analysis", *Journal of Economic History*, Vol.68 (2008), pp. 182-210; Jonathan Theobald, "Agricultural Productivity in Woodland High Suffolk, 1600-1850", *The Agricultural History Review*, Vol.50 (2002), pp. 1-24; Leigh Shaw-Yaylor, "The rise of agrarian capitalism and the decline of family farming in England", *The Economic History Review*, Vol.65 (2012), pp. 26-60.

년 William Harrison에 의하면 당시 Essex의 노인들은 그들이 젊었을 때 밀집 매트리스 위에서 홑이불 한 장만 덮고 잠을 잤고, 베개 대신 통나무를 베었으며, 백납 그릇이 거의 없이 나무 그릇을 사용했던 사실을 생생히 기억하고 있었다. 아울러 그들 노인들은 그들이 젊었을 때는 교구교회나 장원청(manor house)에서나 보았던 굴뚝이 솟은 건물들이 최근에 많이 지어지는 놀랄만한 변화를 목도하였던 것이다.[20] Harrison 시대 노인들이 목도하고 기억했던 바와 같이 엘리자베스 시대는 주택에서 주요한 변화가 일어나고 있었으며, 가내세간이 풍부해지고 고급화되었던 시기였다. 주택에서의 변화는 개축이나 재건축에 의해 방의 수가 많아진 점이 두드러지고 있다.

이 같은 사실들이 유산목록의 분석을 통하여 구체적으로 밝혀지기 시작한 것은 1950~1960년대로, W.G. Hoskins와 M.W. Barley가 선구적인 연구자들이다.[21] W.G. Hoskins는 16세기 중엽에서 1640년까지 건축과 재건축이 고조되었던 시기를 '대재건축(The Great Rebuilding)' 시기로 규정하였다. Ronald Brunskill은 지역적 편차는 있으나 대체로 이 시기를 1570~1640년으로 보았다.[22]

실제로 16세기 후반 이후 영국민들의 가옥은 단층 오두막에서 2층집으로 변해갔으며, 그와 더불어 가족이 사용하는 방들이 늘어나며 그 기능이 분화되기 시작하였다. 특히 15세기 이후 Hall(거실)에서 분리되어 Parlor로 불리던 침실이 이제는 대체로 2층에 자리잡아 Parlor나 Chamber로 불리게 되었다. 이 같은 현상은 사회의

---

20) William Harrison, *The Description of England,* Georges Edelen ed. (Cornell University Press, 1968), pp. 200-01.

21) W.G. Hoskins, "The Rebuilding of Rural England, 1570-1640", *Past and Present*, Vol. 4(1953), pp. 44-59; M.W. Barley, *The English Farmhouse and Cottage* (Routledge & Kegan Paul, 1961).

22) R.W. Brunskill, *An Illustrated Handbook of Vernacular Architecture* (Faber and Faber: London, 1971).

상층으로부터 하층으로 고급문화가 스며든 것을 나타나며, 전체적으로는 생활수준의 향상과 사생활을 보호받으려는 당대인들의 생각이 반영된 것이다.[23)]

15세기 동안 영국 농민들의 가옥은 여전히 흙벽, 낮은 초가지붕, 마루와 유리창이 없고 벽에 연기 빠지는 구멍 이외에는 굴뚝이 거의 없던 오두막이었나.[24)] 이들 오두막은 단층으로 대체로 방이 2개로 나뉘어져 있었다. 그런데 16~17세기가 진행되면서 농민들의 가옥은 규모가 커지고 있다. 이 같은 발전은 특히 1570~1640년 사이 대대적인 재건축의 시기 동안에 두드러졌는데,[25)] 구래의 단층집이 점차로 이층집으로 변모하면서 방의 수가 늘어났기 때문이다. 이것은 15세기에 거실과 침실로 단순히 분리되던 가옥구조가 여러 개의 침실은 물론 부엌, 저장실 등 다양한 용도를 갖춘 가옥구조로 변모되었음을 나타내는 것이다. 예컨대 1550~1590년 Oxfordshire 농민들의 가옥은 집의 크기가 명기된 109가구 가운데, 방(room)이 2실인 집이 24가구(22.0%), 3실인 집이 25가구(22.9%), 4~5실인 집이 22가구(20.2%), 6실 이상인 집이 38가구(34.9%)였다. 그런데 이 보다 1세기에서 1세기 반 정도 후인 1635~1749년 Mid-Essex 농업지역의 유산목록에 나타나는 주민들의

---

23) *Household and Farm Inventories in Oxfordshire*, 1550-1590, ed. M.A. Havinden (London, 1965), pp. 15-6; R.P. Garrard, "English Probate Inventories and their Use in Studying the Sgnificance of the Domestic Interior, 1570-1700", p. 29. in Ad van der Woude and Anton Schuurman (eds.), *Probate Inventories: A New Source for the Historical Study of Wealth, Material Culture, and Agricultural Development* (Wageningen, I980); Barley, *The English Farmhouse and Cottage,* p. 28.

24) Hoskins, *Provincial England: Essays in Social and Economic History* (London, 1965), p. 132.

25) Hoskins, "The Rebuilding of Rural England, 1570-1640", in W. G. Hoskins, *Provincial England.* pp. 131, 140.

가옥은 훨씬 더 발전했다는 것을 보여주고 있다. 이 지역에서 조산된 217가구 가운데 방이 1실인 집이 3가구(1.4%), 2실인 집이 1가구(0.5%), 3실인 집이 7가구(3.2%), 4~5실인 집이 32가구(14.7%), 6~7실인 집이 56가구(25.8%), 8~9실인 집이 43가구(19.8%), 10실 이상인 집이 75가구(34.6%)였다.[26)]

1980년대 이후 유산목록을 통한 가옥의 재건축과 방의 사용에 대한 연구는 컴퓨터 통계를 통하여 연구되고 있다. 1982년 Ursula Priestley와 P.J. Corfield는 1580~1730년 Norwich의 유산목록 871건의 가옥을 조사하여 가구가 놓인 방을 분석하였다. 이를 통하여 방의 사용이 특화되는 발전과 방의 명명법이 복잡하다는 것을 보여주고 있다. 그렇지만 현존하는 17세기 Norwich 건축물과 유산목록의 증거가 직접 부합되는지는 증명하지 못하였다. Frank E. Brown은 17세기 London에서 런던 주택의 기능적 조직을 찾아내고, 이를 가내 공간의 비교연구에 적용하려 하고 있다.[27)]

London에서의 변화는 여러 학자들의 관심을 끌고 있다. Vanessa Harding은 가족과 가정(family and household)에 대한 연구를 통하여 인구, 경제, 사회적인 변화가 당대인들에게 어떻게 경험되었는가에 대한 통찰력을 제공한다고 보고 있다. 17세기 런던은 번영하는 도시 중심부와 주변 근교 사이에 가족형태와 삶의 조건에서 다양성이 타나났다. 전자는 여전히 핵가족에 집중된 대규모 가정을 유지하는 반면, 후자는 주택과 가정이 모두 더 작고 가난했으

26) 본서 4장 (표 4-9), 6장 (표 6-1) 참고.

27) Ursula Priestley and P.J. Corfield, "Rooms and room use in Norwich housing, 1580-1730", *Post-Medieval Archaeology*, Vol.16 (1982), pp. 93-123; Frank E. Brown, "Continuity and Change in the Urban House: Developments in Domestic Space Organisation in Seventeenth-Century London", *Comparative Studies in Society and History,* Vol. 28, No. 3 (1986), pp. 558-90.

며 가족이 더 해체되었고 불안정했다. 1700년까지 London은 이미 이민유입, 도시와 상업화의 사회적 영향에 노출되어 있었고, 18세기와 19세기에는 훨씬 더 광범위해지고 있었다. William C. Baer는 16～17세기 동안 London에서 어떻게 수천 채의 가옥이 건설되었는가에 대하여 고찰하고 있다. 그에 따르면 당시 이주민들을 위한 주택건설은 소규모 건설업자들에 의해 수행되었고, 그 같은 과정은 새로운 주택의 건축에 대한 왕실의 반대와 큰 벌금, 새로운 가옥의 파괴, 투옥 등 상당히 위협적인 분위기 속에서 진행되었다.[28]

그런데 특별한 방의 출현과 확산에서 우리는 당시대의 사회적 계서를 확인할 수 있으며, 또 당시대의 집에 대한 개념을 알 수가 있다. 예컨대 일층의 Parlor가 가장 좋은 침실에서 거실로 바뀌며 동시에 이층의 Parlor나 Chamber가 가장 좋은 침실로 가장이 사용하는 경우가 일반화되고 있다.[29] 더구나 거실과 식탁에서 가장용의 가장 크고 좋은 의자가 다른 의자와 구분되어 기록되기 시작한 사실에서 우리는 가족 내에서의 사회적 계서에 대한 개념이 이 시기에 크게 확산되었다는 것을 알 수 있다.[30] 즉, 질서와 복종을 강요하던 지배자들의 이념이 한 가족 내에서는 어떤 형태로 표출되었는가를 유산목록의 기록을 통하여 구체적으로 확인할 수 있는 것이다.[31] 또 유산목록의 기록들은 16～17세기 집의 개

---

28) Vanessa Harding, "Families and Housing in Seventeenth-Century London", *Parergon,* Vol. 24 (2008), pp. 115-38; William C. Baer, "The house-building sector of London's economy, 1550-1650", *Urban History,* Vol. 39 (2012), pp. 409-30.

29) *Life and Death in Kings Lagley*, p. xxviii; *Probate Inventories and Manorial Excepts of Chetnole, Leigh and Yetminster,* ed. R. Machine (University of Bristole, 1976), p. 31.

30) Anton Schuurman, "Probate Inventories: Research Issues, Problems and Results", p. 29.

31) Asa Briggs에 의하면 16세기말～17세기초가 영국 역사상 사회의 계서

념이 현대의 개념과 큰 차이를 보인다는 것을 보여주고 있다. 즉 본서의 5장과 6장에서 잘 보여주듯이 점차 많아지는 방들이 대부분 부엌, 낙농실, 주조실, 저장실 등으로 가족들이 '사는 장소'가 아닌 '일하는 장소'로서 기능하였다는 것을 알려주고 있다.32)

한편 유산목록을 이용하여 1950년대부터 농업과 가옥의 발전을 연구했던 W.G. Hoskins의 영향력이 여전히 생명력을 유지하고 있다. Colin Platt는 Tudor와 Stuart 시대 대재건축(Great Rebuildings)에 대해 저술하면서 '제2의 대재건축(Second Great Rebuilding)' 개념을 제시하고 있다. 즉, Hoskins가 제시한 1570~1640년 Great Rebuilding에 이어 시민혁명이 종결된 이후의 Second Great Rebuilding의 개념이다. Colin Platt는 이 두 번째 재건축을 통하여 영국의 건축들이 프랑스와 이탈리아의 건축 디자인을 받아들여, 작고 균형 잡힌, 그리고 가족 구성원의 사적 편의시설이 설비된 박스형 근대 가옥들이 건축되었다고 주장하고 있다. 그런가 하면 Christopher Dyer는 1950년대에 '풍경의 역사(landscape history)'라는 새로운 주제를 발전시켰던 W.G. Hoskins의 주장을 옹호하고 있다. 즉, Dyer는 Hoskins의 연구 이후 다소 분리되어 연구되어온 건축과 풍경을 다시 결합하여, 건축을 풍경의 역사적 맥락 속에서 연구할 것을 제안하고 있다.33)

요컨대 우리는 유산목록에 나타나는 가옥의 변화와 가내세간

에 대한 견해가 가장 견고하게 유지되고 또 가장 확실하게 표현되던 시기였다. Asa Briggs, *A Social History of England* (Weidenfeld and Nicolson: London, 1983), pp. 106-08.

32) Garrard, "English Probate Inventories and their Use in Studying the Sgnificance of the Domestic Interior, 1570-1700", pp. 57-8.

33) Colin Platt, *The Great Rebuildings of Tudor and Stuart England: Revolutions in Architectural Taste*. (Routledge, 1994); Christopher Dyer, "Vernacular Architecture and Landscape History: The Legacy of 'The Rebuilding of Rural England' and 'The Making of the English Landscape'", *Vernacular Architecture*, Vol. 37 (2006), pp. 24-32.

의 변화를 통하여 가옥구조와 물질문화의 변화과정을 알 수 있다. 아울러 방이나 침대 및 의자의 사용을 통하여 당대인들의 사회적 계서와 가정 내의 계서에 대한 개념 등 사회적 태도와 문화적 열망까지도 알아낼 수가 있다.

2) 사회적 신분

유언장과 유산목록에는 당대인들의 신분이나 직업에 대하여 기록되어 있다. 유언장에 나타나는 것은 신분이나 직업에 대하여 스스로 기록한 경우이며, 유산목록에 나타나는 것은 그들의 이웃에 의하여 기록된 경우이다. 우리는 이들 기록들을 통하여 당대인들의 신분 구분과 신분에 대한 의식을 알 수 있다.[34] 그와 더불어 부의 축적을 통하여 사회적 신분이 변해가는 과정을 추적할 수 있다. Chetnole 지역의 John Gast가 한 예이다. John Gast는 1630년에 Leigh의 Iles Farm을 £540에 구입하여 요먼이 되었는데, 1634년에 Leigh의 Sarah Keate의 딸 Hester와의 결혼으로 £100 이상을 더 획득하였다. 그 결과 John Gast는 부유한 요먼이 되어 1635년 Leigh의 Ship Money Assessment에서 5위, 1642년 Lay Subsidy의 1위가 되었다. 그리고 1662/4년에 4개의 난로를 가진 주택을 보유하여 마을에서 가장 큰 저택을 소유하였다. 그는 1671년에 그의 아

34) 예컨대 Framton Cotterell 지역의 직업분포는 3개의 농경교구에는 농업 71%, 직물업 9%, 장인 9%, 노동자 9%였으며, 4개의 산업교구에 농업 37%, 직물업 23%, 장인 11%, 노동자 16%, 상업 7%, 광부 4%였다. 1539-1804년 사이에 유산목록을 남긴 413인의 직업이나 신분을 살펴보면, 젠트리 14인, 사제 5인, 교사 7인, 요먼 171인, 농부 43인, 음식업자 29인, 건축업자 24인, 직물업자 53인, 가죽업자 6인, 광부 및 금속업자 21인, 노동자 14인, 미상 26인이었다. *The Goods and Chattels of Our Forefathers: Framton Cotterell and District Probate Inventories 1539-1804,* ed. John S. Moore (Phillimore: London, 1976).

들을 West Nilton의 젠틀맨 William Forde의 딸과 결혼시켰고, 1677년 그의 사망시에 그의 이웃으로부터 젠틀맨이라 불리고 있었다.[35)]

이 같은 당대의 유산목록은 당시 영국인들의 각 직업에 대한 사회적인 인식이 어떠했는가를 잘 보여 주고 있다. 무엇보다도 유산목록과 유언장에 기록된 고인에 대한 직업은 당시 영국사회에서 수공장인(artisan)이나 상인을 농민보다 천히 여겨졌음을 나타내고 있다. 실제로 신분상승에서 화폐의 부만으로는 부족했고 토지가 John Gast의 예처럼 사회적 상승의 매개가 되었다. 그 같은 환경 하에서 농업에서 파생한 수공업자(craftsmen) 일부는 조상의 직업인 농업으로 돌아가려 노력하였다.[36)] 그 결과 유언장에는 자기 자신을 농부나 요먼으로 표기하고 있으나, 그의 이웃들은 유산목록에 직물제조인이나 여관업자, 혹은 광부 등 수공장인으로 기록하고 있는 것을 볼 수 있다. 예컨대 1709~1711사이에 사망한 John Hicks, William Lewis, Henry Nicholls, Michael Short는 유언장에서는 스스로를 요먼으로 표기하고 있으나, 유산목록에서 그들의 이웃은 직물제조인, 여관업자, 광부, 목수로 기록하고 있다.[37)] 당시에 산업이나 소매업에 직접 종사하는 것은 체신이 깎이는 일이었다. 그래서 이들 직업에 종사하는 사람들은 John Gast의 예처럼 돈을 번 뒤에는 토지를 구입하여 요먼이나 젠틀맨으로 행세하려 하였다. 1624년에 사망한 Thomas Gilbert는 직공이었으나,

---

35) *Probate Inventories and Manorial Excepts of Chetnole, Leigh and Yetminster*, pp. 23-4; no.67.

36) *Goods and Chattels of Our Forefathers,* no. 31; pp. 23, 27.

37) *Goods and Chattels of Our Forefathers,* Nos. 265, 278, 285, 288. 당시에 농업에 종사하는 것보다 수공업이나 상업 등에 종사하는 것이 천시되었다는 것은 다른 기록에도 나타난다. 예컨대 1596년 실패한 옥스퍼드셔의 봉기를 주도했던 millers와 carpenters들은 자신을 "천한놈이 아니라 농부다"라고 칭하고 있다. *Goods and Chattels of Our Forefathers,* p. 22.

토지를 구입하여 농부가 된 후 사망시까지 옛 직업의 흔적을 없애려 매우 노력했던 것을 나타내고 있다.38) 이 같은 사실은 토지가 촌락사회에서 사회적 신분 상승의 원천이었음을 잘 보여 주는 것이다. R. Machine의 분석에 의하면 17세기 농촌에서 장인들은 농업활동에 대한 보조직업으로 제조업에 종사하고 있었으며, 그들이 영농활동을 버리고 제조업에만 전념할 수 있게 된 것은 17세기 후반에 가서야 가능하게 되었다.39) 그렇지만 대부분의 촌락 수공업자들은 수공업과 농업 모두에 종사하는 이중 직업을 가졌고, 이 같은 생활방식은 튜더시대는 물론 19세기 깊숙이까지 유지되었다.40)

이상에서 살펴본 바와 같이 유언장과 유산목록의 분석은 16~18세기 영국인들의 직업 분포와 그에 대한 사회적 인식, 그리고 사회적 신분 상승에 대한 토지의 역할 등을 구체적으로 알 수 있게 해준다. 그밖에도 여러 학자들은 유언장과 유산목록의 분석을 통하여 한 지역사회 내에서의 사회적 신분의 변화과정과 사회적 신분의 재생산 과정을 분석해 내려 시도하고 있다. 유언장과 유산목록을 통하여 16~17세기 영국사회의 사회적 신분에 대한 변화를 연구하기 시작한 학자는 W.G. Hoskins이다. Hoskins는 Leicestershire의 유산목록을 분석하여 농촌사회의 변화를 밝히고 있다. Hoskins에 의하면 당시 영국의 농촌은 인구증가와 물가상승에 따른 부의 축적 기회가 넓게 열려 있었다. 그 같은 상황에서 일부 농민들이 토지의 축적을 통하여 요먼으로 성장하였고, 또 그들 가운데 일부

38) 그의 유산목록에는 직공이 아닌 농부로 기록되어 있는데, 이는 그의 이웃들도 그가 사망할 당시에는 그를 농부로 인정했던 것을 나타내는 것이다. *Goods and Chattels of Our Forefathers,* No. 31.

39) *Probate Inventories and Manorial Excepts of Chetnole, Leigh and Yetminster*, p. 26.

40) *Cesterfield Wills and Inventories, 1521-1603*, ed. J.M. Bestall and D.V. Fowkes (Derbyshire Record Society, vol. 1, 1977), p. xxvii.

는 젠틀맨으로까지 성장하였다.41) 즉, Hoskins의 연구는 혈연을 중시하던 중세사회가 16~7세기에는 부의 축적이 사회적 신분을 변화시키는 새로운 사회로 변모하였음을 보여주는 것이다. 16~17세기 동안 몇 대에 걸친 토지의 축적을 통하여 농부에서 요먼, 그리고 요먼에서 젠틀맨으로 신분이 상승된 예는 Leicestershire의 촌락문서들을 통해서도 확인할 수 있다.42)

Hoskins의 선구적 업적은 1970년대 이후 여러 학자들에 의해 여러 방면의 연구로 이어지고 있다. K. Wrightson은 근대초 영국 사회의 경제적, 문화적 분화의 연구에, Spufford는 농민사회의 재산 상속관습과 사회적 구조 변화에 유언장과 유산목록의 기록들을 이용하고 있다. C. Howell은 유언장과 유산목록의 기록을 통한 상속제의 연구에서 17세기 상속제도가 사회계층의 재생산에 미친 영향을 논하고 있다. Howell에 의하면 중세의 생존보유지인 12에이커의 토지는 1500년에 이르러 드물어졌고, 1700년까지는 거의 사라졌다. 적어도 24에이커 이상의 토지 보유자만이 토지경작에 의한 생존이 가능하게 되었기 때문이다. 그 결과 영국의 농촌에서 소농은 사라지게 되었다. 16~17세기 부농의 성장은 상속제도의 변화와 깊은 관련이 있다. 14~15세기 토지가 풍부하던 시대에 차자 이하가 가산을 기다리지 않고 독립하던 관습이 계속되었기 때문이었다. 이후 많은 토지를 소유했던 요먼 등 부유한 계층은 장

---

41) W.G. Hoskins, "The Leicestershire Farmer in the Sixteenth Century", in W. G. Hoskins, *Essays in Leicestershire History* (Liverpool University Press, 1950); "The Leicestershire Farmer in the Seventeenth Century", in W. G. Hoskins, *Provincial England* (London, 1965).

42) *Leicestershire Medieval Village Notes, 6 vols*, ed. George F. Farnham (Leicester, 1929-33)에 나타난 Bent家, Bale家, Bradgate家의 성장과정의 분석에 대한 자세한 예는 김호연, 『근대초 영국 농촌사회 연구』 (울산대학교 출판부, 2005), 16장 참고.

자상속에 의하여 가문의 지위를 지킬 수 있게 되었다. 뿐만 아니라 차자 이하의 상속인들도 부모로부터 많은 현금을 상속받아 사회의 중산층으로 생을 영위할 수 있었다. 그러나 가난한 노동자들은 남길 토지가 없었고 동산도 극히 적어서 가산이 전체 자녀들에게 분배되었다. 그 결과 가난한 계층의 자녀들은 사회의 하층민으로 사회생활을 영위할 수밖에 없었다.43) 요컨대 부에 따른 기존의 사회계층에서 동일한 사회계층을 재생산하게 되었다는 것이다.

7. 산업과 물질문화

유산목록에 기록된 가내세간들은 16~7세기 영국인들이 향유할 수 있었던 물질문화의 수준과 그 변화를 알 수 있게 해준다. 15세기의 농민들이 소유했던 가내세간은 장원의 법정문서(manorial court rolls)에 우연히 기록되어 전하는 것을 통하여 알 수 있을 뿐이다. 예컨대 15세기 중엽 30에이커(acre)의 토지를 보유한 중상층의 농민이었던 Worcestershire의 Thomas Fynch는 가내세간으로 놋쇠물통 하나, 놋쇠냄비 하나, 맥주용 통 하나, 의자 하나 뿐, 침대나 식탁 등도 갖추지 못하고 살고 있었다. 세간이 좀 더 많았던 Roger Bodule의 경우도 가대식탁과 횃대, 그리고 침상용으로 쓰이는 널빤지가 더 있었을 뿐이었다.44) 당시 농민들이 사용하던 그릇은 대부

43) K. Wrightson, "Aspects of Social Differentiation in Rural England, c. 1580-1660", *The Journal of Peasant Studies*, Vol. 5 (1977); Spufford, *Contrasting Communities;* C. Howell, "Stability and Change, 1300-1700: the Socio-Economic Context of the Self-Perpetuating Family Farm in England", *The Journal of Peasant Studies,* Vol. 2 (1975).

44) R.K. Field, "Worcestershire Peasant Building, Household Goods and

분 나무나 놋쇠제품이었으며, 16세기에 보편화되는 백납제품이 당시에는 귀하여 일반 농민들은 구입할 수가 없었던 것으로 나타난다.

그에 비하여 본서의 3장과 4장에서 언급되는 16세기의 유산목록은 농민들이 소유했던 풍부한 가내세간의 목록을 보여주고 있다. 16세기 후엽 방안 및 부엌세간이 질적, 양적으로 풍부해짐에 따라 일부 부유한 농민들은 깃털침대나 은수저까지 갖추는 등 안락하고 편안한 삶을 향유하였다. 이 같은 현상은 16세기 후엽에 두드러지기 시작한 인구증가와 물가상승, 그에 따르는 농업번영과 생활수준 향상, 그리고 부농층 형성을 반영하는 것이다.45)

그런데 유산목록에 기록된 가내세간들은 당대의 산업과 유통구조, 그리고 지역과 시대에 따른 물질문화의 변화에 대한 연구를 가능케 해준다. A. Schuurman의 연구에 의하면 물질문화의 전파는 농촌지역에서보다 도시지역에서 빠르게 전파되었고, 부유한 그룹과 사회적으로 높은 계층의 사람들로부터 가난하고 낮은 계층의 사람들로 전파되었다. 이 같은 이유로 동시대의 일부 계층에는 사치품이 다른 일부 계층에는 필수품일 수가 있었다. 더구나 도시와 농촌, 계층 사이의 차이뿐만 아니라 서유럽 지역 내에서도 혁신적인 변화의 시기가 다르기 때문에 지역적 편차가 존재했다. 예컨대 백납그릇이 질그릇이나 유리그릇으로 바뀌기 시작한 것은 프리즐란드의 경우는 1650~1700년 사이, 영국의 경우는 1700년 경, 프랑스의 경우는 1700~1750년 사이였다.46)

Farming Equipment in the Later Middle Ages", *Medieval Archaeology*, Vol. 9 (1965), pp. 125-36.

45) 김호연, 『근대초 영국 농촌사회 연구』, 22장 참고.

46) 예컨대 Klaus Roth, Ruth-E. Mohrmann 등은 침대, 의자, 식탁, 그릇 등을 기본물품으로 보고 안락의자, 소파 등을 사치품으로 보려는 반면, R.P. Garrard는 그같은 획일적인 구분이 무리임을 지적하고 있다. Schuurman, "Probate Inventories: Research Issues, Problems and Results", pp. 25, 28-9.

이 같은 물질문화의 전파는 당대의 산업 및 분배구조와 직접 연관되어 있고, 근대초 산업 및 물질문화의 전파에 대한 현황은 유산목록을 통한 것 외에는 알아 낼 방법이 없다. 해당 산업에 종사했던 장인이나 상인의 사후에 작성된 유산목록서문서 외에는 다른 구체적인 기록이 남아 있지 않기 때문이다. 그 같은 이유로 Richard Grassby의 주장처럼 근대초 영국의 문화가 어떻게 기능했고 경험되었는가는 유산목록에 묘사된 수공품과 상품의 '구체적인 증거(hard evidence)'의 분석에서 알아낼 수 있다.[47]

1) 가죽업과 금속업

당대의 수공장인 가운데 무두장이와 제화공은 장인으로서 중요했을 뿐만 아니라, 16세기와 17세기에 교구에서 흔히 볼 수 있었다. 그런데 이들의 무두질과 구두제작의 과정에 대하여는 다른 기록에서는 찾아볼 수 없는 내용이 유산목록에 기술되어 있다. 영국에서 이들 장인에 기원을 둔 가죽산업의 연구에서 유산목록의 중요성이 처음 언급된 것은 1960년대 L.A. Clarkson에 의해서이다.[48] 이후 유산목록을 통한 장갑제조공, 무두장이, 제화공에 대한 연구는 꾸준히 지속되고 있다.[49]

금속업도 마찬가지다. 금속업에 대한 전체적인 역사는 잘 알려

47) Richard Grassby, "Material Culture and Cultural History", *Journal of Interdisciplinary History*, Vol. 35 (2005), pp. 591-603.

48) L.A. Clarkson, "The leather crafts of Tudor and Sturat England", *Agricultural History Review,* XIV (1968), pp. 25-37; "The Organisation of the English Leather Industry in the late Sixteenth and Seventeenth Centuries", *Economic History Review*, 2nd series, XIII (1960), pp. 245-56.

49) T.S. Willan, *The Inland Trade* (Manchester University Press, 1976); W.G. Hoskins, *Local History in England*, 3rd ed. (Routledge, 1984); C.B. Phillips and J.H. Smith, *Lancashire and Cheshire from 1540* (Routledge, 1994).

져 있으나, 이 산업에 대해서서 완전히 이해되지 않은 미세한 부분에 대한 정보는 유산목록이 제공하고 있다. 즉 유산목록은 철물상이나 못제조공과 이들의 물품을 취급하는 상인들이 금속업의 작동에서 어떻게 연관되어 있는지를 정확히 보여주고 있다. 예컨대 D. Hey와 M. Rowlands는 Sheffield와 Westmidland의 철강산업에 대한 금속제품 제조업의 유통에 대한 초기의 연구에서 유산목록을 분석하여 이용하고 있다.[50] Helen Clifford는 18세기 후엽 가내호화 금속제품에 대해 런던 소매상들과 지방 공급자들 사이의 관계에 대해 분석하고 있다. 그의 분석에 의하면 1740~1750년대에 혁신적인 금속가공이 Sheffield와 Birmingham 공장에서 도입되었음에도 불구하고 그것은 여전히 전통적인 수공기술과 결합되어 있었다.[51] 식탁용 식기제조업도 마찬가지였다. Bert De Munck는 식기류 산업에서 브랜딩을 통제하던 소 제조업자들에게 사회정치적 기능을 하던 근대초 길드에 기반을 둔 산업의 특징과 모노그램(monograms)에 대하여 서술하고 있다.[52]

2) 직물업

영국인들에게 직물산업은 중세부터 중요한 의미를 가졌다. 중

50) D. Hey, *The Rural Metalworkers of the Sheffield Region* (Leicester, 1972); M. Rowlands, *Masters and Men in the West Midland Metalware Trades before the Industrial Revolution* (Manchester, 1975).

51) 대표적인 것이 경질(硬質)의 은도금 동판인 Sheffield plate였다. Helen Clifford, "Concepts of Invention, Identity and Imitation in the London and Provincial Metal-Working Trades, 1750-1800", *Journal of Design History*, Vol. 12 (1999), pp. 241-55.

52) Bert De Munck, "The agency of branding and the location of value: hallmarks and monograms in early modern tableware industries", *Business History*, Vol. 54 (2012), pp. 1055-65.

세후기 이후 모직물 생산과 소비, 그리고 수출이 주요 경제활동이었기 때문이다. 이 같은 모직물 산업은 1700~1850년에도 Yorkshire 지역에서 역동적인 산업이었다. 이 시기 모직물 산업은 산업혁명기의 기술혁신과 결합되어 있었으나 동시에 과거와의 강한 연속성도 보여주고 있다. S.A. Caunce에 의하면 특히 서부 Yorkshire는 매우 복잡한 경제구조를 가졌는데, 그것이 다양한 사회구조와 함께 진보과정을 위한 이상적인 풍경을 창출했다. 그 같은 환경 하에서 의류상과 상인들 사이에는 신경조직처럼 연계되는 정보전달 체계가 작동되었다.[53)]

근대초 직물산업에 대한 연구는 유산목록을 중심으로, 개인 문서와 직물이나 의복을 포함하는 광범위한 자료에 의존하고 있다. Beverly Lemire는 선원, 병사, 남녀 노동자에 의복을 제공하던 의류산업에 대해서 깊은 통찰력을 제공하고 있다. 그에 의하면 의류산업은 당대의 사회경제적 변화과정을 분석해 낼 수 있는 귀중한 분야이다. Lemire는 생산패턴과 마찬가지로 소비패턴 역시 완전한 산업화의 긴 서두로 재정의된다고 주장한다.[54)]

또한 근대초 모든 계층의 영국인들은 새롭고 대중적인 패션에 대한 욕구가 강했다고 분석되고 있다. 그 결과 Daniel Dofoe의 풍자적 구절에서 묘사하는 것처럼 유행하는 의복과 더불어 목걸이의 로켓, 토시, 모피 어깨걸이, 레이스, 리본, 스카프, 앞치마 등에 대한 소비욕구가 강했다는 것이다. 이는 이미 Joan Thirsk가 언급한 바와 같이 16~17세기의 저렴한 제품생산과 대중적 소비 상품의

53) S.A. Caunce, "Complexity, community structure and competitive advantage within the Yorkshire woollen industry, c.1700-1850", *Business History*, Vol. 39 (1997), p. 26.

54) Beverly Lemire, *Dress, Culture, and Commerce: The English Clothing Trade before the Factory, 1660-1800* (N.Y: St. Martin's Press, 1997).

시작을 확인하고, Neil McKendrick이 언급한 바와 같이 초기 소비사회에서 패션의 상용화에 대한 중요성을 인식하게 하는 것이다.[55]

하층계층의 유행추구에 대하여 엘리트계층은 못마땅하였다. 그들의 눈으로 볼 때에는 노동자들이 유행하는 의복을 추구하는 것은 그들 지위보다 높은 옷을 입는 것이고, 절약을 방해하는 사치이며, 모방경쟁을 고무하는 행위였다. John Styles은 18세기 Yorkshire의 소모사 제조업자(worsted manufacturer) Robert Heaton의 글을 통해서 구체적인 모습을 제시하고 있다. 그는 당시 그의 공장에서 일하던 28명의 노동자의 월급 소비를 분석하여 당대의 사회적인 경향과 의복수준 및 노동자들의 의복 형태, 패션에 대한 감각, 빚 등에 대하여 분석하고 있다.[56]

그런가하면 18세기 후반 유산목록이 대규모로 작성되지 않아 나타나는 연구의 어려움에 대처하기 위한 연구방법도 등장하고 있다. 유산목록을 양적으로 통계 분석하는 대신 몇 사례를 심층분석하는 케이스 스터디 방법이이다. Margaret Ponsonby는 18세기 후반~19세기 전반 영국에서 직물의 역할에 대해 연구하면서 이 방법을 사용하고 있다. Ponsonby는 퍼니싱 직물(furnishing textiles)의 사용에 대한 자세한 분석이 가능한 3가구를 선택하여 과시적 소비(conspicuous consumption), 가정적 이데올로기(domestic ideology), 보관된 직물의 가능한 의미(the possible meanings of stored textiles)에 대하여 분석하고 있다.[57]

---

55) Beverly Lemire, "The Theft of Clothes and Popular Consumerism in Early Modern England," *Journal of Social History,* 24 (1990), pp. 256-76.

56) John Styles, "Involuntary Consumers? Servants and Their Clothes in Eighteenth-Century England", *Textile History*, 33 (2002), pp. 9-21.

57) Margaret Ponsonby, "Towards an Interpretation of Textiles in the Provincial Domestic Interior: Three Homes in the West Midlands, 1780-1848", *Textile History*, Vol. 38 (2007), pp. 165-78.

3) 소매업

도매와 소매의 분포에 대한 D. Hey와 D.G. Vaisey의 논문은 유언장과 유산목록의 사료를 광범위하게 이용하여 근대초 영국경제를 연구한 초기의 업적이다.[58] 16~17세기 도시민들의 유산목록이 분석됨에 따라 이제까지 생각했던 것보다 도시민들이 상점에 더 친숙했고, 상점에 진열된 상품들이 더 다양했으며 일부 물품은 수입품이었다는 것을 알 수 있다. 1980년대에 이미 Telford와 그 외의 지역에 대한 상인들의 광범위한 유산목록에 대한 자세한 분석이 이루어졌다.[59] 그러나 이들 상품들이 소비자에 이르는 과정, 즉 제조업자나 또는 운반된 항구로부터의 유통과정에 대해서는 더 자세히 연구되어야할 분야이다. 현재 짐꾼(carriers), 행상(chapman), 식료품행상(badgers), swailers, 중간상(middlemen)들의 일부가 유언장을 작성했음에도 불구하고, 이들의 활동이 특히 파악하기 어려운 분야로 남아 있다. 아마도 다른 도시의 동일 형태의 소매상인에 대한 유산목록의 비교연구가 결정적인 도움이 될 수 있을 것이다.

그렇기는 하나 모든 종류의 유산목록은 근대초 영국에서 분배 매커니즘에 대한 작은 정보들을 제공한다. 가치평가사가 사망자 재산의 일부를 검증 이전에 이웃 마을의 장날에 처분했다는 메모나 Cardiff 가게상품이 지난 Bristol 장시(fair)에서 구입했다고 말해졌던 것이 남부 Wales의 지역 경제에서 Bristol의 지배권을 확인해

58) D. Hey, *Packmen, Carriers and Packhorse Roads. Trade and Communications in North Derbyshire and South Yorkshire* (Leicester, 1980); D.G. Vaisey, "Probate Inventories and Provincial Retailers in the Seventeenth Century." in Riden, ed., *Probate Records and the Local Community.*

59) *Yeomen and Colliers in Telford. Probate Inventories for Dawley, Lilleshall, Wellington and Wrockwardine, 1660-1750,* ed., B. Trinder and J. Cox (Chichestr, 1980); D.G. Vaisey, "Probate Inventories and Provincial Retailers in the Seventeenth Century."

주고 있다. Chesterfield 포목상의 채권자 가운데 Kendal, Rochdale, Shrewsbury 사람들이 나타나는 것은 당시 그 지역에서 생산된 천이 상인들에 의해 구매되어 판매되었던 사실을 보여주고 있다.[60]

특히 16세기 후엽부터 크게 증가하는 유산목록은 근대초 영국민의 소비생활에 대한 생생한 모습을 보여주고 있다. 예컨대 유리가 초기에 어떻게 사용되었고 그 같은 사용이 어떻게 증가되었는가에 대한 증거는 Parlour의 등장과 함께 분석되고 있다. 또 1660~1750년의 기간에 대부분 수입품인 철의 증가가 큰 폭으로 이루어졌는데, 실제로 이 시기의 유산목록에서 광범위한 가내 철제용구의 사용이 이루어졌던 것을 볼 수 있다. 가치평가사가 장작받침쇠(firedog), 불꼬챙이고리 등의 철제제품 물품목록을 세분하는데 애를 먹지 않아도 된 시기가 바로 그 때였다는 것에서도 철제제품의 일반화를 확인할 수 있다.

이처럼 1980~1990년대 이후 유산목록의 분석을 통한 연구는 1660년 이후 소비사회 성장에 대한 단서들을 제시하고 있다. 이는 당대의 소매상품들과 상점들에 대한 분석에서 확인할 수 있다. Christina Fowler는 18세기 잉글랜드 Hampshire의 소매 부문의 발전에 대하여 검토하고 있다. Fowler는 당시 지역에 거주하는 특화된 소매상의 성장을 장시 및 순회상인의 역할과 대비하여 분석하고 있다. 그에 따르면 18세기 Hampshire에서 보여주는 가격 정찰제, 광고, 미끼상품, 현금 판촉, 브랜드 상품의 도입 등 소매행위에서의 큰 변화는 18세기 후반에 경험하게 되는 소매유통의 혁신을 의미한다.[61] Jon Stobart 역시 18세기 소매변화의 정도와 성격에

60) 본서 3장 참조. 1660-1700 기간 여러 Cardiff의 유산목록들은 Bristol에서 구입한 소유물들을 언급하고 있다.

61) Christina Fowler, "Changes in provincial retail practice during the eighteenth

대한 연구를 통하여, 소매의 변화가 18세기말까지 소매의 모든 분야와 모든 도시를 관통했다고 주장하고 있다. 그렇지만 이 같은 소매혁명은 부분적이고 조건적인 과정이었다. 이유는 변화의 속도가 다양했고, 대도시와 소도시 사이의 간극이 19세기초에 더 벌여졌기 때문이었다.62)

Jon Stobart는 수공장인 겸 소매상인, 지역의 상점, 소매와 상점, 지역 상점의 광고, 소매와 소비자 혁명 사이의 관계 등을 논하는 일련의 논문들 속에서 주로 18세기의 소매와 소비사회의 성장문제를 다루고 있다. 18세기 Cheshire의 촌락 수공장인 겸 소매상의 사회경제적 사회상에 대한 논문에서 이들의 활동은 19세기말과 20세기초에 사라지게 되었다고 밝히고 있다. 구체적으로 촌락 양복장이와 제화공의 수와 분포 및 활동을 통하여 그들의 자본화는 제한적이고 농업활동과 밀접한 연관이 있었음을 밝히고 있다. 18세기 지방 상점의 상품진열에 대한 논문에서는 상품진열의 실제적이고 상징적인 기능들에 대하여 고찰하고 있다. Jon Stobart는 유산목록의 자세한 분석을 통하여 상품이 소비자들의 눈에 더 잘 띄어 잘 팔리도록 상점의 시설비품들이 도입되었다고 주장한다. 또 상점주가 그들 사업이 번성하고 그들 자신이 아는 것이 많은 것처럼 적절한 이미지를 형성하는데 상품진열이 도움을 주었다는 것이다. 이 같은 상품진열은 촌락상점에서 도시상점까지 공통적이었으며, 이는 모든 곳의 상점이 상품소비의 현장이 되어갔던 것을 의미한다.63)

---

century, with particular reference to central-southern England", *Business History*, Vol. 40 (1988).

62) Jon Stobart, Andrew Hann, "Retailing revolution in the eighteenth century? Evidence from North-West England", *Business History*, Vol. 46 (2004).

63) Jon Stobart, "The Economic and Social Worlds of Rural Craftsmen-Retailers

아울러 Midlands와 North-West England에서의 신문광고와 명함의 조사를 통한 지방 상점의 광고에 대한 논문에서 Jon Stobart는 18세기 광고가 '정중함(politeness)'의 개념 전파에 일조하였다고 주장한다. 광고가 상품을 팔고 상점을 홍보하기 위하여 정중한 언어에 의해서 구축되었다는 것이다. 동시에 광고가 이 같은 개념을 광범위한 대중에게 재생산하고 소통하는데 일조했다는 것이다. Jon Stobart에 의하면 이는 물질적이고 개념적인 차원 모두를 지녔다. 즉, 광고는 '정중한' 상품과 '정중한' 생활태도를 판 것이다. 광고는 또한 정중함의 묘사였고, 광고의 이상형을 도시의 중산계급에게 보여주었다.[64] Jon Stobart는 소매와 소비자 사이의 연결에 대한 논문에서도 쇼핑관습이 상점과 소비자의 연결에 중요하다고 분석하고 있다.[65]

8. 자료의 한계

유산목록이 여러 분야의 역사연구에 중요한 사료라는 점은 주지의 사실이다. 그러나 이 문서의 사용에서 유의해야할 문제점도 있다.

첫째, 스코틀랜드의 testaments와는 달리, 잉글랜드와 웨일즈의 유산목록은 오직 동산(moveable property)만을 다룬다. 즉 개인의 소유물과 소지품, 그리고 토지의 임대 보유권이다. 여기에는 자유보유

---

in Eighteenth-Century Cheshire", *The Agricultural History Review*, Vol. 52 (2004), pp. 141-60; Jon Stobart, "Sites of Consumption: The Display of Goods in Provincial Shops in Eighteenth-Century England", *Cultural and Social History*, 2 (2005), pp. 165-88.

64) Jon Stobart, "Selling (Through) Politeness: Advertising Provincial Shops in Eighteenth Century England", *Cultural and Social History*, 5 (2008), pp. 309-28.

65) Jon Stobart, "A history of shopping: the missing link between retail and consumer revolutions", *Journal of Historical Research in Marketing*, Vol. 2 (2010), pp. 342-49.

(freehold)나 등본보유(copyhold)인 부동산(real property)을 다루지 않고, 지주(landlord)의 가구집기(fixtures and fittings)도 다루지 않는다. 이 같은 한계로 인하여 유산목록은 어느 한 개인의 전체 부에 대한 사항을 분석할 수 없으며, 또 타인과의 상대적인 부의 비교분석자료로서도 적절히 사용할 수 없다. 귀족과 젠트리, 그리고 대부분의 파머들은 거의 확실히 소유한 토지재산의 기치가 그들이 소유한 동산의 가치를 초과한다. 반면에 일부 중간 사회그룹의 상대적인 경제적 지위는 그들 토지의 부를 포함하면 크게 변화될 수 있다.

둘째, 유산목록에는 거의 언제나 가족 소비용도의 식품이 생략되어 있다. 언급된 식품은 판매용으로 생산된 경우뿐으로 보인다. 그래서 어떤 종류의 식품목록이든 생산자가 아닌 소비자가 대부분인 도시거주자와 토지 없는 농촌거주자 대부분의 유산목록에는 거의 나타나지 않는다. 그 결과 주요 식품인 빵에 대한 기록조차 제빵공의 유산목록을 제외하고는 찾아볼 수가 없다. 또 향신료 그릇이나 차 그릇이 유산목록에 종종 등장하나, 식료품상의 유산목록을 제외하고는 후추, 향신료, 차 등을 언급하는 유산목록도 거의 없다.

이 같은 이유에 대해서는 명확하지가 않다. 가족 소비용의 식품 가치를 유산목록에 기록하지 않은 것이 당대의 관행이었을 수도 있고, 기록하기에는 너무 하찮은 액수였을 수도 있다. 어쨌든 당대에 활동하던 가치평가사들은 엄숙한 선서를 하고 문서를 작성하면서 거짓으로 기록하기에는 어려웠을 것이다. Peter Laslett의 말처럼, "우리 모든 조상들은 글자그대로 기독교인들이었고, 언제나 … 그들의 세계는 기독교 세계였고 그들의 신앙적 활동은 위에서 강요에 의해서가 아니라 자발적"66)이었던 것이 틀림없었기 때문이다.

가치평가사가 유산목록에 정확히 기록했다는 전제하에 생각할

66) P. Laslett, *The World We Have Lost* (2nd, ed. 1971), p. 74.

수 있는 나머지 한 경우는 기록할 만한 것이 없었다는 것이다. 유산목록 가운데 적어도 일부는 Yoman과 Husbandman 신분이었으나 돈이나 가구 같은 소유물을 거의 남기지 않았고, 또 곡물이나 가축조차 남기지 않고 사망하였다. 이들의 경우는 분명히 은퇴하여 그의 아들에게 농장경영을 넘겨준 경우였을 것이다.

셋째, 유언집행인과 집행인은 bona notabilia가 £5를 초과하지 않을 때에는 유산목록을 작성하거나 혹은 검인을 받을 법적 의무가 없었다. 이 또한 유산목록이 갖는 커다란 한계점이다. 따라서 가난한 계층의 유산목록이 소수만이 남아 있는 이유는 문서가 상실되어서가 아니라 당시에 만들어지지 않아서 그랬다는 것을 말해주는 것이다.[67] 실제로 Norfolk와 Suffolk의 경우는 16세기말에 55%, 1630년 이후에는 60~75%의 주민들이 유산목록을 남긴 것으로 분석되고 있다.[68]

그 결과 잔존하는 유산목록에서 제시된 직업과 실제의 사회적 분포 사이에는 심하게 왜곡되어 있다. 즉 상위와 중위 계층이 과도하게 많아 과대 대표되고 있고, 낮은 계층은 매우 적은 수로 과소 대표되고 있다. 예컨대 남부 Gloucestershire에서는 이례적으로 일찍 도시의 산업화가 이루어진 곳이다. 그런데 그곳의 유산목록 가운데 Gentleman과 전문직업인, 그리고 파머들의 비중이 58.5%에 이르고 있으나 농업노동자는 겨우 3.4%에 불과하다. 반면에 실제 지역민의 구성은 Gentleman과 전문직업인이 10% 정도, 파머가 25% 정도, 노동자가 15% 정도, 나머지 50%가 수공업자, 상점주, 장인이었다.[69]

근대초 영국사회의 연구자들은 표본 선택시에 이 같은 왜곡을

67) J.S.W. Gibson, *Wills and where to fine them* (Chichester, 1974), pp. xv-xvi.
68) Overton, "English Probate Inventories and the Measurement of Agricultural Change", p. 206.
69) *The Goods and Chattels of Our Forefathers*, pp. 12, 15-7, 20-1.

감안해야한다. 예컨대 Framton Cotterell 지역에서 250년간 4명의 오두막농이 있는데, 3인이 3개의 방을, 1인이 4개의 방을 갖고 있었다. 여기서 전형적인 노동자의 오두막은 3 혹은 4개의 방을 갖는다고 결론내리는 것은 분명 안전한 결론이 아니다.[70] 이는 다른 증거에 비추어 보아도 그렇다. 연구자들은 다른 증거를 더 찾아야 하거나 또는 충분히 많은 노동자의 유산목록을 통계적으로 이용할 수 있을 만큼 수집해야만 할 것이다.

이상에서 살펴보았듯이 유산목록은 완전한 사료가 아니다. 앞서 설명한 18세기 물질문화의 확산에 대한 설명의 경우 고고학적 분석에 의한 보완이 더 나은 설명에 도움이 된다. 특히 고고학적 증거는 가난한 가구의 상황에 대하여 중요한 데이터를 제공한다.[71] 더구나 유산목록에는 현재는 거의 사용하지 않는 지역 방언들이 사용되고 있다. 이 문제는 영국의 연구자들에게도 어려운 문제로 보인다. 영국의 지역 방언에 대한 연구는 대부분의 19세기에 근거한 것들이고, 중세와 근대초의 대한 연구는 거의 없는 것으로 알려져 있다. 16세기 지역 방언의 한 예로는 남부 Gloucestershire에서 흔히 사용했던 'wonts'를 들 수 있다. 이 뜻은 John S. Moore에 의하면 두더지(moles)이다.[72]

---

70) *The Goods and Chattels of Our Forefathers,* p. 36.

71) John Bedell, "Archaeology and Probate Inventories In the Study of Eighteenth-Century Life", *Journal of Interdisciplinary History*, Vol. 31 (2000), pp. 223-45.

72) J.S. Moore, "Probate Inventories: Problems and Prospects", in Riden, ed., *Probate Records and the Local Community*, p. 24.

3장
16세기 체스터필드

Chesterfield는 북부 Derbyshire의 함탄 사암층(coal-measure sandstones)의 큰 교구들로 45평방 마일을 넘는 지역이다. 1093년 교회가 세워졌고, Lincoln 주교구에 속한다. Chesterfield 교구는 Coventry and Lichfield의 큰 주교구의 일부를 형성하였다. Chesterfield 지역의 유언장과 유산목록은 1521～1603년의 230건이 1977년 J.M. Bestall and D.V. Fowkes에 의하여 발간되었다. 여기서 다루는 유언장과 유산목록에는 파머와 촌락의 장인들, 그리고 Chesterfield townsmen의 것들이 포함되어 있다.[1] 그래서 당대의 도시와 촌락의 밀접한 상호의존을 반영하고 있다.

원래의 Chesterfield 교구는 town과 이웃 여러 촌락 거주지를 포함했다. 그런데 중세의 영주였던 Brampton이 Whittington과 Wingerworth에 예배당을 건립하여, 16세기 동안 그들 예배당 관할구가 실용적으로 독립된 단위처럼 여겨졌다. 그래서 이곳의 유산목록은 Chesterfield에 포함되어 나타나지 않는다. 다른 곳은 중세에 예배당이 없었고, 19세기까지는 교구가 되지 않았다.

1) J.M. Bestall and D.V. Fowkes ed., *Chesterfield Wills and Inventories, 1521-1603*, Derbyshire Record Society, vol. 1, 1977.

Chesterfield 교회는 튜더시대에도 여전히 관심을 받아 건물 수리와 교회 가구를 위한 유증이 이어졌다. 예컨대 1523년에 Thomas Leeke가 첨탑 수선을 위하여 6s. 8d.를 유증하였고, 1535년에Richard Wedson이 교회수선을 위하여 8d., 그리고 제단에 "잊은 십일세의 보상으로" 추가로 4d.를 유증하였다. 1560년 Richard Johnson은 1 마르크(13s. 4d. 즉 £ ⅔)를 Lady Chapel에 위치한 오르간, 시계와 시간 알리는 차임을 위하여, 그리고 'the Foxe bell'의 주조를 위하여 유증하였다.2)

1. 사회경제사 사료

튜더와 슈트어트 시대 사회경제사에 대한 이해는 지난 몇 십년간 여러 주교구 기록에서 빛을 본 유산목록과 유언장의 연구에 힘입어 점점 넓혀지고 있다. 이들 외의 어떤 다른 기록도 16~17세기 영국의 읍과 촌락, 산촌 및 흩어져 산재하는 농가에 대하여 이처럼 생생한 예시를 할 수가 없는 실정이다. 이들 문서가 없었다면 이 시대의 많은 역사가 지금처럼 써질 수 없었을 것이다. 이들은 역사학자 및 계보학자 모두에게 불가결한 것인데, 이유는 이들 외의 다른 사료는 지역민과 그들의 가옥과 가구, 직업과 생활수준 등에 대하여 이처럼 생생하게 세부사항을 제공하지 못하고 있기 때문이다.

1장에서 설명한 것처럼 앵글로색슨시대부터 1858년까지 유언장의 검인은 교회에 놓여 있었다. 이유는 유언장이 유언자 자신의 영혼을 전능한 신(Almighty God)에게 위탁하며 그의 육체가 교회

2) *Chesterfield Wills and Inventories,* nos. 2, 13, 92, pp. 2, 12, 94.

나 교회의 뜰에 묻히기를 요구하는 것으로 시작하기 때문이었다. 이 같은 Ches-ter-field 사람들의 유언장은 대부분 Lichfield Joint Record Office에서 찾아볼 수 있다.

헨리 8세부터 유언집행인에게 집행서(letters of administration)가 교부되기 전에 교회에 의해서 사망한 사람의 동산에 대한 '사실적이고 정확한 유산목록'의 작성이 요구되는 것이 일반적인 관행이 되었다. 이는 사기의 가능성을 줄이기 위한 것이었다. 1553년 7월 3일 작성된 Jamys Rigatt of Calow 같은 경우에는 유산목록이 사망한 날 혹은 그 다음 곧 작성되었으나[3], 일부는 여러 주 동안 지체되기도 했다. 그 같은 지체가 일어난 곳에서는 유산목록이 불완전할 수 있으며, 유산목록에 기록되지 않은 재산항목이 유언장에 나타날 수도 있다.

많은 유산목록들은 가내 세간에 대하여 매우 상세한 목록을 남겼다. 그런데 이 목록에는 처의 권리로 소유하는 남편의 재산은 배제되었다. 또 유산목록을 통해서는 유언자가 가난하게 살고 있었는지, 혹은 그가 이미 그 재산의 상당부분을 자녀들에게 이전하고 은퇴 후에 소박한 삶을 살고 있었는지 정확하게 알기가 어렵다. 또 2장에서 이미 설명한 바와 같이 유산목록의 목록은 가구, 그릇, 가축, 상점의 물건, 빚 같은 동산에 국한된다. 여기에는 건물, 토지 등 부동산은 포함되지 않는다. 그래서 완전한 개인의 부에 대한 모습을 제시할 수 없으며, 공동체의 완전한 단면도 제공할 수 없다. 더구나 가난한 사람들은 유언장 혹은 유산목록을 드물게 남겼다.

그럼에도 유산목록에는 부유하거나 보통정도의 사람들이 최빈수(mode)로 나타나는데, 일반적인 파머와 더불어 대장장이, 직공,

---

3) *Chesterfield Wills and Inventories*, no. 48, pp. 43-4.

제화공, 장갑공 같은 장인들, 그리고 교구 젠틀맨과 읍의 번영하는 상인들이 그들이다. 이들의 유언장과 유산목록을 통하여 우리는 그들 가구의 종류와 판매상품의 상세한 정보를 알아 낼 수 있다.

유산목록의 가치평가사(valuers, appraises)는 유언집행인(executor)에 의하여 지명되는데, 2인, 3인, 혹은 4인의 그 지역 사람으로 그 일에 대하여 특별한 자격이 요구되었던 것은 아니었다. 일반적으로 그들은 친구와 이웃들이었고, 일부는 효율적인 가치평가사로 명성을 얻어 수시로 불려 다녔던 사람들이었다.

유산목록은 정확하게 작성되었다고 합리적으로 추론할 근거가 있다. 당 시대가 글자그대로 기독교의 믿음이 강했던 시대였으며, 가치평가사가 엄숙하게 서약을 하고 임무를 수행했기 때문이었다. 가치평가사의 정직성과 정확성에 대한 담보는 채권자, 유언집행인, 미망인과 상속인들이 각자 유산목록에 의문을 제기할 수 있었던 데 있다. 가치평가사가 최선을 다했다는 것은 의심할 여지가 없다.

그럼에도 유산목록들에는 불합리하게 보이는 것이 수두룩하다. 특히 전체 가치평가액을 믿을 수 없는데, 수시로 오류가 발견된다. 특히 방이 여러 개인 경우에 개별 항목의 합이 부정확하다. 또 당 시대에는 스펠링의 표준화가 없었고, 심지어는 같은 단어가 같은 문단에서조차 달리 표현되기도 했다. 예컨대 saucer가 sosar, sawcar, sauster, sossare로 표기되었고, cushions은 cussions, cussyons, cusshens, cossins, cossens, cossians, quissons, quishons, quishines, quisshions, quiyshones, quisions, quishsions, quishens, quushions, quysshens, quysshones, quoshyons, quoshines 등으로 표기되었다. 구두점은 거의 무시되었고, 대문자는 아무렇게나 사용되었다. 더구나 많은 단어가 현재는 폐기된 단어들이다. 이제는 폐기되어 사용되지 않는 방언과 그것이 서로 다는 필기자에 의하여 발음 나는 대로 표기되어, 낯선 단어를 해석하는 것은 영국의 연구자들에게도 어려움을 중첩시키고 있다.

2. 종교적 심성

종교개혁 이전의 유언장은 당대인들의 종교적 믿음과 교회의 예배를 위한 활동에 대한 통찰력을 제공한다. 예컨대 1549년 10월 23일 검인된 Robert Brook의 유언장은 그의 영혼을 "전능하신 신(Almighty God)", "우리의 성모 마리아(Our Lady St. Mary)" 그리고 "하늘의 모든 성스런 성인들(all the holy company of heaven)"에게 맡기고 있다. 이는 프로테스탄트들이 곧 폐기한 가톨릭의 표준적 구절이었다. 또 여러 유언장에서 종교개혁에서 해산된 길드와 개인예배당, 그리고 교구교회에 안장되기를 소망하고 있다. 예컨대 1523년 11월 14일 유언장이 작성되고 11일 후인 11월 25일에 유언장이 검인된 젠틀맨 Thomas Leeke는 Chesterfield 교구교회에 묻히기를 소망하면서, Norton, Sutton, Heath, Normanton, Chesterfield, Stannall Bridge, Coventry, Lichfield의 8군데 교회에 각각 6s. 8d., 6s. 8d., 6s. 8d., 10s., 6s. 8d., 3s. 4d., 4d., 4d.를 유증하고 있다.[4)]

유산목록의 기록들은 개인예배당 사제들이 그들의 토지를 경작하지는 않았으나 그 지대로 살아갔음을 보여주고 있다. 그 같은 상황은 1536년 검인된 Richard Watson이 그의 아내에게 'Holy Rode Gyld Chesterfield'에서 임대하여 보유한 토지의 잔여권(residue)을 유증하고 있는 것에서 잘 보여주고 있다.[5)] 교구목사(vicar) 역시

---

4) *Chesterfield Wills and Inventories*, no. 2, p. 2. 종교개혁 이전 가톨릭교도들의 전형적인 종교적 신앙심의 표현은 본서 5장 참고.

5) *Chesterfield Wills and Inventories*, no. 10, p. 9.

밖의 외부의 노동력을 고용한 농사로 수입을 보충하지 않았다. 1558년에서 1572년까지 교구목사였던 Martin Lane의 경우 그의 소유물 가운데 암소 한 마리와 방적용 물레가 있었으나[6], 이는 도시 사람들의 흔한 물품목록이었을 뿐 당시대 파머들의 소유물과는 비교할 수 없는 정도였다.

종교개혁에 의하여 the Holy Cross of the Merchants of Chesterfield가 1219년 도시의 자유를 수호하고, 예배와 자선을 위하여 설립된 the Gild of the Blessed Virgin Mary로 통합되었다. 길드의 중요성은 도시생활을 풍요롭게 하고 구성원들을 하나로 뭉치게 하는 종교적이고 사회적인 기능에 있었다. 또 이에 못지않게 도시민들이 부동산을 분쟁 없이 보유할 수 있게 하는 수단으로서 세속적인 목적도 있었다.[7]

길드는 14세기까지 매우 부유하였으며, 도시지역에서 아마도 가장 큰 단일 재산의 소유주였다. 도시민들은 1547년 헨리 8세 왕이 길드를 탄압하던 때에 심한 상실감을 느꼈음에 틀림없으며, 교회의 봉헌이 All Saints(or All Hallows)에서 St Mary and All Saints로 바꾸는 방법이 아마도 이에 대한 일부의 보상이었을 것이다. “Chesterfield의 해산된 길드의 이전 사제”로 1557년 10월 4일 유언장이 작성되고 12월 14일에 검인된 Richard Newbolde에게는 매년 ￡6의 연금이 제공되었고, 사망시에 Elmton에서의 임금으로 ￡1. 3s. 10.도 있었다. 그는 가톨릭교도인 Mary 여왕 통치시에 사망하여 “미사 시 촛불을 위하여 성모 제단”에 유증할 수 있었다.[8]

---

6) *Chesterfield Wills and Inventories*, no. 120, pp. 123-24

7) *Chesterfield Wills and Inventories*, p. xv.

8) *Chesterfield Wills and Inventories*, no. 71, pp. 72-3.

3. 도시의 상황

Chesterfield의 주민들은 burgesses라 묘사되는 towns의 전형적인 주민들이었다. burgesses는 상당한 정도의 자치권을 가졌으나 완전히 독립된 자치권을 가졌던 것은 아니었다. 왜냐하면 영주가 물방앗간과 시장과 장시(market and fairs)로부터의 수입, 형사법정(court leet)과 민사대법정(great court baron)의 권한을 보유하고 있었기 때문이다. 더 나아가서 링컨 대성당 주임사제(Dean of Lincoln)가 교회의 동쪽과 다른 곳에서 토지와 건물들을 소유했고, Rother에서 주교의 방앗간을 소유했고, Temple Normanton의 장원영주들이 전에 the Kights Templar가 소유했던 가옥들을 소유하고 있었기 때문이다.9)

영국 towns의 법적 권리들은 복잡하고 다양하나, Chesterfield의 주민들은 영주에 의해서 통제되는 Sheffield같은 많은 다른 towns의 범주에 속하였다. 사실 Chesterfield의 주민들은 영주인 Shrewsbury의 단호한 백작에 맞서 완전 독립을 위해 할 수 있는 일이 거의 없었으며, 튜더 시대의 거의 끝인 1598에 이르러서야 엘리자베스 여왕이 의회의 구성원이 없는 Chesterfield의 자치체와 시장을 제의할 정도였다.

중세와 근대 초기를 통하여 Chesterfield의 가장 중요한 기능은 북동부 Derbyshire에 물품을 공급하는 시장과 장시였다.

Chesterfield와 경쟁하는 Sheffield, Rotherham, Mansfield, Alfreton, Wirksworth, Bakewell, Tideswell은 각각 10마일이나 그 이상 떨어져 있었다. 12세부터 Chesterfield는 Derbyshire에서 두 번째 중요한 도시였다. 원래의 시장터는 교회의 북쪽에 놓여 있었는데, 일부는 교회의 정원이고 일부는 Hoywell Street이다. 12세기부터 새로운

---

9) *Chesterfield Wills and Inventories*, p. x vi.

시장이 시의 변두리에 형성되었다. 1635년경의 William Senior의 지도를 보면 도시는 중세의 경계너머로 확장되지 않았고 12세기 이후 내내 그 자리에 위치하고 있다. 시장 동쪽 끝에 여러 건물이 길에 연하여 서 있었다. 이곳에는 푸줏간, 비단장수, 포목상, 생선장수, 옹기장수, 철물상, 제화공이 있었고, 튜더 시대까지 중세도시가 거의 변하지 않았다. 유산목록은 시장세(market tolls)를 걷는 동서 경계에 대해 언급하고 있다. 바로 그 너머에는 경작지, 목초지, 방목지와 공동지가 놓여 있었다. 도시민은 시장 중심부에서 2~3분 걸으면 곧장 농촌으로 나왔는데, 튜더시대 당시에는 수많은 다른 시장 도시들이 마찬가지 상황이었을 것이다. 16세기 도시와 촌락 공동체는 긴밀하게 상호의존적이었으며, Chesterfield같은 마켓 town들은 촌락인들이 시장에 와서 물건을 사고파는 교환의 중심지 역할을 해왔다.10)

W.G. Hoskins는 우리들이 다루는 엘리자베스 시대의 지방의 도시들은 근대 기준으로는 매우 작은 공동체로, 주민들의 수가 일반적으로 1,000명에서 3,000명 정도였다고 주장한다.11) 헨리 8세 직후인 1547년에 Chantry Roll은 예배당교구를 포함하여 교구 전체의 인구를 2,000명 정도로 추산하고 있다. Chesterfield는 14~15세기의 국가적 쇠퇴에서 회복하지 못하였다. 그때 주요 상업지역뿐만 아니라 주변지역의 보유지들도 황폐화되었다. 1559년 푸줏간 주인이었던 Tnomas Heathcote의 유언장에는 Byttwell Street가 버려진 상태라 'Rotterene Rowe'로 표기되고 있다.12)

---

10) *Chesterfield Wills and Inventories*, pp. xvi-xvii.

11) W.G. Hoskins, *Provincial England: Essays in Social and Economic History* (London, 1965), p. 88.

12) "Byttwell Street에서 떨어진 Rotterene Rowe의 집을 아들 Robert에 유증한다." *Chesterfield Wills and Inventories*, no. 91, p. 91.

Chesterfield는 1558년 교구기록이 시작됐을 때부터 1580년대 중반 세례기록까지 출생이 사망을 능가했다. 확고한 증거는 1563년 주교구 인구조사인데, Brampton이 112가구, Wingeworth이 56가구, Whittington이 44가구, 나머지 Chesterfield 교구가 351가구였다. 1가구 당 4.75인을 잡으면 당시 교구 전체에는 거의 2,700명의 주민이 살고 있었다. 그 가운데 1,700명은 발간된 유언장과 유산목록의 작성 기간에 살았던 사람들이었고, 아마도 1,000명에서 1,200명의 사람들이 town의 범위 내에서 거주하였을 것이다.[13)]

1586~87년에 재난이 닥쳤다. 지난 25년간 매년 매장자가 70인을 넘지 않았으며 매년의 평균은 이보다 훨씬 낮았다. 그러나 1587년에는 313명이라는 어마어마한 숫자로 급증했다. 전체 잉글랜드가 1585년의 여름과 추수시기에 지속된 나쁜 날씨와 1586년의 파멸적인 흉작에 뒤따르는 큰 사망률에 영향을 받았다. 일부에서는 굶주림으로 약화된 많은 사람들을 티푸스가 앗아갔다.

그러나 Chesterfield에서의 사망원인은 의심할 바 없이 선페스트(bubonic plague)였다. 1568년 10월 기록부에 기재된 것은 '여기 체스터필드에서 큰 페스트가 시작되었다'였다. 역병은 겨울동안 휴면했다가 여름에 맹독을 펼치고 겨울에 다시 사라졌다. 가장 최악의 달은 1587년 6월, 7월과 8월이었는데, 이때 154인이 사망하여 땅에 묻혔다. 흑사병 동안 많은 정상적인 활동이 중단되었고 유언장 작성과 유산목록 작성이 town 내에서 전반적으로 포기되었다. 그런 상황에서도 현존하는 일부 유산목록에는 흑사병의 고통을 전해주고 있다 예컨대 1587년 11월 2일 작성된 James Robynson의

13) 이하 Chesterfield의 인구변화에 대한 설명은 *Chesterfield Wills and Inventories*, pp. xvii-xxi 참고.

유산목록은 동산의 가치가 £100. 8s. 5d. 였는데, "이를 흑사병 동안 James Robynson의 처 Margarett Robynson이 그녀 자신과 그녀의 자녀들, 그리고 가족을 위하여 £37을 사용하였다. 그래서 현재 나머지는 £63. 8s. 5d.이다"14)라고 기록하고 있다.

1590~92년, 1597년에 다시 매장이 세례를 능가했으나, 엘리자베스 시대 전체로는 인구증가의 시기였다. 1560년에서 1603년 사이에 3,174명의 자녀들이 세례를 받았고, 2,713명이 땅에 묻혔다. 평균 매년 72명이 세례를 받았고, 62명이 사망한 것이다.

1524년 보조세(Lay Subsidy) 같은 과세기록은 튜더시대 Chesterfield의 사회경제적 구조가 큰 자치도시나 심지어는 Derby같은 같은 다른 towns보다도 더 균등했다는 것을 제시하고 있다. Chesterfield에는 1593년 유산목록이 검인된 Thomas Eyre of Dunston이나, 1575년 11월 24일 검인된 Ralph Leeke of Hasland와 같은 촌락 젠틀맨15)과 겨룰만한 부유한 상인들이 없었으며, 도시인들 대부분은 지역시장에서 일하는 장인들이었다. [표 3-1]로 정리된 동산의 규모에서 알 수 있듯이 1521~1603년 사이의 Chesterfield 주민들의 대부분은 소규모의 동산을 소유하였다. 전체 215가구의 유산목록 가운데 85.6%에 해당하는 184가구의 유산목록이 £50 미만의 동산을 지녔으며, 68.4%가 £30 미만이었다.16) 엘리자베스 시대 동안에 부자와 빈자 사이의 차이가 더 커졌다. 특히 물가상승에 의하여 부유한 사람들이 1550년 이후, 특히 1570년 이후에 출현하였기 때문이다. 동시에 지속되는 인플레이션이 하층민들의 생활수준을 저

---

14) *Chesterfield Wills and Inventories*, no. 164, pp. 191-93.

15) Thomas Eyre의 동산은 £438. 12s. 4d.였고, Ralph Leeke의 동산은 £198. 4s. 8d.였다. *Chesterfield Wills and Inventories*, no. 189, pp. 231-38; no. 127, pp. 131-35.

16) *Chesterfield Wills and Inventories*, p. xx, table 1.

하시켰다.[17] 그렇기는 하나 세기말에 이르러서도 번성하는 가구들이 다른 가구와 두드러진 차이를 드러내지는 않았다.

[표 3-1] 1521-1603년 Chesterfield 주민들의 동산규모

동산/연도	1521–40	41–50	51–60	61–70	71–80	81–90	1591–1603	합계
£10 미만	8	12	18	1	6	4	11	60
£10–19	4	3	9	9	2	5	8	40
£20–29	4	2	8	3	6	10	14	47
£30–39	1	1	5	3	4	4	6	24
£40–49	0	0	4	2	2	5	0	13
£50–59	0	0	2	0	1	1	0	4
£60–79	0	0	1	0	2	2	2	7
£80–99	0	0	0	0	1	2	3	6
£100–149	0	0	1	2	0	4	3	10
£150–200	0	0	1	0	2	0	0	3
£500 이상	0	0	0	0	0	0	1	1
합계	17	18	49	20	26	37	48	215

4. 직물업

유언장과 유산목록은 16세기 동안 Chesterfield 주민들의 생계유지를 위한 직업에 대하여 많은 것을 말해주고 있다.

직물업은 튜더시대 잉글랜드에서 주요산업이었고 여러 도시들이 직물교역에 크게 의존하고 있었다. 그러나 Chesterfield에서는 도시와 시골 모두에서 직물업이 크게 발달하지는 못했다는 것을

17) 4장 (표 4-4) 참고.

보여준다. 왜냐하면 주민들 3~4인 가운데 1인정도가 물레, 소모기 또는 베틀과 적은 양의 양모를 가지고 있었기 때문이다.

우선 직물업에는 염색업과 밀접한 연관이 있었는데, 염색업자(dyers) 역시 도시인들만이 가능했다. 포목상들(drapers)은 적어도 14세기부터 Chesterfield에 포목상 거리를 가졌고, 15세기에는 염색업자들이 대청(woad), 백반(alum), 꼭두서니(madder)를 Southampton에서 수레로 운반해 왔다. Thomas Hethcote는 1558년 9월 8일에 유산목록이 작성되었는데, 통, 납, 양모, 아마, 대마, 꼭두서니, 녹반, 오배자, 백반을 가지고 있는 염색공이었고, 또 1587년 12월 8일에 작성된 Thomas Flecher의 유산목록에는 많은 양의 양모와 백반이 있었다. Thomas Flecher는 동산 총액이 ￡105. 17s. 10d.이었는데, 그 가운데 가축이 ￡38. 16s., 창고의 곡물과 건초가 ￡12. 2s. 4d.에 달하는 부유한 파머였다.[18] Thomas Flecher의 경우 염색업이 부업이었음에 틀림없다.

1588년 8월 28일에 유산목록이 작성된 포목상 Thomas Denyson은 여러 색깔의 프리즈(friezes)[19]와 면직물을 가지고 있었다. 사망 당시 빚을 보면 그가 광범위한 곳에서 물건을 구입하고 있었다는 것을 보여주고 있는데, 종종 Chesterfield에서 멀리 떨어진 곳에서였다. 그는 Kendal에서 4인에게 화폐의 빚을 졌고, Shrewsbury에서 3인, Leeds에서 2인, Rochdale, Mansfield, Newbold에서 각각 1인에게 빚을 지고 있었다. 그의 상품 일부는 21 야드의 "rachdall frise"(Rochdale friezes)라고 묘사되어 있다. 유산목록의 증거는 Thomas Denyson이 지역에서 이용할 수 있 것보다 훨씬 더 광범위한 지역에서 직물을

18) *Chesterfield Wills and Inventories*, no. 84, pp. 84-6; no. 163, pp. 188-91.
19) 한쪽만 보풀을 세운 거친 모직물.

구입했다는 것을 보여주고 있다.[20] 다른 모직물상인(woollen draper)인 Hugh Hall의 유산목록은 1602년 7월 21일 작성되어 7월 29일 검인되었는데, London의 2인에게 ￡10의 화폐의 빚이 있고 그 외에 여러 곳에서 빚이 있어 빚의 총액이 ￡162. 2s. 4d. 였다.[21]

유산목록의 기록들은 북부 Derbyshire의 직물제조업자들은 오직 거친 'carseys'만을 생산했다는 것을 보여준다. 이는 좁은 천으로, 1 야드의 폭과 17~18 야드의 길이에 20파운드의 무게가 나갔다. 이 명칭은 Suffolk market town인 Kersey에서 온 것인데, 이곳이 중세시대 'carseys'천 제조의 원래 중심지였다.

도시와 시골 양 지역 모두에서 많은 가정들이 직공들(weavers)에게 양모를 공급하였다. 이들 직공들은 진업이라기보다는 제화공, 무두장이, 푸줏간, 목수, 대장장이들처럼 직조와 농업 모두에 종사하는 이중직업을 가졌다. 이들은 농번기에는 주로 농사일에 종사했을 것으로 보인다. 또 일부 파머들 역시 부업으로 직조에 종사했다. 예컨대 Temple Normanton의 직공인 Thomas Groslande는 1600년 6월 27일에 작성된 유산목록에서 방 2칸의 집과 베틀 2대가 있는 작업장을 가지고 있었고, 젖소 3마리, 어린 암소 2마리, 송아지 1마리, 늙은 말 1마리, 몇 마리의 가금류가 있었다. 그에 비하여 Thomas Freake는 1603년 5월 23일 작성된 유산목록에서 요먼 파머로 묘사되어 있는데, 새로운 하얀 천 5야드와 양모와 물레를 가지고 있었다.[22]

물론 의심할 바 없이 1554년의 James Waterhouse처럼 동산이 ￡3. 11s. 4d.에 불과한 농지가 없는 가난한 직공이 있었으며, 너무

---

20) *Chesterfield Wills and Inventories*, no. 170, pp. 201-05.
21) *Chesterfield Wills and Inventories*, no. 224, pp. 284-86.
22) *Chesterfield Wills and Inventories*, no. 217, pp. 273-74; no. 228, pp. 290-93.

가난해 유언장을 작성하지 못한 사람도 있었을 것이다. 그에 비하여 1541년의 John Spitillous는 암소 6마리, 어린 암소 2마리, 송아지 1마리, 말 1마리, 양 32마리, 돼지 3마리, 벌과 가금류, 그리고 약간의 호밀 작물 외에 carseys천, 린넨과 실을 가지고 있던 많은 사람들의 전형이었다.[23)]

이 같은 이중직업은 특히 1573년 3월 30일에 작성된 John Turner의 유산목록에서 잘 보여주는데, 젖소 5마리, 어린 암소 2마리, 한 살배기 소(lytle) 3마리, 거세한 수송아지(bullock) 1마리, 송아지 2마리, 암말 1마리, 돼지와 가금류, 그리고 호밀과 귀리의 작물이 있었고, 직물 도구들로는 소모기들, 물레 1대, 오래된 것과 새것의 베틀과 날실과 양털깎기 도구들이었다. 비슷한 목록이 1536년 작성된 John Crosland의 유산목록에 나타나는데, 파머와 직공의 이중직업을 가졌던 그는 자신의 carseys를 마무리를 위해서 지역의 손질전문가에 보냈다. 그의 유산목록에는 축융기에 대한 언급은 없고 직물을 펴서 말리는 틀인 텐터(tenter)에 대해서는 한번 언급이 되고 있다. 텐터 위에서 일단 축융과정이 끝난 천이 펴지는데, 이는 1535년 4월 6일 검인된 Robert Redyche의 유언장에도 나타난다.[24)]

요컨대 유산목록의 기록들은 튜더시대 Chesterfield 직공들의 삶의 방식에 대하여 많은 통찰력을 제공한다. 아울러 16세기 동안 활발했던 교역과 그것의 중요성도 보여주고 있다.

---

23) *Chesterfield Wills and Inventories*, no. 54, pp. 54-5; no. 24, pp. 22-3.
24) *Chesterfield Wills and Inventories*, no. 121, pp. 125-26; no. 10, pp. 9-10; no. 6, p. 5.

5. 가죽업

잉글랜드의 역사에서 가죽산업은 거의 무시되어왔으나 북부 Derbyshire와 인근 Yorkshire 지역에서는 또 다른 주요 수입원이었다. 1294년의 특허장에 의하면 시민 외에는 시내에서 무두장이가 될 수 없었다. 이 업종은 번성하였는데 지역 푸줏간에서 가죽을 공급받았기 때문이었다. 슈트어트시대 초에 이르러서는 지역의 가죽 수요를 위해서 런던에서 수입할 만큼 가죽업이 성장했다. 가죽은 연안을 따라 Hull로 이동했고, 강을 통해 Bawtry와 그리고 육로로 Chesterfield로 운반되었다.

Chesterfield 무두질 공장은 Beetwell Street 아래 Hippcr 강을 따라 위치했다. 10명의 이 지역 무두장이 유산목록이 여기서 나왔고, 이 가운데 가장 정보가 많은 것은 1555년 John Ashe, 1579년 George Assh, 1588년 John Wilson, 그리고 1597년 Ralp Heathcotet이다. Chesterfield 무두장이들은 동산이 ￡23에서 ￡71 사이로 웬만큼 부유했다. 가장 번성했던 사람은 1557년 George Ashe로, Gild of the Blessed Mary의 전 Alderman이었으며, 80장의 가죽, 송아지 가죽과 어린 소가죽의 가치가 ￡29. 6s. 8d. 였다.[25)]

무두장이의 첫 번째 일은 가죽의 기공(pores)을 열기 위하여 석회용액에 담그는 것이었다. 석회는 상시 이용이 가능했고 다른 원료인 오크나무 껍질과 흐르는 물도 마찬가지였다. 다음에는 가죽을 곡선 보에 얹고 무딘 끌개로 털을 제거하는 것이었다. 그리고 더 담그고 추가로 날카로운 칼로 가죽 안쪽의 살과 기름을 제거했다. 예컨대 1555년 John Ashe는 2개의 깎는 칼과 1개의 beam

---

25) *Chesterfield Wills and Inventories*, no. 60, pp. 62-4; no. 137, pp. 154-55; no. 169, pp. 200-01; no. 195. pp. 145-46.

knife를 가지고 있었다. 다음으로는 가죽을 씻어 머리, 목, 어깨, 그리고 가장 좋은 품질인 bends 등으로 자른다. 이들 부분은 물과 분뇨로 찬 구덩이에서 닦이고, 물과 오크나무 껍질로 채워진 구덩이 별로 장대에 매달린다. 오크나무 껍질은 수액이 오르는 봄에 껍질을 벗겨 두드리거나 갈아서 붉은 갈색의 액체였다. 오크나무 껍질액의 농도는 연속되는 각 구덩이에서 증가되며, 한 용액에서 다른 용액으로 언제 옮겨야하는 것을 판단하는 것은 큰 기술이었다. 가죽은 여러 달 담긴 후에 걸려 말려지고 손질되어 마무리된다. 무두장이는 때로는 상당한 자본이 필요했는데, 장비가 비싸서가 아니라 판매까지 제조공정에 여러 달 소요되었기 때문이었다.26)

무두질이 끝난 가죽의 주요 소비자는 제화공(shoemakers)이었다. Soutergate와 Souter Row의 명칭은 제화공들이 적어도 14세기 초까지는 도시의 특정 부분을 점했던 사실을 말해준다. 유산목록에 기록된 동산은 이들 제화공 일부가 무두장이들만큼 부유했다는 것을 보여주고 있다. 예컨대 1584년 John Ashe는 동산으로 £57. 6s. 8d. 가치의 소유물과 가축을 가지고 있었고, 집에는 팔러, 부엌, 상점이 있었는데, 각각의 그 위에 chamber가 있고, 또 buttery, 주조실(brewing house), 체질 방(boulting house)이 있었다. 1583년 Ralph Blackwall, 1603년 William Blackwall 모두 상당한 가죽 저장품이 있었다.27) 이런 저장품들과 단순하고 비싸지 않은 연장목록에서 제화공 상점들은 작업장 겸 상품 소매점이 합쳐진 형태임을 알 수 있다.

완제품의 신발 목록들이 기록된 것에서 장인들은 단순히 주문작업만 했던 것이 아니라 수요를 예측하고 미리 제품을 만들었다

---

26) *Chesterfield Wills and Inventories*, pp. xxiii-xxiv.

27) *Chesterfield Wills and Inventories*, no. 155, pp. 177-80; no. 148, pp. 167-69; no. 229, pp. 293-94.

는 것을 추정할 수 있다. 신발은 오늘날보다 덜 단단하고 내구적이지 못했다. 1583년 Ralph Blackwall은 각각 1실링으로 판매를 위한 148켤레가 있었고, 20년 후인 1603년에 William Blackwall은 28켤레에 30실링으로 가격을 조금 더 받았다. 그런데 1584년 John Ashhe는 더 나은 신발을 만들었음에 틀림없는데, 이유는 그의 가격이 1켤레 당 1s. 3d.였고, 부츠는 Blackwall가(家)의 것보다 훨씬 비쌌다. 분명히 튜더시대 market town에서도 품질이 높고 낮은 상점의 구분이 있었다는 증거이다.

무두질된 가죽의 다른 구입자는 1555년 1월 18일에 유산목록이 작성된 Henry Watson같은 마구장이(saddlers)였다.[28] 장갑제조공(glovers)이나 가방제조공(bagmakers)은 양, 염소, 송아지, 개가죽 같은 부드럽고 가벼운 가죽들의 구입자였다. 이 가죽들은 기름이나 백반으로 손질되었다.

가죽의 마무리손질은 무두질보다 훨씬 간단한 공정이었으며, 서로 구분되는 분야였다. 가죽은 털이나 모를 부드럽게 하기 위하여 석회용액에 담그는데, 단순히 나무 연기 위에 걸기만 하기도 한다. 만약 기름이 손질에 사용되면 가죽을 통에 담그고 자주 두드린다. 그리고 꺼내서 쌓아 마를 때 까지 놓아둔다. 다른 방법으로는 물에 가죽을 담그고 백반, 소금, 밀가루, 계란 노른자 풀을 주기적으로 풀어준 뒤 말리는 것이다. 두 방법 모두 몇 주밖에 안 걸리고 손질기술이 단순하여 최종 제품생산 장인들이 맡기에 충분하였다.[29]

이 같은 가죽이 언급된 예는 1599년 2월 22일 작성된 장갑제조공 Henry Dyckson의 유산목록으로, 날가죽(pelt) 800 장, 양 가죽 48장, 다른 가죽 50장, 가죽 조각 58장, 석회 2짐과 백반 6 스톤(ston

28) *Chesterfield Wills and Inventories*, no. 58, pp. 58-61.
29) *Chesterfield Wills and Inventories*, pp. ⅹⅹⅳ-ⅹⅹⅴ.

e)[30]이 기록되어 있다. 1601년 다른 장갑제조공인 John Knottes은 석회와 날가죽 500장을 가지고 있었고, 그의 동산 ￡72. 18s. 6d.은 그가 시내의 일부 부유한 상인에 속한다는 것을 말해주고 있다. 그의 가죽에는 송아지와 양가죽이 포함되었고 아일랜드산 소가죽이 포함되어 있다. 그런데 그는 wool chamber로 알려진 방에 저장된 가장 좋은 흰색, 검은색, 회색의 양모, 어린양의 양모, 중간품질의 회색 양모로 양모장갑도 만들었다.[31]

6. 금속업

도시와 촌락 모두에서 세 번째 주요한 수입원은 여러 금속업(metal trades)에서였다. 철광석이 도시근처에서 채굴되었다. 용광로용 숯과 대장간을 위한 석탄이 공급되었고, 용광로와 풀무를 위하여 수력도 제공되었다. 그런데 금속을 자르는 도구용 철은 지역에서 생산하지 못하였다. 1537년에 Henry Reynsha는 동산 ￡22. 11s. 4d. 가운데 ￡9의 스페인 철을, 1559년 Richard Johnson은 ￡139. 15s. 8d.의 동산 가운데 6s.의 소량의 스페인 철을 가지고 있었다.[32] 의심할 바 없이 이들은 Bawtry를 경유하여 공급받았을 것이다.

일부 금속세공인들(metalworkers)은 그들 상품을 소매했고 다른 상품과 종합으로 판매했다. 예컨대 1554년 John Ward는 장인 겸 소매상(artisan retailer)이었는데, 그는 솥, 냄비, 다른 철물과 다량의 못, 꺽두서니, 고비, 호프를 판매했다. 그가 상점주인에 더 가깝다는 인상을 받는 것은 못 만드는 도구와 대장간의 재료에 대

30) 1 스톤은 6.35kg 또는 14파운드의 무게이다.
31) *Chesterfield Wills and Inventories*, no. 207, pp. 260-61; no. 220, pp. 277-79.
32) *Chesterfield Wills and Inventories*, no. 17, p. 17; no. 92, pp. 94-6.

한 묘사에서이다. 비슷하게 1590년 Stephen Rogers는 대장간과 창고 모두를 가지고 있었는데, 철 막대, 못, 자물통, 집과 농장용 철물을 가지고 있었다. 1561년 Richard Stevens는 2개의 대장간과 시장에 위치한 상점에 물건들을 가지고 있었다.[33]

못 제조는 Derbyshire와 Yorkshire의 석탄지대에서 오랜 기술로 알려져 있고, 그 지역의 못 제조업은 소규모 토지경작과 병행되었다. 현존 유산목록은 못이 Chesterfield 주변에서 다량으로 만들어지고 있었음을 보여준다. 그러나 다른 지역으로 팔려나갔던 증거는 찾을 수 없다. 이런 못 제조업은 궁극적으로는 19세기 기계에 의한 못 제조와 더불어 쇠퇴하였다.

다른 금속세공인에 대한 기록으로는 1597년 자물쇠공인 Jude Kayndricke가 있는데, 그는 총구멍 뚫는 일에도 손을 댔다. 1577년 Ralph Hetcote는 놋쇠세공이었는데, 다른 곳에서는 종제조공으로 묘사되었다. Ralph Hetcote는 Chesterfield 수준에서는 부유한 장인이었는데, 1577년 4월 3일 작성된 유산목록에는 동산이 ￡180였다. 그가 거주하던 가옥은 parlour, kitchen, buttery, best chamber, kitchen chamber, servants' chambers, boulting house, kiln, a workhouse with a chamber, a warehouse and a stable, barn, malt chamber가 있었다. Ralph Hetcote의 동산 가운데 관심을 끄는 것은 창고와 작업장에 있는 품목들이다. 특히 여기에는 ￡10 가치의 종 거푸집과 새로 만든 종이 있다. 또 ￡19. 3s. 6d. 가치의 오래된 놋쇠금속을 소유했고, 솥, 냄비, 주전자, 국자, 촛대, 모터, 신선로 냄비와 다른 판매용 그릇들을 가지고 있었다.[34] 농업과 병행하는 이들 업종은

33) *Chesterfield Wills and Inventories*, no. 53, pp. 51-4; no. 180, pp. 219-22; no. 99, pp. 101-02.

34) *Chesterfield Wills and Inventories*, no. 196, pp. 247-49; no. 131, pp. 137-41.

당시에는 도심부에서만 번성할 수 있었다.

그렇기는 하나 현존 유산목록의 여러 금속세공인들은 교구의 촌락지역에서 살았던 사람들이다. 농업과 병행하던 이들의 생활에 금속기술이 항상 결정적인 것은 아니었으나, 이들에는 못제조공, 대장장이, 칼제조공, 낫제조공이 포함되어 있다. 1614년에 칼제조공들이 Newbold, Whittington, Eckington에서 Sheffield 영주의 허락과 감시 하에 영업장을 열었고, 10년 후에 이들은 the Hallamshire Cutlers' Company로 연합했다. 낫제조업은 특히 북부 Derbyshire 교구인 Norton에서 특화되었는데, 이곳은 Sheffield 변경 지역이기는 하나 소수의 낫제조공들이 남단에 자리잡았다.[35] 유산목록에 나타나는 1559년의 John Cowper, 1568년의 Lawrence Boller가 이들로, 이들의 낫, 철제와 강철 재고는 ￡40에 달했다. 북부 Derbyshire의 낫제조공과 Belbroughton 및 Birmingham 인근 마을들의 낫제조공들은 외부 지역에 제품을 공급했으며 최초의 농기구 전문생산업자들이었다. 그렇지만 이들 역시 당시대의 대부분의 농촌 장인들과 마찬가지로 농부를 겸하였다. John Cowper는 대장간 원료 외에 젖소 6마리와 다른 암소, 말들, 돼지 1마리와 가금류, 얼마간의 곡물과 건초를 지니고 있었다. Lawrence Boller는 젖소 11마리, 어린 암소 3마리, 황소 4마리, 거세한 송아지 2마리, 두 살배기 소 8마리, 송아지 4마리와 한 살배기 송아지 4마리, 양 40마리, 몇 마리 말과 돼지, 가금류, ￡4 가치의 창고 안의 곡물, ￡3. 6s. 8d.가치의 농기구와 더불어 상당한 농토를 가지고 있었다.[36] 그 같은 이중직업에 Boller 같은 부자는 소수였으나, 이중직업은 튜더시대 다수의 시골사람들에게 기본적인 삶의 방식이었다. 19세기 깊숙이

35) *Chesterfield Wills and Inventories*, p. xxvii.
36) *Chesterfield Wills and Inventories*, no. 86, pp. 86-7; no. 114, pp. 116-17.

까지도 이 같은 경제형태는 전형적인 것으로 유지되었고 현재의 유산목록 시리즈는 그것의 중요성을 예시하고 있다.

7. 농업

1720년대에 Daniel Defoe는 북부 Derbyshire의 협탄 사암층 지역을 "비록 척박한 황무지와 산지로 둘러싸여있기는 하나 부유하고 생산적인 지역"으로 묘사하였고, 이전인 1697년에는 Celia Fiennes가 Chesterfield 시장이 "많은 곡물과 온갖 종류의 제품과 가금류로 마치 일종의 작은 정기시(fair) 같았다"라고 기록하였다.[37] 이 같은 관찰 여행객의 기록에도 불구하고, 이 지역의 농업에 대한 일반적인 평가는 다른 지역에 비하여 후진적이라는 것이었다. 그 같은 평가의 원인은 아마도 Chesterfield 지역이 완전히 3포제(three field system)로 운영되지 않았기 때문일 것이다. 3포제는 산업혁명 이전 시기 오랜 동안 잉글랜드의 고전적인 농업제도로 여겨져 왔다. 그러나 현재의 농업사가들은 다른 방식으로 농경을 채택한 지역을 더 이상 열등한 지역으로 생각하지 않는다. 영국의 농경제도는 지리적 환경에 따라 농지마다 다른 토양의 상황을 반영하고 있다. 따라서 서로 다른 형태의 공동체가 매우 근접한 작은 지역 내에서 공존할 수 있었다. Joan Thirsk에 의하면 이런 다양한 농업형태의 공동체는 개방 방목(open pasture) 지역의 소와 양 사육지역, 가축사육과 비육지역, 양 비육지역, 가축사육 및 말 종축지역, 낙농지역, 숲 방목(wood pasture)

37) Daniel Defoe, *A tour through the whole Island of Great Britain*, Everyman ed., 1962, ii, p. 180; C. Morris, ed., *The journey of Cecilia Fiennes* (1947), p. 96, *Chesterfield Wills and Inventories*, p. xxvii.

지역의 낙농과 돼지 사육지역, 가축사육과 곡물경작지역, 가축비육과 돼지 사육지역, 가축 및 돼지 사육지역, 혼합농업(mixed farming) 지역의 양 사육과 곡물경작지역, 곡물경작과 여러 가축 사육지역, 곡물경작과 가축 비육지역으로 나눌 수 있다.[38)]

Chesterfield 지역은 개방경지 지역을 갖고 있으나 개방경지가 촌락의 주요 부분을 포괄하지 않았고, 종종 방목지나 목초지 혹은 분리된 곡물지로 울타리가 쳐진 인클로저가 꽤 진행되어 있었다. 즉, Chesterfield를 둘러싼 지역은 낙농과 비육우가 중심이기는 하나 일부 파머는 대규모 양을 사육하고 가끔은 곡물경작이 중요했다. 그런 가운데 Chesterfield 지역은 곡물이 종종 지역의 혼합 경제에서 중요한 요소였다. B. Coward의 표현대로 Chesterfield 지역 역시 다양한 농업공동체가 근접한 작은 지역 내에서 공존했던 것이다.[39)]

유산목록들은 튜더와 슈트어트 시기에 가장 훌륭한 농업사연구의 자료이다. 이들 문서들이 수만 가구의 일반 파머들의 가축, 곡물과 농기구에 대한 자세한 목록을 제공하기 때문이다. Chesterfield의 경우 215가구의 유산목록 가운데 34가구만이 농경에 대한 언급이 없다. 물론 많은 도시인들은 단지 젖소 1마리나 돼지 1마리와 몇 마리의 닭밖에는 없었으나, 그들 가운데 일부는 종종 일반 농촌의 파머들과 비교될 만큼의 농토를 소유하고 있었다. 예컨대 1577년 4월 3일에 작성된 놋쇠세공인 Ralph Hethcote는 암소 5마리, 송아지 3마리, 말과 암말 7마리, 돼지 몇 마리, 7 acre의 hard corn(겨울

38) Joan Thirsk, *England's Agricultural Regions and Agrarian History, 1550-1750* (Macmillan: London, 1987), pp. 23-36. 16-17세기 전반적인 농업상황은 J. Thirsk, ed., *Agrarian History of England and Wales, vol. V-1. 1640-1750: Regional Farming System*(Cambridge University Press, 1984)을 참고할 것.

39) B. Coward, *Social Change and Continuity in Early Midern England, 1550-1750* (Longman: London, 1988), p. 13.

곡물), 5½ acre의 귀리, 2 acre의 강낭콩, 창고에 수확된 강낭콩과 밀, 맥아방의 상당량의 맥아를 가지고 있었다.[40)]

1) 가축

소를 소유한 가구는 151가구로, 유산목록이 작성된 215가구의 70.2%이며 농업에 대한 언급이 전혀 없는 34가구를 제외한 181가구의 83.4%이다. 그 가운데 19가구가 단지 1마리의 암소를 소유했고, 20가구가 2마리의 암소를 소유하고 있다. 중앙값은 7마리이다. 45명의 파머가 적어도 11마리의 소를 소유하고 있고, 그 가운데 19가구는 20마리와 그 이상을 소유했다.

예컨대 1575년 11월 24일 작성된 에스콰이어(esquire)인 Ralph Leeke는 교구 지도자의 한사람이었으며, ￡21 가치의 암소 13마리와 황소 1마리, ￡5 가치의 상태가 좋지 않은 황소('rvnte oxen') 3마리, ￡20 가치의 견인용 황소 6마리와 어린 황소 2마리, ￡12 가치의 어린 소 11마리, ￡6 가치의 한 살배기 소 11마리, ￡1. 10s. 가치의 수레용 소 6마리 등 총 ￡65. 10s. 가치의 소 53마리를 소유하고 있었다. 이는 Ralph Leeke의 동산 총액 ￡198. 4s. 8d.의 거의 3분의 1에 해당하는 액수였다. 1568년 5월 11일에 유산목록이 작성된 Lawrence Boller는 역시 많은 수의 소를 소유하고 있었다. 그는 ￡31. 10s. 가치의 36마리의 소를 소유하였는데, 이는 동산 총액 ￡114. 1s. 8d.의 4분의 1이 넘는 액수였다. 1536년 Richard Watson도 마찬가지였는데, ￡14. 3s. 4d. 가치의 33마리를 소유하여 동산 총액 ￡19. 8s. 4d.의 3분의 2가 넘는 액수였다.[41)]

---

40) *Chesterfield Wills and Inventories*, no. 131, pp. 137-42.

41) *Chesterfield Wills and Inventories*, no. 127, pp. 131-34; no. 114, pp. 116-17; no. 10, pp. 9-10.

Chesterfield 교구 전체로 보아서는 약간의 강조점이 비육보다는 낙농에 놓인다. 낙농 암소는 단지 1마리 혹은 2마리를 소유한 경우를 제외하고는 일반적으로 kine으로 묘사되었는데, 기록된 소의 36%에 달한다. 만약 여기에 어린 암소인 heifers를 더하면 수치는 44%로 올라간다. 육우와 견인 가축으로 거세한 황소는 20%이며, 여기에 17%가 거세한 송아지(bullocks)와 어린 소 혹은 거세한 수소(steer)이다. 나머지 소는 다양한 어린 소들로 용도가 우유인지 고기인지 판단하기 어렵다.

대규모 농가의 다양한 소에 대한 예는 1568년 11월 29일 작성된 젠틀맨인 Roland Durrauntt의 유산목록이 잘 보여주고 있다. 그는 거세한 황소 8마리, 젖소 7마리, 4살배기인 어린 암소 4마리, 3살배기인 거세한 송아지 2마리, 2살배기인 거세한 송아지 2마리, 2살배기 거세한 수소 8마리, 송아지 2마리이다.[42)]

양은 100가구에서 기록되었다. 전체 215가구 가운데 46.5%, 농업에 대하여 언급된 181가구의 55.2%이다. 양을 전문적으로 방목한 가구는 없으나, 대농가에서는 꽤 상당한 양떼를 보유했던 것으로 나타난다. 8가구가 100마리 이상의 양을 소유했고, 19가구가 50 마리 이상 소유했다. 이들 가운데 상위 5인의 양 소유현황은 다음과 같다.

1575년 11월 24일 유산목록이 작성된 esquire인 Ralph Leeke가 늙은 양 124마리와 아직 털을 깍지 않은 한 살쯤 된 양 66 마리를 소유하여 총 190 마리로 가장 많은 수의 양을 소유하였다. 양의 가치는 £26. 10s.으로 전체 동산 £198. 4s. 8d.의 13.4%였다. 다음은 1593년 5월 gentleman인 Thomas Eyre로 £70 가치의 185 마리를

42) 각각의 표현은 8 oxen, 7 milche kie, 4 heyffers of yeares olde, 2 bullockes of 3 yeares, 2 bullockes of 2 yeares olde, 8 styrkes of 2 yeares olde, 2 yearinge calves이다. *Chesterfield Wills and Inventories*, no. 113, pp. 115-16.

소유하였다. Thomas Eyre가 소유한 양의 가치는 전체 동산 ￡438. 12s. 4d.의 약 16.0%를 점하였다. 세 번째 많은 양을 소유한 사람은 1559년 12월 27일 유산목록이 작성된 파머 Richard Edmonston으로, ￡18 가치의 양 180 마리를 소유하였다. Richard Edmonston의 동산은 ￡139. 15s. 8d.로 양의 가치는 12.9%정도였다. 다음은 1559년 6월 4일 유산목록이 작성된 푸줏간 Thomas Hethcote로 ￡17 가치의 136 마리의 양을 소유하였다. Thomas Hethcote는 푸줏간을 운영하면서도 쟁기와 밭갈이팀의 멍에와 수레 등을 소유했고, 거세한 황소 16마리와 말 5마리를 소유했던 부유한 농부이기도 했다. 그의 동산은 ￡150. 14s. 9d.로, 양이 차지하는 비율은 11.3% 정도였다. 다섯 번째인 Robert Harrys은 농부로 그의 유산목록은 1586년 11월 7일 작성되었다. Robert Harrys가 소유한 양은 129마리로, 털 깎은 양(sheersheepe) 12마리, 아직 털을 깎지 않은 어린 양(hogge sheepe) 26마리, 거세한 숫양(weyther sheepe) 40마리, 털 깎은 양과 암양 51마리였다. 양의 가치는 ￡17로 동산액 ￡110. 6s. 9d.의 15.4%에 해당하는 비율이었다.43)

그런데 1553년 9월 20일 검인된 Hugh Cluworth의 유언장에는 "현재 (언덕) 꼭대기에 있는 양 가운데" 20마리를 아내 Margery에게 유증한다고 언급하고 있다. 다른 파머들도 Chesterfield 서쪽 끝 언덕에 양떼를 소유하고 있을 가능성이 있으나 확인되지는 않는다. 물론 대부분의 주민은 공동지에서 방목되거나 혹은 자신의 양 우리에서 사육하였다. 1553년 9월 19일 작성된 Hugh Cluworth의 재산목록문서에는 ￡3 가치의 양 60마리를 소유한 것으로 나타나

43) *Chesterfield Wills and Inventories*, no. 127, pp. 131-34; no. 189, pp. 231-38; no.92, pp. 94-8; no. 91. pp, 91-3; no. 161, pp. 185-86.

고 있다.[44)]

견인가축으로 사용한 것은 거세한 황소와 거세한 송아지만은 아니었다. 말 역시 중요한 견인가축이었는데, 116가구에서 총 261마리를 소유하여 가구당 평균 2¼마리를 소유하였다. 여기에는 망아지(foal) 55마리, 수망아지(colts), 암망아지(fillies)가 포함되어 있다.

돼지는 도시와 촌락 모두에서 유용한 가축으로, 쓰레기더미를 뒤지는 동물(scavenger)이었다. 128가구에서 1~2마리를 소유하여 많은 수를 소유하지는 않았다.

닭, 오리, 거위 등 가금류는 78가구에서 나타나는데, 가치평가사가 목록을 남기지 않는 경우가 많아 실제로는 더 많은 가구에서 소유했을 것으로 보인다. 일부는 벌도 소유했던 것으로 나타나고 있다.

가축을 소유한 많은 수의 겸업 파머들은 그들의 곡물(cereals)을 시장에 의존했을 것으로 보이는데, 이유는 유산목록을 남긴 215가구 가운데 106가구에서만 곡물이 기록되어 있기 때문이다. 곡물이 언급된 가구가 적었던 이유의 일부는 유산목록이 작성되었던 시기가 작물이 파종되거나 수확되지 않는 시기였기 때문이다. 그렇지만 일부 유산목록에는 쟁기와 다른 농기구는 포함되어 있으나 작물은 없었다. 어쨌든 일부 파머는 가축만 사육했을 가능성이 있으며, 유산목록에 등장하는 일부 곡물은 사료용일 수도 있다.

Chesterfield의 유산목록의 증거는 가축이 자세히 구분되었다는 것을 보여주고 있다. 예컨대 소가 젖소(kine), 거세한 송아지(bullocks), 어린 암소(heifers), 두 겨울난 소(twinter), 한 살짜리 소(stirks), 거세한 어린 황소(steers), 거세한 황소(oxen), 어린 소(young beasts) 등으로 나뉘고 있다. 양은 털 깎은 양(sheersheepe), 아직 털을 깎지 않은 어린 양(hogge sheepe), 거세한 숫양(weyther sheepe) 등으로 나뉘고 있다.

44) *Chesterfield Wills and Inventories*, no. 52, pp. 48-50.

2) 농경

반면에 곡물들은 종종 집합적으로 곡물(corn)로 분류되고 있다. 이는 Chesterfield의 경우 많은 가구에서 가축보다는 곡물이 상대적으로 덜 중요했었다는 것을 반영하는 것으로 보인다. 농경이 언급된 181가구의 유산목록 가운데 귀리에 대한 언급이 가장 많은데 52가구에서 언급되고 있다. 다음은 밀로 35가구, 그 다음은 호밀이 31가구였다. 강낭콩은 14가구, 보리는 13가구이며 맥아에 대한 언급은 5가구밖에 없다. 특히 말의 사료로 중요했던 귀리에 대한 언급이 가장 많았고 빵의 원료인 밀에 대한 언급이 35가구밖에 되지 않았던 것은, 위에서 언급한 대로 가축을 소유했던 겸업 파머들의 상당수가 곡물을 시장에 의존했던 상황을 설명하는 것으로 보인다.

그럼에도 Chesterfield 교구 내에서 곡물생산에 적합한 토양에서는 파머들이 상당한 토지에 곡물을 재배하였다. 예컨대 농부인 Rauffe Watson은 1570년 6월 22일 유산목록이 작성되었는데, 7 acres의 "겨울곡물(harde corne)", 7 acres의 "봄곡물(lentten seede)"을 파종했고, 농기구의 가치가 £2. 13s. 4d.였으며, 11마리 소, 24 마리 양, 2마리 암말, 3마리 돼지와 가금류를 소유했다. 1586년 11월 7일 유산목록이 작성된 Robert Harrys의 경우는 £10. 15s. 가치의 귀리, 밀, 호밀, 보리와 £6. 13s. 4d. 가치의 파종된 곡물, 그리고 농기구 £8 건초 £4. 13s. 4d., 가축 £63 정도를 소유하고 있다.[45] 그렇지만 이들의 경우에서조차 가축의 가치가 곡물의 가치보다 훨씬 크다.

Chesterfield 교구에서 보여주는 농경의 인상은 곡물생산이 가축사육 다음이라는 것이다. 위에서 예를 든 Rauffe Watson과 Robert Harrys 외에도 농부인 Robert Baggeleys는 1568년에 1월 20일에 거세

45) *Chesterfield Wills and Inventories*, no. 117, pp. 119-20; no. 161, pp. 185-86.

한 황소 8마리, 젖소 4마리, 송아지 7마리, 암말 1마리, 양 5마리, 돼지와 가금류를 합하여 £23. 8s. 0d.의 가치를 가축으로 소유하고 있었으나, 곡물은 £5, 농기구는 £1밖에 없었다. 농기구는 수레를 제외하고는 값나가는 게 없었다. Robert Baggeleys의 가축은 동산 총액 £35. 4s. 8d.의 66.4%를 점하는 비율이었다. 1585년 1월 18일 작성된 농부인 Robert Hasland의 유산목록에는 거세한 황소 4마리, 젖소 4마리, 송아지 2마리, 암말 2마리, 망아지 2마리, 양 35마리, 돼지 3마리 등 모두 £20. 5s. 4d.의 가치로 기록되고 있다. 반면에 곡물과 건초는 £5. 2s. 4d. 였으며, 농기구는 £2. 6s. 8d.였다. Robert Hasland의 경우에는 가축이 전체 동산 £37의 54.7%를 차지하였다.46)

정상적인 농가의 농기구는 큰 수레(wains), 멍에(yokes), 쟁기(ploughs), 써레(harrows)였다. 유산목록 가운데 43대의 큰 수레와 3대의 수레(cart)가 기록되어 있다. 농장 너머나 도시지역으로 물품을 나르는 데에는 짐 나르는 말(pack horses)이 사용되었다. 짐 나르는 안장(pack saddles)이 자주 기록되었고, 1555년 마구장이 Henry Watson의 경우에는 짐 나르는 안장과 한 쌍의 짐바구니(pannier) 모두를 가지고 있었다.47)

8. 가옥과 세간

엘리자베스 여왕 통치 시기 동안에 잉글랜드는 긴 쇠퇴의 시대에서 최종적으로 벗어났는데 이것이 도시와 촌락 모두에 영향을 미쳤다. 주민들이 더 번성하자, 이들은 그들 가옥을 재건축하기 시작했

46) *Chesterfield Wills and Inventories*, no. 112, pp. 114-15; no. 157, p. 182.
47) *Chesterfield Wills and Inventories*, no. 58, pp. 58-61.

고 새로운 고정세간들(fittings)을 설치하고 더 많은 가구를 구입했다.

유산목록 작성시에 가치평가사들에게 방마다 상세히 적는 것이 공식적으로 요구되지는 않았다. 실제로 1570년 이전에 작성된 유산목록 114건 가운데 15건만이 자세히 기록되어 있다. 이들 문서를 통한 가옥의 해석은 매우 어렵다. 예컨대 1553년 4월 12일 검인된 William Laurence의 유언장은 그의 집이 단순한 거실 즉 'house'를 가진 집이라는 사실을 보여주고 있는데[48], 이런 집들의 방은 서까래(rafters)까지 열려 있었다.

새로운 고정세간들이 이미 설치되었는데 굴뚝이었다. 1536년 Richard Wedson은 "철제 굴뚝(yren chymeney)"을 가지고 있었는데, 이것이 곧 대중적인 모습이 되었다. M.W. Barley의 연구에 의하면 더 이른 시기에도 철제 굴뚝이 있었다.[49] 그렇지만 생활수준의 개선이 그리 급격히 이루어진 것은 아니었다. 1555년에 Henry Watson은 3개의 chambers가 있는 더 갖추어진 집을 소유했다. 그럼에도 1570년 이후에야 생활수준에서 일반적인 개선이 분명해졌다. 1575년 Ralph Leeks, 1593년 Thomas Eyre같은 시골 젠틀맨들이 앞장섰으나, 도처에서 더 다양해진 서비스 룸, 더 많은 parlours, chambers가 설비되었다. 1580년대 말 동안에 유리창문이 오래된 나무 격자세공(wooden lattice-work), 덧문, 창문종이를 대체하기 시작하였다. 1600년에는 가난한 직공인 Thomas Croslands의 단순한 집조차도 2세대 이전보다 방에 더 나은 가구가 설비되었다.[50] 이는 Chesterfield 뿐만 아니라 잉글랜드 대부분 지역에서 일어난 현상이었다.

---

48) *Chesterfield Wills and Inventories*, no. 49, pp. 44-5.

49) *Chesterfield Wills and Inventories*, no. 13, pp. 12-4; M.W. Barley, *The English Farmhouse and Cottage*, p. 15.

50) *Chesterfield Wills and Inventories*, no. 58, pp. 58-61; no. 127, pp. 131-34; no. 189, pp. 231-38; no. 217, pp, 273-74.

4장
16세기 후반 옥스퍼드셔

이 장에서 다루는 내용은 1550년부터 1590년까지 Oxfordshire 지역에 거주하던 주민들의 유산목록에 기록된 모습들이다. 이 유산목록은 현재 Oxford의 Bodleian Library에 소장된 Oxfordshire의 주교법정의 유언검인기록(probate records)의 일부로, 1965년 M.A. Havinden에 의하여 259건의 문서가 발간되었다.[1)] 원본은 Oxford 교회와 부주교 법정, Banbury, Cropredy, Thame, Dorchester 특수교구법정의 기록들이다.

이곳의 유산목록은 일반적으로 장례식 직후에 사망자의 이웃들이나 친구들에 의하여 작성되었다. 이 문서의 대부분에는 사망자 동산 각각의 품목에 대한 가치와 더불어 자세한 목록이 포함되어 있다. 또 각 방마다의 물품의 이름과 내용들이 제시되어 있다. 이것이 당시 사망자의 동산에 대한 자세한 정보를 제공하고 있다. 그런데 가치평가사들은 대부분이 문맹으로 문서의 맨 아래에 마크로 서명을 대신하였다.

유산목록은 글을 쓸 줄 아는 사람이 작성했는데, 교구사제인 경

1) M.A. Havinden ed., *Household and Farm Inventories in Oxfordshire, 1550-1590* (London, 1965: 이하 *Household and Farm Inventories*로 표기함).

우도 있었다. 글자는 거의 발음대로 표기했으며, 같은 단어를 달리 표현하는 경우가 3장의 Chesterfield의 예와 마찬가지로 놀랄 만큼 많이 보인다.

1. 사회적 지위

유산목록을 남긴 사람들은 [표 4-1]에서 알 수 있는 것처럼 대부분 파머(farmers)와 장인들(craftsmen)이었으며, 가끔 목사나 토지를 가진 젠틀맨이 포함되어 있다. 그러나 많은 토지를 소유한 귀족이나 젠트리, 그리고 대상인들은 그들의 유언장이 Prerogative Court of Canterbury에서 검인되기를 선호하였다. 그런 이유로 이들 귀족이나 젠트리, 대상인들의 유산목록은 Bodleian Library의 보관기록에는 존재하지 않는다. 또 1장에서 설명한 바와 같이 여러 교구에 재산을 소유했던 사망자는 유언장이 Prerogative Court of Canterbury에서 검인되어야 했다. 그 같은 이유로 소규모 재산을 가진 사망자들도 전부 Bodleian Library의 보관기록에 포함되지는 않았는데, 특히 교구의 변경에 살면서 교구 너머 다른 교구에 토지를 소유한 사람들이 그랬다.

유산목록을 남긴 사람들 가운데 £5 미만의 동산을 가진 사람들은 정상적으로 그들 그룹을 대표할 수 없는데, 그들에게는 유언장 작성이 요구되지 않았기 때문이었다. 물론 이들 중 일부는 유언장을 작성했다. 그래서 유산목록은 매우 가난한 사람부터 상대적으로 부유한 사람까지 넓은 범위를 포괄한다. 16세기에 전체 인구 가운데 이들이 얼마의 비율을 차지하는지 정확하게는 알 수가 없다.

그러나 1524~25년의 포괄적인 보조세 산정(subsidy assessment)으로부터 어느 정도 합리적인 추산이 가능하다. 이 세금은 모든 종류의 동산과 연 £1 이상의 임금에 대하여 부과되었다.

Leicestershire의 절반 이상이 포함되는 미들랜드지방(Midlands)의 대규모 샘플은 22%의 납세자가 임금으로만 과세된 것을 보여준다. 물론 이들 가운데 일부는 파머의 아들이며 또 전적으로 그들의 삶을 임금에 의존하지는 않았던 사람들이기는 했다. Oxfordshire의 경우 미들랜드 전체 상황과 크게 다르지 않을 것으로 보인다. W.G. Hoskins의 연구에 의하면 16세기 초에 Leicestershire의 경우 5~6명에 1명 정도만이 과세에 불충분한 동산을 가지고 있었다.[2] 물론 16세기 말에 비슷하게 신뢰할 만한 보조세 산정은 없으나, Oxfordshire 인구의 4분의 1에서 3분의 1이 유언장을 작성하기에는 너무 가난했다고 추정하는 것이 불합리하지는 않을 것으로 추정된다.

그렇다면 £5 미만의 동산을 소유한 사람들 가운데 어느 정도가 유언장과 유산목록을 작성했으며, 또 이들 가운데 얼마나 현존하는가? 이에 대한 지식은 유산목록과 인구에 대한 연구가 진행됨에 따라 서서히 축적되고 있는 중이다. 사실 유산목록이 지니고 있는 주요한 문제 중의 하나는 현존하는 수량이다. Oxfordshire의 경우 1580년부터 18세기 초까지 총 수량은 수 만 건이다.

[표 4-3]에서 알 수 있듯이 서로 다른 10년대에 존재하는 유산목록의 수량이 다양하며, 17세기보다 16세기에 유산목록을 작성한 사람의 수가 적었을 것이 분명하다. Oxfordshire의 경우 1550년 이전에는 유산목록이 존재하지 않으며, 1580년대 이전에는 오직 67건만이 존재한다. 반면에 Leicestershire, Nottinghamshire, Lincolnshire

2) W. G. Hoskins, *Essays in Leicestershire History* (Liverpool at the University Press, 1950), pp. 129-30.

에서는 꽤 많은 수가 헨리 8세 치세부터 존재한다. 또 Oxfordshire에서는 유언장이 유산목록 없이 존재하고 있는데, 이는 유언집행인에 의해 유산목록이 작성되지 않았던 것보다는 교회법정에서 보존하지 못한 것에 더 큰 원인이 있는 것으로 보인다.3)

17세기의 매 10년에 현존하는 유산목록의 숫자가 16세기의 어느 10년대의 숫자를 능가한다는 점에서 엘리자베스 1세 통치기간에는 유언장과 유산목록의 작성 관습이 잘 확립되지 않았다는 것을 시사하고 있다. 물론 이 문제에 대한 완전한 답은 교구기록에서 유언장 작성자의 수와 사망자 수의 자세한 비교에서 얻을 수 있을 것이다.

2. 직업과 부

총 259건의 유산목록은 Oxfordshire의 모든 곳에서 나온 것인데, 그 가운데 111건의 유산목록에서 사망자의 직업이나 사회적 지위가 기록되어 있다. 다른 111건은 기록된 가축이나 작업장의 도구 등의 증거를 통하여 직업을 추정하는 것이 가능하다.

이를 [표 4-1]로 정리하였는데4), 소규모나 중간규모의 농부(husbandmen)가 142가구로 전체259가구의 54.8%를 차지하는 우세한 그룹이다. 큰 보유지를 가진 부유한 파머, 즉 요먼(yeomen)은 3가구, 젠틀맨은 5가구로 소수에 불과하다. 반면에 장인과 상인(tradesmen)은 28개의 분리된 직업을 포괄하며, 총 61가구로 전체의 23.6%를 점하고 있다. 노동자(labourers)는 겨우 9명이며 1명의

3) *Household and Farm Inventories*, p. 3.
4) *Household and Farm Inventories,* p. 7, table 1.

가내 하인(domestic servant)도 있다. 그러나 직업이 알려지지 않은 37건의 유산목록 대부분이 노동자이거나 그들의 미망인일 가능성이 있는데, 이유는 그들의 동산 가치가 일반적으로 낮았기 때문이다. 37건의 유산목록 가운데 16건이 £5 미만이었고, 다른 8건이 £10 미만이다. £25 이상은 겨우 1건이다.

직업 미상인 37가구를 제외한 222가구를 대상으로 직업군을 대분류하면 [표 4-2]와 같다. 그 결과는 젠틀맨과 목사가 6가구로 2.7%, 요먼과 농부가 145가구로 65.3%, 장인과 상인이 61가구로 27.5%, 노동자와 가정부가 10가구로 4.5%이다. 따라서 Oxfordshire의 유산목록에 나타난 주민들의 직업은 약 3분의 2가 농업에 종사하는 파머이며, 약 4분의 1이 장인과 상인이었음을 알 수가 있다. 노동사는 20분의 1 이하로 나타나고 있다.

[표 4-1] 직업

직업	명시	추정	합계
젠틀맨 (Gentleman)	4	1	5
교구주임목사 (Parson)	1	0	1
요먼 (Yeoman)	3	0	3
농부 (Husbandman)	60	82	142
목수 (Carpenter)	2	5	7
제화공 (Shoemaker)	6	1	7
정육점 (Butcher)	4	1	5
직공 (Weaver)	2	3	5
제빵사 (Baker)	3	2	5
유리장이 (Glazier)	1	0	4

대장장이 (Smith/Blacksmith)	3	0	3
제분공 (Miller)	1	2	3
재단사 (Tailor)	1	1	2
상점주 (Shopkeeper)	0	2	2
통장이 (Cooper)	0	2	2
잡화상 (Chandler)	1	0	1
행상 (Chapman)	1	0	1
모피판매상 (Furseller)	0	1	1
이발사 (Barber)	1	0	1
석공 (Mason)	1	0	1
포목상 (Mercer)	1	0	1
칠장이 (Painter)	1	0	1
백랍세공인 (Pewterer)	0	1	1
배관공 (Plumber)	0	1	1
도공 (Potter)	0	1	1
밧줄공 (Ropemaker)	1	0	1
마구장이 (Saddler)	1	0	1
외과의 (Surgeon)	1	0	1
무두장이 (Tanner)	1	0	1
선반공 (Turner)	1	0	1
수레바퀴제조공 (Wheelwright)	0	1	1
흰가죽공 (Whittawer)	1	0	1
노동자 (Labourer)	7	2	9
하인 (Domestic Servant)	1	0	1
미상 장인 (Unspecified Craftsman)	0	2	2
미상 (여인 15포함, 여인 중 5는 미망인)			37
총합계			259

[표 4-2] 직업 요약

	숫자	%
젠트리와 목사	6	2.7
요먼과 허스번드먼	145	65.3
장인과 상인	61	27.5
노동자와 가정부	10	4.5
합계	222	100

그렇지만 우리는 직업들 사이의 구분에 너무 엄격하게 선을 그을 수가 없는데, 3장의 Chesterfield에서 살펴본 바와 같이 16세기에 농업은 오직 파머들에게만 국한되지 않았기 때문이었다. Oxfordshire의 경우 많은 장인과 노동자들이 개방경지에 경작지 몇 지조(strip)를 가지고 있었고, 또한 방목지(pasture)와 목초지(meadow)에서 공동방목권(common grazing rights)을 가지고 있었다. 그리하여 겨울에는 수공작업에 전념하고 여름에는 농사일을 할 수 있었다. 마찬가지로 농부로 분류된 사람들 가운데 일부는 장인이나 상인일 가능성이 있으며, 상인으로 표기된 사람들 역시 파머일 가능성이 있다.

[표 4-1]에서 보여주는 Oxfordshire 주민들의 직업분포는 1539년에서 1804년 사이 유산목록이 작성된 Gloucestershire의 Frampton Cotterell 등 5개 교구에서의 상황과 크게 다르지 않다. 총 413건의 유산목록이 보여주는 직업분표는 젠트리와 목사 및 교사가 26건(6.3%), 요먼 및 농부가 214건(51.8%), 방아, 제빵, 푸줏간, 식료상, 맥아제조공 등이 29건(7.0%), 목수, 석공, 채석공(quarrier)이 24건(5.8%), 펠트제조공, 모자제조공, 직공, 직물직공(clothworker), 의류상, 천절단공(shearman), 양복장이, 드레스 상체부위 제조공(bodice-maker), 포목상이 53건(12.8%), 무두장이와 구둣방이 6건(1.5%), 석

탄공, 석탄운반공, 대장장이, 포탄제조공이 21건(5.1%), 노동자, 선원, 말몰이꾼, 짐꾼이 14건(3.4%), 미분류가 26건(6.3%)이다.[5)]

그렇다면 Oxfordshire 주민들의 유산목록에 나타나는 동산의 규모는 어떠하였는가? 불완전한 문서 1건을 제외한 258건을 10년대 단위로 분석한 결과는 [표 4-3]과 같다.[6)] 1550년대는 10건, 1560년대는 7건으로 통계적으로 의미 있는 분석을 시도하기가 어렵다. 그렇기는 하나 양 시기의 17건 가운데 70.6%인 12건이 ￡30 미만의 동산 소유자였고, ￡80를 넘는 소유자는 한 명도 없었다는 것을 알 수 있다.

그에 비하여 1570년대는 54건, 1580년대는 187건으로 크게 늘어나고 있다. 1570년대의 경우 ￡10 미만 가치의 동산을 소유한 경우가 54가구 가운데 21가구로 38.9% 이른다. ￡10~20의 경우는 7가구로 13.0%, ￡20~30의 경우는 8가구로 14.8%이다. 반면에 ￡100 이상을 소유한 경우는 1가구로 1.9%에 불과하다.

1580년대에는 ￡10 미만 가치의 동산을 소유한 경우가 187가구 가운데 63가구로 33.7% 이른다. ￡10~20의 경우는 35가구로 18.7%, ￡20~30의 경우는 19가구로 10.2%이다. 반면에 ￡100 이상을 소유한 경우는 8가구로 4.3%를 점하고 있다.

[표 4-3]을 살펴보면 1550년대와 1560년대에 비하여 1580년대에는 유산목록을 남긴 사람들의 부가 크게 증가했다는 것을 알 수 있다. 그러면 어느 정도 부가 증가했는가? 이 문제는 당시의 물가상승과 관련된 문제이다. 실제로 당대의 물가상승을 고려하면 [표 4-3]에서 보여주는 부의 증가는 사실상 명목상으로 드러나는 모습과 정확히 일치하지 않는다는 것을 알 수 있다.

---

5) *The Goods and Chattels of Our Forefathers,* pp. 20-1의 table 8.
6) *Household and Farm Inventories,* p. 8, table 2.

[표 4-3] 동산의 가치

£	1550년대	1560년대	1570년대	1580년대	합계
10 미만	1	2	21	63	87
10–20	2	1	7	35	45
20–30	1	3	8	19	31
30–40	2	0	5	19	26
40–50	1	0	3	16	20
50–60	1	0	0	8	9
60–80	2	1	6	11	20
80–100	0	0	3	8	11
100 이상	0	0	1	8	9
합계	10	7	54	187	258

* 분완전한 검인유산목록 1건 제외함.

[표 4-4]로 정리된 물가와 임금의 지수를 살펴보면, 1550년대와 1560년대에 비하여 1580년대의 물가가 크게 상승했다는 것을 알 수 있다.7) 특히 농산물가격이 크게 상승하여 1550년대의 270에서 1580년대에는 357로 1.32배가 되었다. 공산품도 186에서 230으로 1.24배로 증가하였다. 생활비 역시 271에서 354로 증가하여 1.31배가 되고 있다. 1560대와 1580년대를 비교해도 각각 1.27배, 1.06배, 1.32배로 큰 차이가 없다. 특히 1550년대와 1560년대에 비해 1580년대에는 생활비가 1.3배 이상 증가하였다는 것을 알 수 있다.

따라서 유산목록의 주요 품목인 농산품과 공산품의 가치를 고려하면, 동일한 가치의 동산을 소유한 경우 1580년대의 가구가 1550년대의 가구보다 사실상 상당히 가난했었다는 것을 알 수 있다. 그럼에도 불구하고 다음에 살펴볼 생활수준의 비교에서 잘 드

7) J. Thirsk, ed., *Agrarian History of England and Wales, vol. IV*, Cambridge University Press, 1967, (표 XIII)과 (표 XVI), pp. 862, 865.

러나듯이 1580년대의 파머와 상인 및 장인들이 한 세대 이전보다는 더 부유하고 안락한 생활을 했던 것은 틀림이 없다.

[표 4-4] 1500~1650년 영국의 물가와 임금

연도	농산물가 (지수)	공산품가 (지수)	생활비 (지수)	농업임금 (지수)	농업노동자 임금구매력 (임금/생활비)	건축노동자 임금구매력 (임금/생활비)
1500–09	106	98	104	101	97	96
1510–19	118	102	114	101	89	88
1520–29	132	110	133	106	80	76
1530–39	139	110	138	110	80	68
1540–49	169	127	167	118	71	70
1550–59	270	186	271	160	59	51
1560–69	282	218	269	177	66	62
1570–79	313	223	298	207	69	64
1580–89	357	230	354	203	57	57
1590–99	451	238	443	219	49	47
1600–09	463	256	439	219	50	46
1610–19	540	274	514	228	44	39
1620–29	535	264	511	253	50	39
1630–39	634	281	609	287	47	–
1640–49	644	306	609	304	50	49

* 생활비 : 곡물, 두태류, 낙농품의 평균 물가 지수.
* 물가 및 임금 지수 : 1450–99년=100.

3. 젠틀맨

총 259가구 가운데 5가구만이 이 계급에 속한다. Mrs. Katherine Doylyn of Merton이 가장 부유한 사람으로 1585년 9월 30일의 유산목록에는 가난한 사람들에게 빌려주었다 받은 빚의 액수가 동산 ￡590. 18s. 1d. 가운데 ￡344. 10s.이나 되었다. George Wodhull과 John Wodhul은 같은 가문 출신으로, 1580년대에 ￡30 미만의 동산을 소유해 젠틀맨 가운데 가장 가난하였다. 다른 젠틀맨인 James Boulster의 경우 1556년에 ￡40. 10s., Anthony Hall의 경우는 1588년에 ￡48. 10s.를 소유하여 이들 역시 부유하지 못한 것으로 나타난다.8)

Mrs. Doylyn의 유산목록에 나타나는 물품들 가운데는 다른 가정에서 발견되지 않는 훨씬 정교한 것들이 나타난다. 가구 중에는 parlour에 ￡2 가치의 미닫이 덧판이 달린 책상(drawing table)이 포함되어 있고, 8개의 깃털 매트리스를 가지고 있으며, ￡19. 16s. 8d. 가치의 린넨제품과 네이퍼리(napery)를 가지고 있었다. 금목거리와 귀금속이 박힌 반지 등 보석도 ￡37. 12s. 8d.를 소유하고 있었다.

당대의 다른 젠틀맨과 마찬가지로 Mrs. Doylyn도 농경에도 관심을 가졌음에 틀림없는데, 양을 109마리 소유하고 있었고, 양모도 ￡17. 5s. 가치를 소유하고 있었다. 또 치즈실(cheese chamber)에 80개의 치즈와 일반창고에 한 통의 버터를 가지고 있었다. 소는 기록에 없는 것으로 보아 치즈는 암양의 젖으로 만든 것으로 추정된다.

그렇지만 Mrs. Doylyn이 사치스럽게 산 것 같지는 않다. 그녀의 집은 5개의 주요 방으로 구성되어 있다. 즉 hall 1칸, parlour 1칸, great chamber 1칸, chambers 2칸이다. 그 외에 여러 서비스 룸이 7칸 있는데, 부엌 1칸, 낙농실(dairy) 1칸, 저장실(buttery) 1칸, 식품저장실(larder) 1칸, 치즈실 1칸, 엿기름실(malt chamber) 1칸, 일반저장실(storehouse) 1칸이다.

Anthony Hall의 경우는 hall 1칸과 몇 개의 chamber, 그리고 낙농

8) *Household and Farm Inventories,* no. 142, pp. 192-98; no. 166, p. 220; no. 222, p. 28; no.5, pp. 44-5; no. 208, pp, 262-64.

실 한 칸이 있는 집을 소유하였다. Chamber가 hall이나 낙농실 위에 있다고 기술되지 않은 것으로 보아 1층에 있는 듯하다. 집은 방들이 서까래까지 열려 있던, 중세의 hall 형태 집으로 추정된다.

Hall은 주요 거실이었다. 그러나 요리도 이루어졌는데, 덮개 없는 불(open fire)에서 요리하기 위하여 솥이나 프라이 팬 등이 갖추어져 있었기 때문이다. 원래 그런 집은 hall의 중앙에 난로(hearth)가 있어 연기가 지붕 공간을 채우고 집의 박공벽 위의 작은 박공을 통하여 빠져나갔다. 그 경우 베이컨은 일반적으로 지붕공간에서 연기에 절여져 보존되었다. 실제로 여러 유산목록에서 언급되고 있는데, 1562년 농부인 John Ives의 유산목록에는 쇠고기도 지붕에 있었다.[9] 그런데 1588년 4월 13일에 작성된 Anthony Hall의 지붕에는 베이컨 언급이 없다. 이유는 집에 큰 벽난로와 굴뚝이 있어서인데, 베이컨은 굴뚝 안의 막대기에 매달려 있었다.

Anthony Hall의 집은 많은 요먼과 농부들의 집보다도 가구가 적었으며, 그가 소유한 가내 살림 £18. 6s. 가치보다 가축과 곡물, 베이컨 £30. 4s. 가치가 훨씬 컸다. 들판의 곡물 가치가 £9였으나, 면적이 몇 에이커인지는 알 수가 없다. 그러나 가축의 수는 암소 7마리, 어린 암소(heifer) 1마리, 한 살배기 송아지(yearlings) 3마리, 말 4마리, 돼지 5마리, 거위 6마리, 닭 7마리로, 농토가 넓지 않았다는 것을 알 수 있다.

9) *Household and Farm Inventories,* no. 10, pp. 49-51.

4. 요먼

유산목록에는 오직 3명의 요먼만 나타나는데, 젠틀맨과 마찬가지로 이 계층의 많은 수가 부유하여 지역 법정보다는 Prerogative Court of Canterbury에서 유언장을 검증받았기 때문이다.

3명의 예 역시 젠틀맨처럼 부에서 큰 편차를 보여주고 있다. Thomas Taylor는 1583년에 ￡408. 2d.의 동산을, Richard Busbye는 1590년에 ￡100. 10s.의 동산을, William Wyese는 1578년에 ￡14. 18s. 8d.의 동산을 소유하였다.10) Leicestershire의 연구에서도 요먼들 사이에 동산에서 큰 차이를 보여주고 있다. W. G. Hoskins에 의하면 1570년에 Leicestershire에서 유산목록을 남긴 12명의 요먼 가운데 6인은 ￡100 이상이고 6인은 그 미만이다. 가장 많은 동산의 소유자는 ￡568. 9s. 8d.이고, 가장 적은 소유자는 ￡21. 1s. 6d.이다.11)

그런데 이는 오직 동산에 관한 것으로, 요먼들은 자주 더 많은 부를 부동산으로 소유하고 있었다. 예컨대 1578년 3월 8일 유산목록이 작성된 William Wyese of Banbury는 잘 갖추어진 집에서 살았는데, 동산이 적었던 것은 그가 소유했던 가축이 완전히 빠졌기 때문이다. 이는 그가 그의 농토를 상속인에게 물려주고 은퇴하여, 그의 동산이 실제적인 그의 경제적 지위를 나타내지 않는다는 것을 보여주는 것이다. 반면에 유산목록상 가장 부유한 파머로 나타나는 농부 Richard Collins는 1587년에 들판의 곡물 ￡25. 18s., 창고의 곡물 ￡14. 10s., 가축 ￡30. 9s.를 소유하여 총 ￡119. 15s.의 동산을 지니고 있었는데, 그는 사망시에 여전히 11 acres의 밀과 호

10) *Household and Farm Inventories,* no. 107, pp. 150-61; no. 251, pp. 310-12; no. 42, pp. 84-6.

11) Hoskins, *Essays in Leicestershire History*, p. 159.

밀, 11 acres의 보리, 6 acres의 콩작물 등을 경작하고 있었다.[12)]

1583년 10월 24일 작성된 Thomas Taylor의 유산목록은 가장 길고 자세한데, 25개 방을 가진 큰 집의 가구에 대해 자세히 묘사되어 있다. 그 가운데는 보리, 맥아, 호프, 치즈, 양모 같은 농산물 외에도 제조업과 건축에 사용되는 여러 물품이 있었다. 또 날실 방(warping house)에 대한 언급은 인근 직조공들에게 베틀의 날실을 위한 방적사(spun yarn)를 제공했다는 것을 말해주고 있다. 양모와 방적사를 위하여 그에게 돈을 빌린 사람들에 대한 언급은 그가 인근 마을의 가내 방적공들에게 원료를 제공했다는 것을 암시한다. 그런데 그가 가진 가장 흔한 상품은 가죽이었고, 인근 교구의 가내 장갑제조공들에게 가죽을 제공한 것으로 보이는데 적어도 36명이 그로 인한 빚을 지고 있다. 또 소금, 철, 쟁기날, 철사, 석회 등 다양한 물품이 포함되어 있다. 그에 더하여 20여명의 사람들이 그에게서 돈을 빌렸는데, 가장 많이 빌린 자는 Richard Munne로 £20였다. 요컨대 Thomas Taylor는 그가 살던 Witney 마을 인근에 여러 물품의 공급자인 동시에 대부자였던 것이다.

5. 농부, 장인, 상인 및 노동자

[표 4-1]에서 알 수 있듯이 농부가 가장 많은 직업군이다. 60명이 농부로 명기했고, 82명의 경우는 유산목록의 가축과 농기구가 농부가 주요 직업임을 나타낸다. 이들의 동산의 가치는 [표 4-5]로 정리하였는데[13)], 대부분의 농부들은 요먼과는 경제적으로 매우

---

12) *Household and Farm Inventories,* no. 171, pp. 223-26.

13) 이하 (표4-5), (표4-6), (표4-7)은 *Household and Farm Inventories,* p. 12, table 3 참고.

다른 지위를 점하고 있다. 1580~90년 시기 농부 107명 가운데 절반 이상인 56명(52.3%)이 ￡30 미만의 동산을 남겼으며, 약 4분의 1정도인 26명(24.3%)만이 ￡50 이상을 남겼다. 엘리자베스 시대 옥스퍼드셔의 평균 농부는 분명히 소생산자였음에 틀림이 없다.

[표 4-5]와 [표 4-6]을 비교해 보면, 대부분의 장인과 상인은 농부들보다 더 작은 경제활동의 규모를 보인다는 것을 알 수 있다. 같은 기간인 1580~90년 시기에 장인과 상인 44명 가운데 거의 3분의 2인 28명(63.6%)이 ￡20 미만의 동산을 남겼고, 오직 7분의 1정도인 6명(13.6%)만이 ￡50 이상의 동산을 남겼다.

[표4-5] 농부의 동산

가치(￡)	1550-60년	1560-70년	1570-80년	1580-90년	합계	(%)
10미만	0	0	3	22	25	(17.7)
10-20	1	1	3	21	26	(18.4)
20-30	1	1	4	13	19	(13.5)
30-40	2	0	5	12	19	(13.5)
40-50	0	0	3	13	16	(11.3)
50-60	1	0	0	5	6	(4.3)
60-80	1	1	4	10	16	(11.3)
80-100	0	0	2	6	8	(5.7)
100이상	0	0	1	5	6	(4.3)
합계	6	3	25	107	141	(100)
(%)	(4.3)	(2.1)	(17.7)	(75.9)	(100)	

[표 4-6] 장인과 상인

가치(£)	1550–60년	1560–70년	1570–80년	1580–90년	합계	(%)
10미만	0	0	8	19	27	(44.3)
10–20	0	0	2	9	11	(18.1)
20–30	0	1	3	2	6	(9.8)
30–40	0	0	0	6	6	(9.8)
40–50	0	0	0	2	2	(3.3)
50–60	0	0	0	3	3	(4.9)
60–80	1	0	1	1	3	(4.9)
80–100	0	0	1	2	3	(4.9)
100이상	0	0	0	0	0	(0)
합계	1	1	15	44	61	(100)
(%)	(1.7)	(7.7)	(24.6)	(72.0)	(100)	

그렇지만 이 같은 동산의 총가치가 생활수준에 대한 적절한 안내자 역할은 할 수 없는데, 이유는 상인과 장인의 경우는 가축이 없어 그들의 부가 주로 넓고 잘 갖추어진 집과 가내 세간이었기 때문이다. 좋은 예가 제화공 Thomas Mayho로, 그의 동산의 가치는 1575년 9월 17일에 £26. 16. 10d.뿐이었다. 그러나 그는 그의 상점, 마구간과 '거세한 수퇘지 마당'과 더불어 적어도 6개의 방이 있는 집에서 살았다. 저장실에는 멋진 백납과 놋쇠그릇, 그리고 부엌에 좋은 난로용품들을 가지고 있었다. 방에는 깃털 침대 1개, 테이블보 3개, 냅킨 12개가 있었다. 또 상점에는 £16 가치의 부츠, 신발, 가죽과 연장이 있었는데, 이들이 동산 가치의 절반 이상을 차지하고 있었다.14)

14) *Household and Farm Inventories,* no. 28, pp. 67-9.

[표 4-7] 노동자

가치(£)	1550–60년	1560–70년	1570–80년	1580–90년	합계	(%)
5미만	0	1	2	4	7	(70.0)
5–10	0	0	0	2	3	(30.0)
합계	0	1	3	6	10	(100)
(%)	(0)	(10)	(30)	(60)	(100)	

노동자는 대부분의 농부와 장인 및 상인들보다 가난하였다. 그러나 노동자와 가난한 농부들 사이의 차이는 신분의 차이보다는 정도의 차이로 생각된다. 왜냐하면 대부분의 노동자들이 공동 방목권을 포함하는 소수의 가축을 소유하고 있었기 때문이었다. 이들 중 많은 수가 1568년 Robert Holland처럼 그들의 집 뒤에 작은 텃밭(closes)을 가지고 있었다.15)

노동자 가운데 8인은 소 1~4마리를 소유했고, 그 가운데 6인은 양을 소유하고 있었다. 가장 많은 양의 소유자는 Richard Baker로 1584년에 양 9마리를 소유하였다. 또 그 가운데 3인은 돼지를 소유했는데 Richard Baker도 1마리를 소유하고 있다. 가축이 없었던 유일한 노동자는 1587년의 Thomas Hakins였으나, 그는 6s. 8d. 가치의 벌통 2개를 가지고 있었다.16)

6. 가옥

주택양식에 대한 연구에서 유산목록이 갖는 가치는 특정 시기

15) *Household and Farm Inventories,* no. 13, p. 54.
16) *Household and Farm Inventories,* no. 122, p. 176; no. 158, pp. 211-12.

에 주택에 방이 몇 개 있었으며, 그 방의 용도가 무엇인가를 알 수 있다는 데 있다. 방위 규모와 집의 설계에 대해서는 간접 증거만이 제공되고 있다. 이 점에서 엘리자베스 1세 시대의 유산목록은 특히 흥미로운데, 이유는 영국에서 가옥의 변화와 개선을 뚜렷이 보였던 시기였기 때문이다.

우선 여기서 다루는 유산목록을 남긴 사람들은 소수만이 큰 집에서 살았다. 집의 크기는 [표 4-8]로 정리된 것처럼, 259가구 가운데 38가구인 14.7%만이 5개 이상의 방을 가진 집에서 살았다. 방의 수가 언급되지 않은 가구가 122가구로 거의 절반인 47.1%에 달하는데, 이들 대부분이 단칸방인 것으로 추정된다.17)

[표 4-8] 집의 크기

방의 수	언급된 집의 수	(%)
명기되지 않음	122	(47.1)
방 2	24	(9.3)
방 3	25	(9.6)
방 4	13	(5.0)
방 5	9	(3.5)
방 6	14	(5.4)
방 7	8	(3.1)
방8	5	(1.9)
방9	4	(1.6)
방10	5	(1.9)
방 10 이상	2	(0.8)
방 10이상이나 미상	28	(10.8)
합계	259	(100)

17) Barley에 의하면 1580~1630년에 옥스퍼드셔에서 단칸방을 가진 오두막이 많았는데, 이들은 대부분 신축된 오두막이었다. M.W. Barley, *The English Farmhouse and Cottage,* p. 59. 16세기 후엽 옥스퍼드셔의 가옥 상황은 17세기에서 18세기 전기 미드 에식스에서의 상황과 크게 대비되고 있다. 본서 6장 (표 6-1) 참고.

방의 수를 명시한 109가구는 [표 4-9]로 분류하였다.18) Hall과 Chamber 또는 Hall과 Parlour가 있는 2칸 방의 단순한 집 24가구와 추가로 부엌, 상점이나 혹은 두 번째 Chamber를 갖는 3칸 방 집 25가구가 지배적이다. 더 큰 집에서는 여러 다양한 서비스 룸이 존재한다.

방 이름은 흥미로운데, 프랑스어에서 어원을 둔 것이 지배적이기 때문이다. 이는 이전에는 귀족의 가옥에서 설비되었던 방들이 사회의 아래 계층으로 스며든 것을 나타내기 때문이다. 이는 또한 농민의 신분상승을 나타내기도 한다. 예컨대 침대 방을 의미하는 고영어(old English)의 'bower'가 chamber로 교체되었다. 반면에 'parlor'19)와 'buttery'(불어 bouteiller에서 옴)는 상대적으로 새롭게 추가된 것이다.

[표 4-9] 109 가옥의 방 분류

2칸 방 가옥		
Hall, Chamber	20	가구
Hall, Parlour	3	가구
Hall, Loft	1	가구
소계	24	가구
3칸 방 가옥		
Hall, Kitchen, Chamber	16	가구
Hall, Kitchen, Parlour	2	가구
Hall, 2 Chambers	3	가구
Hall, Chamber, Shop	3	가구
Hall, Parlour, Chamber	1	가구
소계	25	가구
4칸 방 가옥		
Hall, Kitchen, 2 Chambers	1	가구
Hall, Kitchen, Chamber, Parlour	2	가구

18) (표4-8), (표4-9)는 *Household and Farm Inventories,* pp. 16-7의 table 5와 6.
19) parlour는 사적인 대화를 위한 방, 또는 혼자만을 위한 방을 의미한다.

Hall, Kitchen, Chamber, Shop	2	가구
Hall, Kitchen, Chamber, Cockloft	1	가구
Hall, Kitchen, Chamber, Nether House	1	가구
Hall, Kitchen, Chamber, Buttery	1	가구
Hall, Kitchen, Parlour, Shop	1	가구
Hall, 2 Chambers, Spence	1	가구
Hall, 2 Chambers, Shop	1	가구
Hall, Chamber, Shop, Cockloft	1	가구
Hall, Chamber, Inner Room, Malthouse	1	가구
소계	13	가구
5칸 방 가옥		
Hall, Kitchen, 3 Chambers	2	가구
Hall, Kitchen, 2 Chambers, Shop	1	가구
Hall, Kitchen, 2 Chambers, Bakerhouse	1	가구
Hall, Kitchen, 2 Chambers, Buttery	1	가구
Hall, Kitchen, Chamber, Loft, Eling House	1	가구
Hall, Kitchen, Parlour, Shop, Buttery	1	가구
Hall, 2 Chambers, Shop, Buttery	1	가구
Hall, Parlour, Buttery, Loft, Milkhouse	1	가구
소계	9	가구
6칸 방 가옥		
Hall, Kitchen, 3 Chambers, Parlour	1	가구
Hall, Kitchen, 3 Chamberss, Spence	1	가구
Hall, Kitchen, 3 Chamberss, Buttery	1	가구
Hall, Kitchen, 3 Chambers, Malthouse	1	가구
Hall, Kitchen, 3 Chambers, Shop	1	가구
Hall, Kitchen, 2 Chambers, Parlour, Shop	1	가구
Hall, Kitchen, 2 Chambers, Parlour, Boulting House	1	가구
Hall, Kitchen, 2 Chambers, Parlour, Deyhouse	1	가구
Hall, Kitchen, Chamber, Shop, Boulting House, Vergys House	1	가구
Hall, Kitchen, Chamber, Shop, Buttery, Bakehouse	1	가구
Hall, Kitchen, 3 Parlours, Buttery	1	가구

Hall, 3 Chamber, Parlour, Buttery	1	가구
Hall, 3 Chambers, Shop, Buttery	1	가구
Kitchen, 2 Chamber, Parlour, Middlehouse, Cockloft	1	가구
소계	14	가구
7칸 방 가옥		
Hall, Kitchen, 4 Chambers, Parlour	1	가구
Hall, Kitchen, 4 Chambers, Coopery	1	가구
Hall, Kitchen, 2 Chambers, Parlour, Shop, Buttery	3	가구
Hall, Kitchen, 2 Chambers, Parlour, Buttery, Boulting House	1	가구
Hall, Kitchen, Chamber, Parlour, Spence, Boulting House, Deyhouse	1	가구
Hall, Chamber, Parlour, Buttery, Shop, Yelding House, Backhouse	1	가구
소계	8	가구
8칸 방 가옥		
Hall, Kitchen, 4 Chambers, Buttery, Deyhouse	1	가구
Hall, Kitchen, 3 Chambers, Shop, Warechamber, Buttery	1	가구
Hall, Kitchen, 3 Chambers, Shop, Buttery, Fishhouse	1	가구
Hall, Kitchen, 2 Chambers, Parlour, Shop, Buttery, Boulting House	1	가구
Hall, Kitchen, 2 Chambers, Buttery, Boulting House, Brewhouse, Loft	1	가구
소계	5	가구
9칸 방 가옥		
Hall, Kitchen, 5 Chambers, Parlour, Buttery	1	가구
Hall, Kitchen, 4 Chambers, 2 Parlours, Buttery	1	가구
Hall, Kitchen, 3 Chambers, Parlour, Shop, Buttery, Workhouse	1	가구
Hall, Kitchen, 3 Chambers, Parlour, Shop, Buttery, Yeling House	1	가구
소계	4	가구
10칸 방 가옥		
Hall, Kitchen, 5 Chambers, Parlour, Buttery, Deyhouse	1	가구
Hall, Kitchen, 4 Chambers, Parlour, Shop, Buttery, Boulting House	1	가구
Hall, Kitchen, 4 Chambers, Apple Chamber, Buttery, Boulting House Deyhouse	1	가구
Hall, 4 Chambers, Parlour, Buttery, Yeling House, Bakehouse, Loft	1	가구
Hall, 3 Chambers, Shop, Buttery, House Beneath, 2 Rooms, Cellar	1	가구
소계	5	가구

12칸 방 가옥		
Hall, Kitchen, 3 Chambers, Parlour, Buttery, Larder, Deyhouse, Cheese Chamber, Storehouse, Malt Chamber	1	가구
24칸 방 가옥		
Hall, Kitchen, 8 Chambers, 2 Parlours, 2 Butteries, Study, Yeling House, House Within Yeling House, Milkhouse, Closet, Woolhouse, Warping House, Gallery, Cockloft, Close, Storehouse	1	가구
합계	109	가구

일부 유산목록에서는 방들 사이의 관계에 대하여 좀 더 자세히 언급하였고, [표 4-10]에서 이들 15가구를 요약하였다.[20]

이들을 살펴보면 처음에 정리된 1582년 9월 10일 유산목록이 작성된 농부 Richard Tasker의 집은 Hall이 있는 단순한 형태로, 1층에 Entry와 2개의 Chambers가 있으며 2층은 없다. Entry는 일반적으로 작은 출입 공간으로, 종종 나무판으로 막아놓은 정도였다. 두 번째인 1587년 2월 18일 유산목록이 작성된 노동자 Thomas Haskins의 집은 위층 Chamber가 Bed Chamber 위의 천장인 서까래 공간에 위치하고 있다.[21] 다른 많은 집들은 1층에 Kitchen, Butteries 같은 서비스 룸과 2층에 추가 Chambers가 있는 그런 형태의 변형들이다.

3층 집은 주로 도시에 국한된 것 같으며, 종종 1589년 3월 14일 유리공 Christopher Gold of Banbury의 가옥에서 볼 수 있듯이 "Chamber 위의 Cockloft(the Cockloft over the Chamber)"에 불과하였다.[22]

밀가루가 체로 쳐지는 방인 Boulting House나 맥주가 양조되는 Yeling House가 집의 원래 구조 내에 위치하였는지, 혹은 분리된 딴채 건물에 위치했었는지는 항상 명확하지는 않다. 그러나 이 장

20) *Household and Farm Inventories,* pp. 22-5. table, 7.

21) *Household and Farm Inventories,* no. 92, p. 136-37; no. 158, pp. 211-12.

22) *Household and Farm Inventories,* no. 224, p. 282.

의 표에서는 원래의 집에 위치한 것으로 간주하였다. 제외한 것은 통로인 Entry나 딴채이다.

도시 집들은 농가의 가옥보다는 좀 정교하며, Witney에 위치한 1589년 제빵사 Nicholas Hill은 "집 밖에 마당(the Courte)"이 있었고, 역시 Witney에 위치한 1583년 요먼인 Thomas Taylor의 가옥에는 집 안과 밖에 마당("Inner Courte", "Utter Courte")이 있었다.[23)]

Hall은 중세시대부터 대부분의 집에서 내내 주요한 거실이었다. 식사 장소뿐만 아니라 요리도 자주 이루어졌다. 또 놋쇠그릇이나 백납그릇 같은 값나가는 물건들이 Hall에 보관되었다. 소수의 큰 가옥에서는 백납그릇이 서비스 룸에 보관되었는데, buttery에 16가구, Kitchen에 15가구였다. 그러나 보관 장소가 명시된 93가구 가운데 대부분인 54가구의 유산목록에서는 Hall에 보관되어 있다. 이제 오직 Hall만 있는 집을 제외하고는, 잠자는 용도의 방에서 Hall이 제외되었다.

Chambers는 거의 항상 침실로 사용되었다. 106가구 가운데 97가구에서 침대가 있었다. 그러나 음식재료를 포함한 여러 물품의 저장소로도 사용되었다. 오직 9가구만이 저장소로만 사용되었고, 39가구에서는 침실과 저장소로 사용되었다. 극단적인 한 예는 1587년 대장장이 Thomas Heath인데, 그가 잠자던 Chamber에 46개의 작은 치즈가 있었고, 또 그의 옷, 책, 깃털침대와 조립식 침대틀 및 아마천이 보관되었다.[24)] 8가구에서는 한 Chamber에 화덕 하나와 조리기구가 있었다. 5가구에서는 Chamber에 백납그릇이 보관되었다.

Parlour는 대부분의 집에서 침실로 사용되었다. 38가구의 유산목록에서 언급되고 있는데, 침대가 포함되지 않은 곳은 7가구뿐

23) *Household and Farm Inventories,* no. 247, p. 306; no. 107. p. 158.
24) *Household and Farm Inventories,* no. 189, pp. 243-47.

이다. 저장실로 사용된 1589년 미망인 Elinor Simkins을 제외하고는25) 이들 Parlour는 Hall에서 보다는 가족의 프라이버시가 존중될 수 있었던, 잘 갖추어진 응접실이 있는 큰 집에 설비되어 있었다. Parlour와 Chamber가 같이 있는 집에서는 Parlour가 종종 가장 좋은 침실이었다.

[표 4-10] 3칸 방 이상의 가옥 형태

연도	직업 (이름)	동산 가치	1층 방 이름	2층 방 이름
1582	농부 (Richard)	£ 11	1. Hall 2. Chamber next the Entry 3. Chamber Within the Hall	
1587	노동자 (Thomas)	£ 5	1. Hall(Nether House) 2. Bed Chamber	3. Upper Chamber
1576	미상 (William)	£ 5	1. Hall 2. Kitchen 3. Parlour	4. Upper Chamber
1589	유리공 (Christopher)	£ 3	1. Hall 2. Shop	3. Chamber over Shop 4. Cockloft over Chamber
1588	농부 (John)	£ 50	1. Hall 2. Kitchen 3. Inner Chamber 4. Outer Chamber	5. Upper Chamber
1576	농부 (Thomas)	£ 36	1. Hall 2. Kitchen 3. Lower Chamber	4. Chamber over Hall 5. Over Chamber
1583	상점주 (Thomas)	£ 12	1. Hall 2. Kitchen 3. Shop 4. Bolting House 5.Verjuce House	6. Chamber over Hall
1587	농부 (Henry)	£3 6	1. Hall 2. Kitchen 3. Chamber 4. Spence	5. Floor over Hall 6. Floor over Chamber
1589	푸줏간 (Richard)	£ 11	1. Hall 2. Parlour 3. Buttery	4. Chamber over Hall 5. Chamber over Parlour 6. Chamber over Entry

25) *Household and Farm Inventories,* no. 246, p. 301.

1578	요먼 (William)	£15	1. Hall 2. Kitchen 3. Parlour 4. Buttery 5. Boulting House	6. Chamber over Hall 7. Chamber over Parlour
1589	농부 (William)	£107	1. Hall 2. Kitchen 3. His Chamber 4. Parlour	5. Chamber over Hall 6. Chamber over Kitchen 7. Chamber over Parlour
1588	참사회원 (Henry)	£50	1. Hall(Gatehouse) 2. Kitchen 3. shop 4. Buttery 5. Fishhouse	6. Chamber over Hall 7. Chamber over Gatehouse 8. Chamber over shop
1589	제빵사 (Nicholas)	£33	1. Hall(& Entry) 2. Parlour In Hall 3. Buttery in Hall 4. Yeling House 5. Bake House	6. Chamber over Entry 7. Chamber over Hall 8. Chamber over Hall 9. Chamber over Yeling House 10. Loft over Bake House
1585	젠틀맨 미망인 (Katherine)	£591	1. Hall 2. Kitchen 3. Parlour 4. Buttery 5. Daye House 6. Larder 7. Cheese Chamber 8. Malt Chamber	9. Great Chamber over Hall 10. Chamber over Parlour 11. Chamber over Buttery 12. Storehouse over Larder
1583	요먼 (Thomas)	£408	1. Hall(& Entry) 2. Kitchen 3. New Parlour 4. Old Parlour 5. New Buttery 6. Old Buttery 7. Study 8. Storehouse 9. Yeling House 10. Well House 11. Milk House 12. Warping House 13. House with-in Yeling House	14. Chamber over Hall 15. Chamber over Kitchen 16. Chamber over Entry 17. Chamber over New Parlour5 18. Chamber over New Buttery 19. Geasten Chamber (over Old Parlour) 20. Chamber over Old Buttery 21. Chamber over Warping House 22. Closet 23. Wool House 24. Gallery 25. Cockloft over Warping House

* 동산 가치는 근사치

76가구에서 분리된 kitchen이 있으나 항상 요리용도로 사용되었던 것은 아니다. 이들 가운데 20가구에서는 화기나 다른 조리기구에 대한 언급이 없다. 10가구는 brew-house로 사용되었고, 다른 10가구는 여러 목적의 저장실로 사용되어 나무통, 통이나 비슷한 도구들이 보관되었다. 이들 Kitchen 가운데 3개에서는 침대와 아마천이 있었는데, 아마도 하인을 위한 것으로 보인다.

Butteries는 Spences로도 불리는데, 일반적으로 Hall옆에 위치하며, 때로는 Hall 안에 위치하는 것으로 묘사되는데 이 경우에는 칸막이로만 구분되었다. 거기에는 거의 항상 여러 맥주 통이 보관되고, 때로는 고기가 절여지는 powdering troughs와 다른 저장물들이 보관되었다. 7가구에서는 난로 1개가 보관되었고 buttery에서 요리가 되었다.

유산목록에서 묘사되는 다양한 서비스 룸은 16세기 가정생활에서 자급자족의 모습을 제공하고 있다. Dairy house, Brew house처럼 한둘의 서비스 룸을 갖춘 집들은 부유한 사람이었다. 예컨대 [표 4-10]의 1583년 10월 24일에 유산목록이 작성된 요먼 Thomas Taylor는 25개의 방을 갖춘 집에서 안락하게 살았는데, 맥주통, 들통, 맥아체 같은 주조 기구를 모아놓은 주조실(Yeling House)에서 주조하였다.26) 맥아(엿기름)를 위해 보리를 담그던 통은 분리된 'Well Howse'에서 싹을 틔웠다. 우유실(Milk House)에는 치즈와 버터 만드는 도구가 놓여있었다. 버터 자체는 "Howsse within the Yeling Howsse"에 보관하였다. 고기도 분명히 'milke howsse'에 보관하였는데, 여기에는 살코기 걸이, 자르는 칼, 데우는 통, 고기에 "소금을 재는 통(powdering Trough)"이 놓여 있었다. "양모실(Wooll howsse)"에는 양모와 방적 전에 실을 빗기 위한 대마용 빗, "양모 물레(woollen Twoorne)"를 보관하고 있었다. Mill House에는 치즈

26) yelling은 주조를 의미하는 고대용어 gylling의 변질된 용어이다.

압력기와 요리와 약용으로 쓰이던 식초 만드는 도구, 맥아를 분말하기 위한 맥아용 맷돌이 있었다.27)

이 시기 가옥에서 이루어진 다른 개선은 2층 Chamber에 이르는 사다리 장소에 계단이 설치된 것이다. 계단이 집 구조에 내장된 것이므로, 이는 사망자의 동산에 속하지 않는다. 그래서 이를 언급할 필요가 없었으나, 우연적인 소수의 언급은 많은 집에서 계단을 가지고 있었던 것으로 생각된다. 실제로 계단을 언급한 것은 2개의 유산목록으로, 1587년 대장장이 Thomas Heath와 1583년 요먼 Thomas Taylor의 가옥뿐이다.28) 그러나 개인재산에 포함된 것으로 보이는 이동식 사다리에 대해서는 11가구에서 언급되고 있다.

여닫이창의 유리 역시 집의 일부로 여겨져서 계단처럼 유산목록에서 생략되었을 것인데, 11건의 유산목록에서는 동산처럼 가치가 매겨져 있다. 이들은 모두 1580년대에 나타난다. 11가구 가운데 10가구가 도시에 살았던 것으로 보아 부자를 제외하고는 아직 시골지역에 퍼지지 않았던 것 같다.29) 나무격자창, 덧문과 창문 시트도 자주 언급되는데, 이들은 유리 도입 이전에 바람과 비를 막던 것이었다.

많은 유산목록에서 옷을 언급하고 있으나, 단순히 의복으로 기록되어 있다. 남성용 옷의 가장 훌륭한 목록은 1581년 Richard Dannyell과 1587/8년의 Henry Backer의 유산목록이다. 여성용 옷은 1575년 Alyce Gate, 1580년 Avis Gardner의 목록에서 잘 나타나고 있다.30) 손으로 짠 옷들은 대체로 낡았으며, 259건의 유산목록 가

---

27) *Household and Farm Inventories,* no. 107, pp. 150-61.

28) *Household and Farm Inventories,* no. 189, pp. 243-47; no. 107, pp. 150-61.

29) Hoskins에 의하면 Leicestershire의 경우 1570년대 이후 유리거래가 급증하였다. *Essays in Leicestershire History*, pp. 111-12.

30) *Household and Farm Inventories,* no. 84, pp. 130-31; no. 205, pp. 259-60;

운데 50건에서 물레가 기록되어 있다. 물레는 두 종류가 있었는데, 큰 양모 물레와 작은 아마 물레였다.

7. 생활수준

16세기에 급격한 물가상승이 있었고, 특히 농산물가의 급상승으로 파머들에게 유리했다는 것은 앞서 [표 4-4]에서 살펴본 바와 같이 잘 알려져 있다. 실제로 16세기를 통하여 물가지수로 계산한 공산품 가격이 2.4배로 오르는 동안 농산물 가격은 4.3배가 되었다.

농산물가격의 상승으로 축적된 부의 일부는 가옥개선 확대로 이어졌는데, 이는 특히 자유보유농이나 장기임대 파머들의 경우가 그랬다. 가옥개선은 여러 형태였다. Hoskins는 1570~1640년 사이의 기간이 남부 잉글랜드에서 가옥개선이 가장 두드러진 시기로 보고 있다. 그에 비하여 Barley는 지역적 차이를 강조하며, 1575~1615년 사이의 두드러진 발전을 강조하며 '가옥혁명(the Housing Revolution)'의 개념을 사용하고 있다.31)

Oxfordshire의 유산목록에서 보여주는 증거에 의하면 1570년 이전 시기에는 너무 적은 수만이 현존하여 통계적으로 비교가 불가하다. [표 4-11]로 정리한 14가구 가운데 3가구만이 1층 위에 방이 있다. 나머지 대부분은 서까래까지 열려있는 중세 형태의 Hall House로 보인다.

---

no. 27, pp. 66-7; no. 73, p. 120.

31) W.G. Hoskins, *Provincial England*; Barley, *The English Farmhouse and Cottage.*

[표 4-11] 1550-1568년의 가옥

	연도	장소	직업	동산 가치	1층	2층
(1)	1550	미상	(파머)	£23	(정보 없음)	
(2)	1550	Stadhamton	(파머)	£14	(정보 없음)	
(3)	1553	Oxford	(배관공)	£78	1. Hall 2. Parlour 3. 하인들Chamber 4. 하녀 Chamber	5-7.Chambers over Hall
(4)	1553	Dorchester	(파머)	£32	(정보 없음)	
(5)	1556	Nether Worton	젠틀맨	£41	1. Hall 2. Kitchen 3-4. Chambers	
(6)	1557	Gt. Milton	(파머)	£31	1. Hall 2. other rooms	
(7)	1558	Brize Norton	(파머)	£50	(정보 없음)	
(8)	1559	Filkins	(파머)	£64	1. Hall 2. Kitchen 3. Parlour 4. Mill house	
(9)	1560	Bourton	(파머)	£19	1. Hall 2. Chamber	
(10)	1562	G. Milton	농부	£79	1. Hall 2. Chamber 3. diverse places	
(11)	1563	Somerton	미상	£20	1. Kitchen 2. Middle Chamber 3. Inner Chamber 4. Parlour 5. Middle house	6. Cockloft
(12)	1565	Kidlington	제빵사	£23	1. Hall 2. Kitchen 3. Inner Parlour 4. Outer Parlour 5. Low Parlour 6. Buttery	
(13)	1568	Hampton	날품노동자	£4	(정보 없음)	
(14)	1568	미상	(파머)	£24	1. Hall 2. Kitchen 3. Chamber 4. Kacker house	5. Chamber over Hall

* ( )은 검인유산목록 내용에서 추정한 직업
* 동산 가치는 근사치

5가구에서는 방의 언급이 없는데, 가치평가사가 목록을 작성하지 않았거나, 또는 이들 가구는 Hall만이 있는 집이었던 것 같다. 잠자는 공간과 저장 공간을 이동식 칸막이나 가리개 혹은 가구 등으로 막았지만, 이들 집에 모두 가난한 사람들만 살았던 것은 아니었다. (13)번의 날품팔이 노동자 Robert Holland가 1568년에 ￡3. 19s. 4d.의 동산을 소유했으나, (7)번의 파머 Harry Ballowe는 1558년에 150두의 양을 포함하여 상당한 동산 액수인 ￡50. 7s. 8d.를 소유하고 있었다.[32)]

명시된 가운데 가장 많은 7개의 방을 갖춘 집이 1가구인데 Oxford에 위치한다. 4~6개 방이 있는 집은 5가구, 2~3 개 방이 있는 집은 3가구이다. 1563년 Joyce Bullwn의 가옥인 (11)번 한 가구만 Hall에 대한 언급이 없는데, Middle house가 Hall인 듯하다. 왜냐면 house가 종종 hall 대신 쓰였기 때문이다.[33)]

같은 지역에 살았던 1550년대와 1580년대의 파머를 비교해보면 양 시기 사이의 생활수준에 대한 비교가 가능할 것이다. 다음 [표 4-12]는 Banbury 근처에서 거의 같은 면적의 토지를 경작하는 것으로 나타나는 2명의 파머에 대한 비교이다. 이들은 1559/60년 1월 23일 유산목록이 작성된 Edward Kempsale of Burton과 1587년 12월 11일 유산목록이 작성된 Thomas Gyll of Williamscote in the parish of Warington이다.[34)] 양자는 거의 비슷한 가축과 농기구를 보유하고 있다. 양자는 모두 개방경지 마을에서 살았고, 유산목록이 겨울에 작성되어 곡물 면적은 기록되어 있지 않았으나, 비슷한 것을 추정된다. 이들의 가축과 가치변화에 대한 구체적인 비교는 다음과 같다.

---

32) *Household and Farm Inventories,* no. 13, p. 54; no. 7, pp. 46-7.

33) *Household and Farm Inventories,* no. 11, pp. 51-2. Barley도 Midlands에서 이 같은 관행에 대하여 언급하고 있다. *The English Farmhouse and Cottage*, p. 46 등.

34) *Household and Farm Inventories,* no. 9, pp. 48-9; no. 191, pp. 248-49.

[표 4-12] 1550년대와 1580년대 비교

Edward Kempsale (1559/60년 1월 23일)

구분	가치(£	s.	d.)
8 마리 소 (어린 소 늙은 소 포함)	4	0	0
5 마리 말, 3 마리 망아지	3	6	0
28 마리 양	3	0	0
5 마리 저장고 돼지	0	10	0
8마리 암탉, 2 마리 수탉	0	2	6
(소계)	(10	18	6)
1 대의 쟁기, 2개의 쟁기 날	0	5	7
1 대의 바퀴테 손수레, 1대의 거름 수레,			
5 쌍의 마구	1	6	8
3 대의 써레	0	5	3
(소계)	(1	17	6)
6 에이커 밀	1	12	0
3 쿼터 보리, 1 쿼터 완두콩	1	10	0
(소계)	(3	2	0)
농업관련 가치 합계	16	18	0

Thomas Gyll (1587년 12월 11일)

구분	가치(£	s.	d.)
7 마리 소, 2 마리 젖떼기 송아지	10	6	8
4 마리 말, 1 마리 망아지	8	0	0
26 마리 양	4	0	0
3 마리 돼지, 1 마리 저장 돼지	0	13	4
8 마리 암탉, 1 마리 수탉	0	3	4
(소계)	(23	3	4)
1 대의 쟁기, 2개의 쟁기날,			
2 대의 쇠테 손수레, 3 대의 써레	4	10	0
(소계)	(4	10	0)
$2\frac{1}{4}$ 야드랜드의 곡물	10	0	0
(소계)	(10	0	0)
농업관련 가치 합계	37	13	4

양자의 비교에서 설명이 필요한 부분은 곡물과 곡물 파종면적을 통한 보유지의 크기이다. 1 야드랜드(yardland)는 개방경지의 각 경구(furlong)에 흩어져 있는 지조(strip)의 합이다. 이 면적은 관습 에이커(customary acres)로 법정 에이커(statute acres)가 아니다. 따라서 어느 2개의 야드랜드 면적도 완전히 일치하지 않으나, 토양의 비옥도에 근거하여 지역적인 근사치의 평균은 있다. 예컨대 Cotswolds 지방의 토질에서는 1 야드랜드가 40 관습 에이커였으나, 더 비옥하고 인구가 밀집된 지역인 Banbury 지역은 그 보다 작은 면적이었다. Banbury 북쪽의 Corpredy에서는 1552년에 1 야드랜드가 22 관습 에이커였고, 1640년에는 18 관습 에이커였다.[35] 따라서 Thomas Gyll의 2¼ 야드랜드는 45 관습 에이커 정도로 추정된다. 그런데 일반적으로 북부 옥스퍼드셔는 2포제 지역으로 들판의 절반이 휴경지였으므로, 곡물 파종면적은 22~23 에이커일 것이다.[36]

Edward Kempsale의 토지면적도 비슷할 것으로 추정된다. 왜냐하면 그가 겨울 곡물인 밀을 6 에이커밖에 파종하지 않았으나, 아직 보리와 완두는 파종하지 않은 상태이다. 그런데 이 시기 옥스퍼드셔 파머들은 [표 4-14]에서 알 수 있는 것처럼 일반적으로 보리 파종면적이 밀의 2배였고 완두와 밀의 파종면적이 거의 같았기 때문에, Edward Kempsale의 총 파종면적은 20~25 에이커에 달할 것으로 생각되기 때문이다. 또 농사에 필요한 농기구도 비슷하여 두 파머의 농경 규모가 거의 비슷했을 것으로 추정되기 때문이다.

그렇다면 양자의 생활수준을 어떠했을까? Thomas Gyll이 Edward Kempsale에 비하여 농업관련 가치들이 2배 이상으로 올랐다. 구체적으로는 소와 말의 가치가 2배를 훨씬 넘었으나, 양의 가치는 약

35) *Household and Farm Inventories,* p. 31.
36) 토지면적 추정은 H.L. Gray, *English Field System*, pp. 136-37 참고.

⅓ 정도밖에 오르지 않았다. 이는 유럽 수출시장에 영국의 양모수출이 점차 막히면서 16세기 4사분기 양모 수요의 감소를 반영하고 있다. 농기구 가격은 거의 2배가 되었다.

이 같은 점을 고려한다 해도 유산목록의 총 가치와 집의 크기 및 세간의 비교는 후기 시기의 번영이 나타난다. 왜냐면 Thomas Gyll의 동산이 £67. 16s. 8d로 Edward Kempsale의 동산 £19. 8s. 2d.의 3배 이상이며 집의 방도 4칸 대 2칸으로, Thomas Gyll의 생활수준이 훨씬 높았던 것을 알 수 있다. 물론 [표 4-4]로 정리된 바와 같이 1559/60년과 1587년 사이에 물가상승에 따른 생활비지수가 약 1.3배로 상승한 점을 감안해도 그렇다. 특히 Thomas Gyll의 가내세간은 생활이 크게 안락해졌다는 것을 말해주고 있다.

구체적으로 살펴보면 Edward Kempsale의 농업관련 소유물의 가치는 모두 £16. 18s. 0d.인데, 이것이 그의 동산 £19. 8s. 2d.의 4분의 3 이상이라는 점이 그의 소박한 삶을 드러낸다. 반면 Thomas Gyll의 농업관련 소유물의 가치는 모두 £37. 13s. 4d.로, 동산 전체 £67. 16s. 8d의 절반을 조금 넘으며 그 나머지는 대부분 가내세간이다. 즉, Edward Kempsale의 집은 Hall이 부엌과 거실로 제공되었으며, Chamber에 있는 3개의 침대틀에는 매트리스 하나, 담요 하나, 이불 하나, 베개받침 1개, 시트 3장이 있었다. 그 외에는 식탁보 2장과 수건 2장뿐이다. 대조적으로 Thomas Gyll은 Hall뿐만 아니라, 부엌, Parlour가 있으며, 그의 가족들은 6개의 나무쟁반에서 식사했다. 또 백납그릇 28점과 은수저 5개를 가졌다. 3개의 침대틀에는 시트 13½쌍, 담요 2장, 누비이불 3채, 두꺼운 이불 3채, 베개받침 3개, 베개 4개, 베개 케이스 4개, 식탁보 4장, 식탁 냅킨 12장, 수건 3장이 있었다.

이 같은 비교는 큰 농토를 가지 파머들 사이에서도 나타난다. 1553년 5월 16일에 유산목록이 작성된 John Sims 와 1587년에 작성된 농부 Richard Collins[37] 사이의 비교가 대표적이다.

[표 4-13]

John Sims (1553년 5월 16일)

구분	가치(£	s.	d.)
12 acres 밀, 호밀	4	0	0
8 acres pulse[38]	1	6	8
35 acres 보리	9	0	0
건초용 풀		10	0
(소계) : 55 acres	(14	16	8)
9 쿼터 맥아	2	13	4
3 쿼터 호밀, 6 부셀 밀	1	11	0
(소계)	(4	4	4)
1 대의 쟁기와 마구		6	8
2 대의 쇠테 손수레, 장비	2	13	4
(소계)	(3	0	0)
6 마리 말	8	0	0
5 마리 Kyne, 2 마리 bullock			
1 마리 steer, 1 yearling[39]	3	16	8
8 마리 돼지	1	3	4
12 마리 tegs[40], 3 마리 새끼 양		16	0
(소계)	(13	16	0)
농업관련 가치 합계	35	17	0

37) *Household and Farm Inventories,* no. 4, pp. 43-4; no. 171, pp. 223-26.

38) pulse: 완두와 콩 때로는 살갈퀴 같은 콩과 작물을 의미한다(leguminous crops such as peas and beans and sometimes vetches).

39) Kyne: 암소(cow), bullock: 거세한 수송아지, steer: 거세한 수소, yearling: 한 살배기 송아지

40) teg: 두 살배기 양

Richard Collins (1587년 5월 11일)

구분	가치(£	s.	d.)
11 acres 밀, 호밀	9	18	0
6 acres pulse	2	0	0
18 acres 보리	9	0	0
목초	4	0	0
35 acres	(24	18	0)
18 acres 휴경시	(1	0	0)
(소계) : 53 acres	(25	18	0)
6 쿼터 맥아	6	10	0
4 쿼터 밀, 호밀	5	0	0
3 쿼터 보리	3	0	0
건초	1	6	8
(소계)	(15	16	8)
2 대의 쟁기와 기어,			
2 대의 써레, 2 대의 롤러		16	4
쟁기와 손수레 목재	2	0	0
1 개의 거름통과			
3 쌍의 쇠테 수레바퀴	4	0	0
(소계)	(6	16	4)
3 마리 말과 1 마리 망아지	6	0	0
7 마리 Kyne, 4 마리 bullock			
2 yearling	20	0	0
돼지들	1	0	0
7 마리 양	1	10	0
(소계)	(28	10	0)
농업관련 가치 합계	77	1	0

John Sims와 Richard Collins 양자를 비교해보면, John Sims가 약간 더 많은 농토를 경작한 것 같다. 왜냐면 John Sims 가 55 acres, Richard Collins가 35 acres의 곡물경작면적을 가지고 있기 때문이다. 그러나 Richard Collins가 개방경지의 지조에 파종된 초지면적이 좀 더 넓은 것으로 보여 양자는 큰 차이가 없는 정도의 농토에 파종을 하고 있는 듯하다. Richard Collins의 휴경지 면적은 18 acres로 기록되어 있으나, John Sims의 휴경지 면적은 기록되어 있지 않다. 가축은 Richard Collins가 약간 더 많은 것으로 보인다.

그러나 양자 사이의 생활 조건은 매우 다르다. John Sims는 1칸 방 집에서 산 듯하다. 왜냐면 Chamber에 대한 언급이 없고, "지붕에 매달린 3마리의 거세한 수퇘지 베이컨(3 hogges in the rof)"에 대한 언급은 2층이 없다는 것을 나타내는 것으로 보인다. 그에 비하여 Richard Collins는 10개의 방이 딸린 집에서 살았는데, Hall, Kitchen, Parlour, buttery, dairy가 각각 1칸씩 있었고, Chamber가 5칸 있는 집이었다.

John Sims의 가구는 너무 소박하다. 침대나 린넨, 간단한 요리도구나 식탁도 없다. 그의 가내 세간은 매우 열악하여 (동산 £38. 4s. 8d. 가운데 18s.) 34년 후 Richard Collins의 것(동산 £119. 15s. 0d. 가운데 £42. 14s. 0d.)과 비교할 수 없을 정도이다. Richard Collins 는 Hall에 4개의 chair가 있었는데, 이는 16세기에는 귀했던 것으로, 당시에는 bench가 지배적인 때였다. 또 벽에는 그림 걸개천이 있었고, 조립식 식탁이 있었다. 그의 Parlour에는 침대받침이 있는 깃털침대와 매트리스, 베개 받침 2개, 베개 2개, 담요 1쌍, 이불 2채가 있었다. 또 £6 가치의 린넨도 보관되어 있었다.

8. 작물

작물재배 현황을 보여주는 파머의 예는 15명뿐이다.41) 그러나 개방경지에서의 곡물과 콩과작물의 현황을 구체적으로 보여주는 점에서 중요하다. 이들은 모두 Thames 계곡의 3포제가 지배적인 곳에서 작성된 유산목록에 포함된 파머들이다. 이들은 거의 모두 3가지 형태의 작물을 재배했다. 겨울 작물인 밀, 호밀 또는 'maslin'42), 봄 작물인 보리 또는 귀리, 그리고 일반적으로 콩과작물인 살갈퀴와 완두콩, 또는 콩이었다.

봄 작물과 가을 작물 파종면적 사이에는 일반적으로 상당한 불균형이 있었다. 봄 곡물 특히 보리의 면적은 거의 항상 가을 곡물 면적을 능가했는데, [표 4-14]에서 볼 수 있듯이 종종 2배의 면적에 이르렀다. 15가구의 합계 평균은 보리의 파종면적이 밀과 호밀의 2.5배이다. 봄 작물인 콩과작물도 밀과 호밀의 5분의 3정도 파종되었고, 보리의 4분의 1정도 파종되었다.

이 같은 파종면적은 개방경지가 엄격하게 봄 작물, 겨울 작물, 휴경지 들판으로 나뉜다고 언급되는 점에 비추어 보아 모순되는 것으로 보인다. 실제로 Oxfordshire의 유산목록의 증거들은 [표 4-14]로 정리된 것처럼 이론처럼 구분되었던 것이 아니었다는 것을 보여주고 있다. 만약 날씨가 안 좋아 밀과 호밀의 가을 파종이 지연되면, 겨울 곡물지가 파종되지 않고 남겨졌다가 봄에 콩과작물이나 보리가 파종되었던 것이다. 콩과작물이 이 같은 연결에 특

---

41) 15가구는 *Household and Farm Inventories,* p. 37, table 9: nos. 2, 4, 6, 8, 10, 16, 35, 47, 104, 118, 121, 171, 174, 179, 212이며, (표 4-14)는 이 순서로 의하여 작성되었다.

42) 밀(wheat)과 호밀(rye)의 혼합파종이 'maslin'으로 알려져 있는데 'meslin'으로도 표기되며 (6장), 이는 miscelin, miscellaneous의 변질된 말이다.

히 유용했는데, 이들은 땅을 고르지 않고 겨울철에 쟁기질한 후에 생긴 고랑(furrow)에 그대로 파종할 수 있었기 때문이었다.

겨울 곡물 가운데 밀이 호밀보다 훨씬 더 중요했다. [표 4-14]처럼 15명의 파머 가운데 2명의 파머를 제외하고 모두 밀을 경작했다. 8명의 파머가 호밀을 재배했으나 가끔은 밀과 혼합인 'maslin'으로 재배했다. 호밀은 밀보다 더 산성이고 덜 비옥한 토양에서 자라는 장점이 있었으나, 이 시기 거친 호밀빵보다는 밀가루빵이 더 선호되었던 것은 분명하다.

밀의 파종면적이 제한되었던 것은 날씨 외에도 다른 중요한 요인이 있었던 것으로 보인다. 보리, 귀리, 콩, 완두콩처럼 사람과 가축 모두가 먹을 수 있는 작물을 충분히 경작할 필요가 있었기 때문이었다. 당시는 지력을 유지할 거름이 거의 가축의 분뇨뿐이었기 때문에, 지력 유지를 위해서는 가축을 많이 사육할 필요가 있었다. 그렇지만 대부분의 개방경지 마을에서는 목초지와 방목지가 매우 빈약하여 사료작물 파종을 위해서 곡물생산이 제한될 수밖에 없었던 것이다. 그 같은 이유로 파머들은 그들 경작지의 일부를 사람과 가축 모두를 위한 작물 경작에 전념했다.

이것이 보리가 인기가 있었던 이유를 설명한다. 왜냐하면 당시에 보리가 3가지 용도로 사용되고 있었기 때문이다. 우선 보리는 밀 부족시에 빵을 만드는데 사용되었고, 다음은 맥주 주조를 위한 엿기름을 만드는데 사용되었다. 또 가축의 사료로도 사용되었다. 더구나 봄철 곡물이라 나쁜 날씨의 영향도 덜 받았다. 실제로 [표 4-14]처럼 15명의 파머 가운데 14명의 파머가 보리를 재배했다. 15가구 평균 밀 면적의 2.5배이나 파머들 사이에 편차가 크다. Thomas Toorner 처럼 보리 80 acres, 밀 20 acres, John Basset처럼 보리 10 acres, 밀 1½ acres처럼 일부 파머에게는 보리 재배면적이 압도적

[표 4-14] 1550-1588년 Oxfordshire 15파머의 작물파종 현황

이름	날짜	파종면적 (acres)			
		겨울작물	봄작물	콩과작물	합계
Thomas Coner	1550.07.14	10 밀	12 보리	7 콩과작물	29
John Sims	1553.05.16	12 밀과 호밀	35 보리	8 콩과작물	55
Andrew Smythe	1557.05.29	7 밀과 호밀	25 보리	0 콩과작물	32
Thomas Toorner	1559. ?	20 밀	80 보리		
			6 귀리	0 콩과작물	106
John Ives	1562. ?	10 밀	21 보리		
		4 마슬린	2 귀리	12 콩과작물	49
John Battene	1571.06.12.	3 호밀	5 보리		
			3 귀리	$\frac{1}{2}$ 콩과작물	11$\frac{1}{2}$
John Colles	1577.05.17.	13 밀과 마슬린	30 보리	12 콩과작물	55
Widow Cowles	1578.05.10	6 밀과 마슬린	15 보리	6 콩과작물	27
Nicholas Triplatt	1583.08.16	2 밀과 호밀	0 보리	1 콩과작물	3
Margery Carointer	1584.05.05	1 밀	22 보리	3 콩과작물	
		5 호밀			31
William Cobb	1584.08.03	7 밀	20 보리	6$\frac{1}{2}$ 콩과작물	
		1 호밀			34$\frac{1}{2}$
Richard Collins	1587.05.11.	11 밀과 호밀	18 보리	6 콩과작물	35
John Benatt	1587.05.30	1$\frac{1}{2}$ 밀	10 보리	0 콩과작물	11$\frac{1}{2}$
John Butler	1587.07.12	0 밀	1 보리	$\frac{1}{2}$ 콩과작물	1$\frac{1}{2}$
John Taubit	1588.04.30	12 밀	10 보리	9 콩과작물	31
합계		125$\frac{1}{2}$	315	71$\frac{1}{2}$	512

이었다. 그러나 Thomas Coner처럼 밀 10 acres, 보리 12 acres, John Taubit처럼 보리 10 acres, 밀 12 acres처럼 밀과 보리의 파종면적이 비슷하기도 하였다. 이 같은 차이는 종종 제시되듯이 개방경지에서 파머들이 집단적인 경작규칙(collective cropping rules)에 매이지 않았다는 것을 제시하고 있다. 일부 경우에는 전체 경구(furlong)가 아닌 개별 지조(strip)가 경작단위였을 가능성이 있다. 즉 각 파머는 그 자신의 지조에 재배하고 싶은 것을 파종했을 가능성이 있다.

귀리는 말먹이로 중요하였는데, 오직 3명의 파머만이 재배했고, 누구도 6 acres 이상은 아니었다. 그러나 귀리는 콩과작물에 의하여 대체될 수 있었는데, 이유는 이들이 사람뿐만 아니라 말, 소, 돼지의 사료로도 유용했기 때문이었다. 더구나 콩과작물은 토양의 토질유지에도 도움을 주었다. 물론 콩과작물이 공기 중의 질소를 토양 속으로 이전시키는 질소동화작용에 대한 메커니즘은 알려지지 않았으나, 토질유지의 사실은 인지하고 있었다.

9. 가축

[표 4-15]와 [표 4-16]으로 정리된 가축의 수는 Oxfordshire의 유산목록에 기록된 농경의 규모가 소규모였다는 것을 보여주고 있다.[43] 가장 많은 가축인 양의 경우는 명시된 114가구 가운데 거의 3분의 2인 72가구가 20마리 이하의 소유자이다. 소의 경우는 166가구 가운데 20가구만이 11마리 이상을 소유하였다. 말은 112가구 가운데 20가구만이 6마리 이상을 소유하였다.

43) *Household and Farm Inventories,* p. 39, table, 10-11.

[표 4-15] 양의 수

양의 수	양 소유가구
1–10	42 (36.8%)
11–20	30 (26.3%)
21–40	15 (13.2%)
41–60	10 (8.8%)
61–80	6 (5.3%)
81–100	2 (1.7%)
100 이상	9 (7.9%)
합계	114 (100%)

* 명시되지 않은 가구 수=5

가장 많은 수의 양을 소유한 사람은 1562년 7월 15일 유산의 집행이 허가된 John Ives로, ￡30. 9s. 가치의 203마리를 소유하였다.44) 양 소유자 114가구 가운데 오직 7.9%인 9가구만이 100마리 이상을 소유했고, 그 중 4인만이 120마리 이상이었다. 61마리 이상 소유자도 14.9%인 17가구밖에 안되었고, 36.8%인 42가구는 10마리 이하였다.

대다수의 파머들은 몇 마리의 젖소, 그리고 흔히 beasts, bullocks(거세한 수송아지), steers(거세한 황소)로 언급되는 몇 마리의 고기용 소를 가지고 있었으나, 종종 밭갈이작업에도 사용되었을 것이다. 92가구의 파머가 유산목록에서 쟁기를 소유하고 있었고, 이들 가운데 절반정도인 44가구가 소와 말을 같이 소유하고 있어 밭갈이작업에 같이 사용했을 것이다. 그렇지만 말만을 밭갈이용으로 사용한 경우는 37가구인데, 이들의 유산목록에 언급한 소는 암소로 표기된 젖소이거나 어린 소이며, 1가구에서만 거세한 수송아지였다. 따라서 대부분의 파머들이 황소와 말 모두를 밭갈이를 위해 사용했고, 가끔은 같은 쟁기조(plough-team)에서 작업을 했을 것으로 추정된다.

44) *Household and Farm Inventories,* no. 10, p. 51.

[표 4-16] 소와 말

규모	소 소유가구	말 소유가구
1–5	100 (60.2%)	91 (81.2%)
6–10	46 (27.7%)	19 (17.0%)
11–20	18 (10.9%)	2 (1.8%)
20 이상	2 (1.2%)	0
합계	166 (100%)	112 (100%)

* 명시되지 않은 소 소유가구 수 = 5
* 명시되지 않은 말 소유가구 수 = 4

거세하지 않은 황소(bull)를 소유한 파머는 매우 적어, 1559년 1마리의 bull을 소유한 Thomas Toorner의 경우가 오히려 예외적이라 할 수 있다. 대부분의 마을에서는 공동으로 거세하지 않은 황소를 소유했고, 교구사제가 사육의 의무를 부담하기도 했다. 자신의 소를 공동 가축과 분리하여 기를 수 있었던 사람은 인클로즈된 토지를 가졌던 몇몇 파머들이었으며, 이들은 자신의 bull을 기르며 자신이 소유한 소의 품종개량을 시도할 수 있었을 것으로 추정된다. 그렇지만 유산목록을 남긴 누구도 소를 전문적으로 사육했다고 언급되지 않는다. 1578년 5월 13일에 유산목록을 남긴 Ralph Newbury가 가장 많은 소를 소유했는데, 그 조차도 33마리 소 가운데 완전히 성장한 소는 14마리뿐이었다.45)

말 역시 다른 동물들과 마찬가지로 자세히 묘사되지 않으나, 간혹 1577년 8월 8일 작성된 William Bruce처럼 "한 마리 종마 (a Whyte stone horsse)", "a baye sorrell horsse" 등으로 좀 자세히 기록한 경우도 있다. 이 말들은 밭갈이용이 아니었는데, William Bruce의 가축목록에는 "4 plowe Oxen"도 있었기 때문이다.46) 말을 소유

45) *Household and Farm Inventories,* no. 8, p. 48; no. 48, pp. 91-4.

한 112가구 가운데 81.2%인 91가구가 5마리 이하로, 대부분의 파머들이 소수의 말만 소유하고 있었다. 11마리 이상 소유자는 2가구뿐이었고, 20마리 이상은 한 가구도 없었다. 그 결과 밭갈이를 위해서 소규모 파머들은 그들 이웃과 쟁기조를 공유했거나, 혹은 큰 파머에서 빌렸을 것이다. 반대로 대규모 농사를 짓는 파머들은 가난한 이웃에서 추수와 건초작업의 도움을 받고, 반대급부로 그들의 밭갈이를 도왔을 것이다.

46) *Household and Farm Inventories,* no. 36, p. 77. 'stone horsse'는 종마(stallion)를 의미하고, 'sorrell horsse'는 흰 적갈색과 노란 밤색 사이의 색깔을 띠며 붉은 색이나 흰색의 갈기와 꼬리를 가진 말을 의미한다.

5장
16~17세기 킹스 랭글리

Kings Langley는 Hertfordshire에 속하는 촌락 교구이다. 본서 5장에서 다루는 유언장과 유산목록들은 Huntingdon 부주교구 관할의 것이며, 여기에 보관된 문서들은 Hertfordshire의 광범위한 지역에서 작성된 것들로 현재 Hertford에 보관되어 있다.

이 문서들은 1498~1659년 사이에 작성된 148인에 관련된 것들로, 유언장이 124건, 유산목록이 54건, 회계문서 1건이다. 이 문서들은 1981년 Lionel M. Munby에 의하여 편집되어 출판되었다.[1)]

1장에서 설명한 바와 같이 유언장이 존재하는 경우, 유언집행인이 사망자의 유언장과 그의 동산에 대한 조사서인 재산목록을 해당 교회법정에 제출했다. 교회법정은 그 재산목록에 라틴어로 제출됨('exhibited')이라고 배서를 하여 유언장 사본과 함께 유언집

1) Lionel M. Munby, ed., *Life and Death in Kings Langley: Wills and Inventories 1498-1659*, Kings Langley Local History & Museum Society (Herts, England), 1981. 이하 *Kings Langley Wills and Inventories*로 약하여 표기함.

행인에게 교부하였다. 유언장 없이 사망했거나 또는 유언장 없이 죽어갈 때에는 증인들 앞에서 망자의 뜻이 말로 공표되었는데, 더 복잡한 절차가 뒤따랐다. 이 경우에는 가까운 친척이 교회법정에 출두하여 사망자의 문제처리 허락을 요청하며, 구두유언장이 증거로 제출되었다. 교회법정은 유언집행자가 되고자 하는 사람으로부터 보증금(a bond)을 받았다. 그것은 대부분의 경우 ￡20~￡50 사이로 Kings Langley의 경우 ￡10에서 ￡400 사이의 범위였다.[2)]

보증금을 제출하고 떠맡은 집행인의 임무는 구두유언을 한 사망자의 동산을 정직하게 집행하는 것이다. 교회법정에 의하여 집행인으로 지명된 자는 보증금을 반환받기 이전에 망자의 유산 집행에 대한 회계문서를 법정에 제출해야 했다.[3)] .

Kings Langley 교구의 유언장에는 특히 사망자의 종교적 태도가 잘 드러나고 있다. 즉 사후 자신의 영혼에 대한 유탁(bequeathing the soul), 자선 유증(charitable bequests), 장례(burials)에 대한 내용들이다. 다음은 이 문제들에 대하여 살펴보자.

1. 종교적 태도

1) 영혼의 위탁

1498년 교황의 침실담당 시종이었던 Lessy Richard의 유언장을 통하여 우리는 종교개혁 이전의 가톨릭 신앙에 대한 완전하고 공식적인 표현을 접할 수 있다.

---

2) *Kings Langley Wills and Inventories*, no. 116, pp. 102-03; no. 134, p. 127.
3) *Kings Langley Wills and Inventories*, no. 95, p. 85; no. 102, pp. 91-2.

"전능하신 하나님, 축복받은 삼위일체인 성자 성부 성신이신 삼인과 일신의 이름으로, 우리의 가장 자비로운 구원자 예수 그리스도의 어머니이신 가장 축복받고 가장 영광스런 동정녀 우리의 성모 마리아님의 중재와, 가장 영광스런 대천사 성 미가엘과 성처녀 성 캐서린, 하늘의 모든 성인들과 나의 수호성인들의 원조와 도움을 완전히 믿사옵니다."[4]

즉, 종교개혁 이전의 가톨릭 신앙에 대한 서술의 완전한 형태는 '전능하신 신', '성모 마리아', '하늘의 성스런 성인들'이 등장한다. 그렇지만 1498년 다음에 존재하는 1523년에서 1532년 사이의 10건의 유언장에는 간단한 형태로 등장한다. 즉, '동정녀 마리아(the Virgin Mary)'와 '하늘의 축복받은 자' 또는 '하늘의 성인들'이 '예수 그리스도'나 '전지전능한 신'과 같이 사용되었다. 요먼인 Ralph Ewer는 "축복받은 삼위일체(the blessed Trinity)"라고 서술하였다.[5]

이 같은 서술의 형태에서 벗어난 처음의 유언장은 1533년 9월 9일의 William Waspis의 것으로, 동정녀 마리아가 빠져 있다. 1537년 8월 8일의 John Basse의 유언장에는 동정녀와 하늘의 성인들이 모두 생략되었다. 1539년 2월 8일 교구목사였던 Sir Christopher Pickering의 유언장에는 간단히 "전능하신 신에게 영혼을 맡긴다"라고만 기술되어 있다.[6]

이후 20년 동안은 당시 헨리 8세의 이혼에서 야기된 종교개혁과 새로운 교리의 강요에 의해서 정통적인 강조의 표현이 자주 바뀌었다. 이때부터 17건의 유언장이 변화를 반영하고 있으나, 항상 국교도의 것은 아니었다. 종교개혁 이후에 개혁 이전의 형태로

---

4) *Kings Langley Wills and Inventories*, no. 1, p. 1.
5) *Kings Langley Wills and Inventories*, no. 12, p. 11.
6) *Kings Langley Wills and Inventories*, no. 10, p. 10; no. 13, p. 11; no. 14, p. 12.

작성된 것이 헨리 8세 때 7건 중 3건의 유언장에서, 에드워드 6세 때 2건 중 1건에서 발견된다. 메리 1세 때 만들어진 7건에서는 모두 전능하신 신과 하늘의 성인들을 포함하고 있으나, 동정녀는 4건에서만 표기하고 있다.

유언장에 서술된 종교적 전문(preamble)의 표현이 누구의 생각인가에 대해서는 논란이 되어 왔다. 사제나 대서인 혹은 증인들의 생각이라는 주장이 있으나, Kings Langley의 경우로 보면 반드시 그런 것만은 아닌 것 같다. 예컨대 1539년 교구목사였던 Sir Christopher Pickering의 유언장에는 '전능하신 신'만이 표현되어 있고, '성모 마리아', '하늘의 성스런 성인들' 등 정통파 가톨릭 신봉자의 표현이 생략되어 있다. 그가 증인인 된 4건의 유언장 가운데 2건의 유언장은 정통파 가톨릭 신봉자의 표현을 사용했으나, 2건은 그렇지 않다.[7] 역시 교구목사였던 Sir John Ingworth는 1540년 10월부터 1554년 1월까지 유언장의 증인이었다. 대부분의 유언장은 완전한 3부의 정형화된 문구를 선호하나, 동정녀 마리아가 생략되거나 전능하신 신만을 언급하기도 하였다. 종교개혁 이전의 완전히 정형화된 문구를 포함하고 있는 유언장의 마지막은 1558년 10월 7일 Ralph Ewer의 것으로[8], 이는 엘리자베스 1세 여왕의 취임 6주 전에 작성된 것이었다.

그 후 처음 작성된 유언장은 1561년 1월 17일 John Weedon의 것으로, "내 영혼을 나의 창조주이며 구세주(my maker saviour and redeemer)이신 전능하신 신의 손에 맡깁니다."라고 표현되어 있다.[9] 이 표현이 나머지 대부분의 유언장에서 나오는 문구이다. 창

---

7) 정통파 가톨릭 신봉자의 표현은 *Kings Langley Wills and Inventories*, nos. 9, 10이고, 여기서 벗어난 표현은 nos. 11, 13에서 사용하였다.

8) *Kings Langley Wills and Inventories*, no. 31, p. 24.

9) *Kings Langley Wills and Inventories*, no. 32, pp. 24-5.

조주의 표현은 'creator' 대신 종종 'maker'로 표현되었다.

예수 그리스도와 전능하신 신을 결합한 표현이 처음에 나타난 것은 1572년 2월 14일 농부인 John Payne의 유언장이다. "나는 나의 영혼을 신의 손에 맡기며, 예수 그리스도의 죽음에 의하여 구원될 것을 믿습니다." 1587년에서 1627년 사이에 교구목사인 Gregory Grover가 증인이 된 9건의 유언장 가운데 1599년 12월 19일 요먼인 Nicholas King의 유언장에서만 예수 그리스도가 생략되고 있다.[10)]

1627년 12월에 사망한 Gregory Grover 자신의 유언장은 사위이며 다음 교구사제인 John Southen이 증인이 되고 있는데, Gregory Grover가 선호했던 완전한 문구의 버전을 포함하고 있다. "나는 나의 중재자(Mediator)이며 유일한 구원자이신 예수 그리스도의 공덕 안에서 그의 자비를 통하여 나의 구원에 대한 생생한 믿음을 확신하며, 나의 영혼을 나의 창조자이신 전능하신 신의 손에 맡깁니다."[11)] 중재자라는 표현은 Grove가 그리스도를 묘사하는 선호했던 단어였다.

1580년대와 1590년대에 작성된 일부 유언장에는 삼위일체의 표현과 더불어 캘빈주의자의 예정설에 대한 믿음을 표현하기도 했다. 삼위일체를 표현한 유언장은 1585년 6월 26일 작성되고, 1587년 8월 12일에 안장된 젠틀맨 John Kettell의 것이다.

> "나는 내가 태어나서 죽은 순간까지 생각과 말과 끔찍한 행위로 저지른 수많은 잘못과 모든 죄를 용서받고 면제받기 위하여, 내 영혼을 진심으로 가장 진지하게 갈망하시는 나의 창조주이신 하늘의 아버지, 그의 가장 고귀한 피로 나와 세상 모두를 구하신 그의 아들 예수 그리스도, 그리고 나를 지키시는 성신이신 삼위일체

10) *Kings Langley Wills and Inventories*, nos. 34, 47, pp. 26, 40.
11) *Kings Langley Wills and Inventories*, no. 85, p. 74.

(Trinity)의 전능하신 신의 대자비에 맡깁니다. 그리고 나의 유일한 희망과 믿음은 우리의 유일한 구원자인신 예수 그리스도의 죽음과 고난과 피 흘리심에 의하여 그것들이 모두 용서되고 면제되는 것입니다. 그리고 나는 하늘의 선택받은 무리(the elect company of heaven)에 속할 것입니다."[12)]

John의 아들 George Kettell은 1591년 7월 15일 유언장을 작성하였는데, 삼위일체를 '성부(the Father) 성자(the Son) 성신(the Holy Ghost), 하나의 진실하고 영원하신 신'으로 언급하고 있다.

"나는 나의 영혼을 성부, 성자, 성신이시며, 하나의 진실하고 영원하신 신의 손에 맡깁니다. 나는 이미 나의 영혼을 창조하시고 구원하시고 축성하신 신께 … 마찬가지로 나의 영혼을 나의 육체와 갈라놓으실 때 신께서 약속하신 바처럼, 빛으로써 축성하여 영광되게 하실 것을 가장 겸손히 간청합니다."[13)]

위 두 사람의 유언장은 Kings Langley에서 캘빈주의자의 강한 믿음을 나타내는 유일한 사례로, 'the company of heaven'을 묘사하기 위하여 사용된 'elect'라는 말은 종교개혁 이전의 'blessed', 'glorious', 'holy' 와 뚜렷이 대비된다.

성신(Holy Ghost)을 언급한 유일한 다른 유언장은 1616년 4월 1일 작성되고 1616년 4월 11일에 안장된 수레바퀴공인 James Mutchett의 것이다.

"나는 나의 영혼을 신의 공덕으로 자비를, 그의 죽음으로 영광을, 그리고 영생하는 삶을 물려받은 자들의 하나가 되기를 희망하면

---

12) *Kings Langley Wills and Inventories*, no. 37, p. 29.
13) *Kings Langley Wills and Inventories*, no. 40, p. 34.

> 서, 나의 창조자이신 전능하신 신, 나의 구원자이신 아들 신, 그리고 나의 축성자이신 성령의 신의 손에 맡깁니다."[14]

종교개혁 이후 대부분의 유언장에는 '내 영혼을 나의 창조주이며 구세주이신 전능하신 신의 손에 맡깁니다'처럼 표현되어 있다. 따라서 위 세 사람의 유언장은 유언장 작성자의 견해가 반영되었음에 틀림없다.

유언장에는 유언장이 만들어지던 임종시의 상황을 생생하게 제공하기도 한다. 예컨대 Daniel How와 Seth Partridge가 증인이 되었던 1648년 8월 31일 유언장을 작성하고 1648년 10월 1일 안장된 요먼 John Lee의 유언장에는 다음과 같이 기록되어 있다.

> "내 자신의 이 변화하는 삶의 불확실성, 갑작스런 죽음, 병환이 위중할 때 유언장 작성의 부적합성을 고려하여, 정신이 완전하고 상쾌히 일에 매진할 수 있을 때 나의 이 마지막 유언장을 다음과 같이 작성합니다."[15]

다른 유언장에는 동일한 표현이 등장하지 않으나 아마도 유언장 작성일과 사망일 사이에 간격이 있는 당대의 다른 사람들도 같은 생각이었을 것이다. 심신이 완전할 때 유언장을 작성하여 영혼의 위탁과 안장, 그리고 세속사의 처리를 부탁하고 지시했을 것이다.

2) 장례

유언장에는 영혼을 전능하신 신에게 맡긴 후, 다음에는 유언장

---

14) *Kings Langley Wills and Inventories*, no. 65, p. 59.
15) *Kings Langley Wills and Inventories*, no. 135, p. 128.

작성자의 육체 처리에 대하여 언급하고 있다. 이는 공동체에서 차지하는 유언장 작성자의 사회적 지위를 나타낼 뿐만 아니라 종교적 믿음에서의 변화도 드러내고 있다. Kings Lanley 교구의 경우 1656년 4월 26일에 작성된 마지막 유언장을 제외하고는 모두 사후에 자신의 육체 처리에 대한 희망을 구체적으로 적고 있다.

사제와 사회적으로 중요한 인사는 교회의 성단소(聖壇所, chancel)에 매장될 것을 기대하였다. 1498년 2월 15일 교황의 침실 담당 신부였던 Richaard Lessy는 "만약 내가 런던의 Charterhouse에서 5마일 내지 7마일 이내에서 사망하면 내 육체는 Charterhouse의 회랑(cloister)에 매장되기를 원하며, 만약 다른 곳에서 사망하면 Cathedral Church Monastery College 혹은 나의 시신이 위치한 인근의 수도원에 매장되기를 희망"하였다. 1528년 기사인 Sir Ralph Verney는 "나의 육체는 kings Langley의 Friars Church에 매장되기를 원합니다. 그 곳은 나의 유언집행인이 가장 최적의 장소라 생각할 것입니다"[16]라고 기록하였다.

1531년 8월 4일 요먼인 Richard Seman은 그의 육체가 "kings Langley의 Friars Church의 회랑이나 그 교회에" 매장되기를 요청하였고, 1539년 2월 8일 vicar인 Sir Christopher Pickering은 "랭글리 교구의 회랑"에 매장되기를 요청하였다. 1627년 12월 14일에 안장된 교구목사인 Gregory Grove는 "나의 유언집행인의 판단에 의해서 Kings Langley 교회나 교회의 뜰에 매장되기를" 요청하였다. 그런가 하면 1541년 10월 26일 유언장을 작성한 Owen John 역시 Kings Langley 교회의 회랑에 묻히기를 요청하였는데,[17] 그가 어

16) *Kings Langley Wills and Inventories*, nos. 1, 8, pp. 1, 8.
17) *Kings Langley Wills and Inventories*, nos. 9, 14, 85, 17, pp. 9, 12, 74, 14.

떤 자격으로 그 같은 요청을 하였는지 알 수 없다.

유언장을 작성한 교구민들 가운데 3인의 속인이 성단소에 매장되기를 요청하였다. 1555년 10월 29일 유언장을 작성한 에스콰이어 William Ibgrave는 "Langley의 성단소 안에 묻히기를" 원하였고, 1631년 11월 12일 유언장이 작성된 젠틀맨 Christopher Potkyn은 "내 아내의 근처인 Kings Lanley의 성단소에 묻히기를" 원하였다. 그리고 1656년 2월 28일 유언장이 작성된 미망인 Mary Dixon 또한 "내 유언집행녀의 판단에 따라 Kings Langley의 교구교회의 성단소에 묻히기를" 원하였다.[18]

9인이 더 교회에 매장되기를 요청하였다. 예컨대 1587년 8월 12일 매장된 젠틀맨 John Kettell는 "가능한 고인이 된 나의 사랑하는 아내 Katherine Kettell의 옆에 나의 자리를, 아니면 Kings Langley의 교구교회의 북쪽 부분에 있는 예배당 가족석(pew) 근처에 묻히기를 원합니다"라고 유언장에 기술하였다. 그런가 하면 1642년 1월 16일 매장된 요먼 John Carter는 "고인이 된 나의 부친 John Carter의 묘소 옆인 Kings Langley 교회에 묻히기를" 원하였다.[19]

이들 외에도 11인이 교회나 교회의 뜰에 매장되기를 요청하였는데, 자신들의 요구에 대하여 확신하지는 못한 듯 하나 희망적으로 생각했던 것 같다. 53건의 유언장에는 교회의 뜰로 기록되어 있다. 그 가운데 일부는 교회 뜰의 "내 친구들 옆에" 또는 "내 아내 옆에" 묻어달라고 요청하기도 하였다.[20]

가톨릭에서 프로테스탄트로 문구가 바뀐 최초의 유언장은 1544년 11월 2일 작성된 King Langley Friar의 마지막 수도원장이었던

18) *Kings Langley Wills and Inventories*, nos. 28, 96, 144, pp. 21, 86, 141.
19) *Kings Langley Wills and Inventories*, nos. 37, 119, pp. 29, 106.
20) *Kings Langley Wills and Inventories*, nos. 26, 101, pp. 20, 90.

Richard Ingworth의 것으로, 간단하게 프로테스탄트 믿음의 문구로 표현되고 있다.

> "전능하신 신께서 나의 영혼을 그의 자비의 품으로 받아주시고, 내 육체는 신을 기쁘게 해드리고 나의 집행인이 지정한 곳에 매장되기를 기원합니다. 그리고 내가 매장될 곳을 위하여 20실링을 증여합니다."21)

가톨릭 신앙의 여왕 메리 1세의 통치기간인 1554년 7월 2일 유언장을 작성한 Nicholas King의 경우는 "나의 영혼을 전능하신 신께, 그리고 하늘의 축복받은 무리들께" 위탁하고 그의 육체가 간단히 "기독교식의 장례로(christian buryall)" 안장되기를 원했다. Nicholas King의 경우를 통하여 우리는 16세기 중엽 종교개혁의 혼란 속에서도 일부 영국의 주민들은 중앙정부의 의지와는 배치되는 개인의 종교적 소신을 고수했던 것을 알 수 있다. 유언장 작성자의 육체가 "기독교식의 장례로" 안장되기를 원한다는 표현은 1624년에야 다시 나타나고 있다.22)

종교개혁 이후 나타나는 새로운 경향은 부활에 대한 강조이다. 이 같은 경향은 1580대부터 점점 더 많은 유언장에서 보여준다. 예컨대 1587년 1월 26일 유언장을 작성하고 1587년 8월 12일에 묻힌 젠틀맨 John Kettell의 유언장에는 다음과 같이 기술되고 있다.

> "나의 육체에 관해서는 나의 생명과 영혼이 육체에서 분리가 된 후, 나는 내 육체를 전지전능한 신이 그것을 다시 일으켜 즐겁게 부활시킬 때까지 머물며 살게 될 육체가 왔던 땅에 맡깁니다."23)

---

21) *Kings Langley Wills and Inventories*, no. 18, p. 14.
22) *Kings Langley Wills and Inventories*, nos. 27, 78, pp. 21, 69.
23) *Kings Langley Wills and Inventories*, no. 37, p. 29.

요먼인 George Miller 등도 유언장에서 부활을 언급하고 있다. 또 1590대부터 무덤 장소를 교회나 교회뜰로 희망한 거의 모든 유언장은 단순히, “기독교식으로 매장되기를”, “장례식의 보편적인 관습”에 따라, 또는 “내 유언집행녀의 판단에 따라” 묻히게 되기를 원하였다. 이 같은 새로운 경향 역시 아마도 육체의 부활에 대한 강조를 반영하는 것 같다.[24)]

3) 자선유증

당대인들의 사고의 변화는 유언장에 남겨진 자선유증에서도 찾아볼 수 있다. 종교개혁 이전에는 일반적으로 교구교회의 높은 제단에 봉헌하기 위하여, 무심하게 잊어먹은 십일세를 위하여, 그리고 여러 제단 앞에 촛불을 밝히거나 교회의 수리를 위하여 유증을 했다. 이 같은 유증이나 헌납은 16세기에 교구교회가 어떤 곳이었는가에 대하여 생생한 인상을 제공한다.

> “나는 Kings Langley 교회에 무심히 잊은 십일세와 의무를 위하여 8d.를 유증하고, … 모교회(mother church) Lincoln에 2d. … 성모에 촛불을 위해 2d. 성 안나와 성 막달라 마리아에 촛불을 위해 2d. … 같은 교회의 횃불을 위해 2d. … 나의 대부인 sir Christofere Pykerine이 나와 나의 친구들을 위하여 기도하도록 한 마리 양을 … 교회를 위하여 사용하도록 놋쇠 냄비 1점 … 교구 교회의 수선을 위하여 6s. 8d. … 언급한 Langley의 세례자 성 요한 형제단을 위하여 밀 3 부셀을 유증합니다.”[25)]

---

24) *Kings Langley Wills and Inventories*, nos. 60, 41, 73, 133, pp. 55, 34, 66, 126.

25) *Kings Langley Wills and Inventories*, no. 11, p. 10.

교구교회는 모든 성인들이 모셔진 곳이며, 성 안나(St. Anne), 성 막달라 마리아(St. Mary Magdalene), 성 요한(St. John)의 예배당이 추가적으로 모셔진 곳으로, 각각의 제단 모두에 촛불이 남겨져 있다.

성 요한 예배당은 종교길드인 형제단을 갖고 있는데, 위 예문처럼 1532년 2월 14일 요먼인 Robert Aldwyn은 3부셀의 밀을 남겼다. 벽감(niche)이나 성합(tabernacle)에는 동정녀 마리아상이 있었다. 1527년에는 동정녀 마리아상에 금박을 위해서 10s.이 남겨졌으며, 같은 해 성합에 금박을 위해서 3s. 4d.가 남겨졌다.[26]

1523년 9월 6일 삼위일체에 바쳐진 복도에는 농부인 Thomas Carter가 수선을 위해서 좋은 양 2마리가 남겼는데, "최근에 지어져 교회 안에 안치된"이라고 묘사되어 있다. 1527년 11월 17일 William Carter는 "축복받는 삼위일체의 새로운 둥근 천장(vault)"의 보수를 위해서 6s. 8d.를 남겼고, 같은 해 9월 24일 William Marke는 "강단 후면자리(rood loft)의 마감과 금박을 위해서" 10s.을 남겼다.[27]

1531년 9월 23일 요먼인 Ralph Ewer은 종을 위해서 1s.을 남겼고, 1532년 2월 14일 요먼인 Robert Aldwyn은 "성당의 사용을 위해서" 놋쇠냄비 1개를 남겼다. Robert Aldwyn은 교회의 수선을 위해서 6s. 8d.를 남겼는데, 1541년 10월 26일 Owen John 역시 교회의 수선을 위하여 ￡1를 남겼다.[28]

킹스 랭글리의 수사단 (the house of the Friars of Kings Langley)이 우리들이 다루는 유언장의 초기 시기인 16세기 중엽에 2건의 유언장을 통하여 토지와 돈을 증여받았다. 1528년 1월 10일 기사

---

26) *Kings Langley Wills and Inventories*, nos. 6, 5, pp. 7, 6.
27) *Kings Langley Wills and Inventories*, nos. 2, 6, 5, pp. 3-4, 7, 6.
28) *Kings Langley Wills and Inventories*, nos. 12, 11, 17, pp. 11, 10, 14.

(knight) Sir Ralph Verney가 10마르크 (￡6. 13s. 4d.) 가치의 토지를 "그의 영혼과 그의 처, 부모, 그리고 다른 그의 친구들의 영혼을 위해서 매일 미사 성가를 불러 주도록" 사제에게 기증하였다. 그는 교구교회에는 아무 것도 남기지 않았다. 또 1531년 8월 4일 요먼 Richard Seman은 수사단과 교구교회 모두에 "만가와 미사"를 위해서, 그리고 "나의 장례식에 참여한 보는 수사들에 주기 위해서" 돈을 남겼다. 교구사제(vicar)에게는 "가장 좋은 가운"이 그의 영혼을 위해 기도해 주도록 기증되었고, 수사단 교회와 교구교회 제단을 위한 옷을 위해 많은 천이 증여되었다. 그리고 일반적인 증여가 교구교회와 Lincoln교회를 위해서 이루어졌다.29)

엘리자베스 1세 여왕의 왕위계승 이전에 만들어진 유인장 가운데 5건의 유언장만이 교회에 유증이 없었다. 2건은 에드워드 6세 때에 만들어진 유언장이고, 2건은 메리 1세 때에 만들어진 유언장이다. 메리 1세 때에 만들어진 7건의 유언장 가운데 2건의 유언장에서 촛불을 위한 유증이 있다.

엘리자베스 승계 이후에는 전체 기간에 걸쳐 2건의 유언장에만 교회에 유증이 있다. 그 가운데 하나가 1585년 6월 26일 젠틀맨 John Kettell의 유언장인데, ￡1를 교구의 빈자와 교회에 유증하였다. 일부는 종치기나 서기에게 남겼다. 예컨대 1624년 11월 6일 요먼 Thomas King은 종치기에게 3s. 4d.를, 서기에게 3s. 4d.를 남겼다.30)

일부 자선 유증은 직접 사제에게 갔는데, 1591~1644년 사이에 작성된 11개 유언장에서 그러했다. 예컨대 1618년 1월 10일 미망인 Elizabeth Carter가 밀 1 부셀을 Langley 수도원의 교구사제인 John Lewes에게 남겼다. 1624년 11월 6일 요먼인 Thomas King은 교구사

29) *Kings Langley Wills and Inventories*, nos. 8, 9, pp. 8-9.
30) *Kings Langley Wills and Inventories*, nos. 37, 79, pp. 29-32, 70.

제 George Grove에게 "6s. 8d.와 my pistol bottle"을 증여했다.[31]

기부의 대부분은 현금이었는데, 규모는 3s. 4d에서 ￡2 사이였다. 1609년 10월 9일 요먼 George Miller, 1637년 5월 5일 역시 요먼 William Cocke, 그리고 1641년 2월 26일 마찬가지로 요먼 John Carter는 "나의 장례식 설교"를 위해서 돈을 남겼고, 1644년 5월 25일 요먼 William Knight는 매 부활절 월요일 설교를 위해서 매년 ￡1씩을 남겼다.[32] 이처럼 설교를 위해서 현금을 유증했던 것은 King Langley의 초기 유언장에서 미사 성가를 위해서 사제에게 기증했던 것과 뚜렷이 대비가 되고 있다.

종교개혁 이후 자선의 형태에서 큰 변화는 자선의 목적이었는데, 주 방향이 세속적인 것으로 바뀌었다. King Langley 교구의 유언장에서는 다른 교구에서 흔히 보이는 도로보수나 교육을 위한 유증은 보이지 않는다. 그렇지만 빈자를 위한 유증이 1571～1652년 사이에 작성된 유언장 109건 가운데 23건에서 나타난다. 이는 그 이전에는 1550년에 작성된 유언장 1건에서만 나타나는 것과 대비가 된다.[33] 23건의 유언장을 남긴 사망자의 신분은 젠틀맨 3인, 요먼 12인, 교구사제 1인, St. Albans의 시민 1인, 농부 1인, 독신남 1인, 하녀 1인, 미망인 2인 신분 미상 1인이다. 노동자와 상인 및 장인은 없다.

---

31) pistoll bottle, 일명 dram bottle은 주머니에 넣고 다닐 수 있는 것으로, 당대에는 여행에 필수품으로 생각되었다. *Kings Langley Wills and Inventories*, nos. 71, 79, pp. 64, 70.

32) *Kings Langley Wills and Inventories*, nos. 60, 108, 119, 126, pp. 54-5, 95-6, 106, 115-18.

33) Kings Langley 교구의 유언장은 no. 32는 1561년 1월 17일 작성된 것이고, no. 33은 1571년 1월 8일 작성된 것이다. 따라서 그 사이 10년 사이의 유언장은 존재하지 않는다. 1570년대 이전 빈자에게 자선 유증을 남긴 유일한 유언장은 1550년 10월 20일 William Bennynge의 유언장으로, 4d.를 남겼다. *Kings Langley Wills and Inventories*, no. 24, p. 19.

빈자들에게 남긴 유증은 정상적으로는 현금이었다. 일부 유언장 작성인은 유언집행인이 자선으로 분배하기를 기대했다. 또 일부는 사제, 교구위원, 빈민감독관에게 남기기도 하였다. 일부는 자신의 장례식 날 분배하도록 명시했고, 나머지는 특정한 날을 지정하였다. 1571년 1월 8일 유언장을 작성한 농부 Richard Aldwyn은 밀 1쿼터를 남겼는데, 4부셀은 그가 사망한 1달 이내에 분배하고, 나머지 4부셀은 다음해 12월 21일에 분배하도록 명기하였다. Richard Aldwyn은 빈자를 위해 유증을 한 유일한 농부였고 또 화폐가 아닌 다른 것으로 유증을 한 유일한 사람이었다.

2. 상속

유언장을 통하여 우리는 당대의 유언자가 가족과 친척 친구들에 대하여 어떤 태도를 취했는가에 대하여 이해할 수 있다. 그 같은 태도가 유언장에는 2가지 방법으로 나타나는데, 하나는 유언집행인의 선정이고 다른 하나는 유증에서이다.

1) 유언집행인

관련된 112건의 유언장 가운데 88건의 유언장에서 유언집행인(executor)을 1명만 지명하고 있다. 나머지 21건의 유언장에서는 2명, 3건의 유언장에서는 3명이다. 유언집행인이 1명인 88건의 유언장 가운데 48건은 1인이나 그 이상의 감독인(overseer 혹은 supervisor)에 의해서 보조되었다. 감독인의 기능은 1633년 6월 30일 유언장을 작성한 요먼 John Goulde의 유언장에서 잘 묘사되어 있는 것처럼, 유언집행인에게 필요한 충고와 조언을 하는 것이었다.

> "나의 사랑하는 친구들인 Langley 교구의 젠틀맨 Thomas Childe, Watford의 Raphe King, Hemsted의 John Gaze를, 필요해서 요구될 경우 여러 상황에 따라 그들이 최선의 충고와 조언으로 내 사랑하는 아내를 돕게 하기 위하여 감독인으로 지명합니다."[34)]

감독인의 이름이 거명된 79건 가운데 29건이 유언인의 친척이 확실하다. 나머지 50건은 많은 수가 종종 친구나 이웃으로 기술되었는데, 그 가운데에 친척이 있을 가능성도 있다.

유언집행인으로 가장 많이 지명된 사람은 아내와 아들이다. 결혼한 사람의 유언장 70건 가운데 아내가 유언집행인으로 지명된 경우가 48건이고, 아들이 지명된 경우가 39건이다. 그 가운데 아내가 단일 유언집행인으로 지명된 경우가 36건이고, 아들이 단일 유언집행인으로 지명된 경우가 26건이다. 3건은 어머니, 5건은 딸, 7건은 사위가 단독 혹은 다른 사람과 공동 유언집행인으로 지명되었다.

아내, 딸, 어머니, 아들, 사위 외에 유언집행인 된 경우는 20건 미만이다. 10여건의 유언장에서는 다른 친척으로, 형제, 매부, 조카, 손자 등이다. 8건의 유언장에서는 친구가 유언집행인이다. 그 가운데 4건은 사제, 1건은 '내 하인과 더불어', 1건은 '내 여자 친구 혹은 친척과 더불어', 1건은 친구가 '친구 하인'으로 표기되어 있고, 1건은 친구가 '좋은 주인'으로 표기되어 있다.

2) 재산 유증

유언인의 재산이 가족에게 유증된 것은 자연스런 현상이었다.

---

34) *Kings Langley Wills and Inventories*, no. 99, p. 90.

여기서 가족이란 아내, 아들, 딸, 부모, 형제, 자매, 며느리와 사위에 한정해서 논하며, 그 외에는 친척으로 정의해서 논한다. 정상적으로 유언장을 작성한 70명 모두가, 그리고 구두유언장을 작성한 3인 모두가 그들의 아내에게 유산을 남겼다. 2건의 경우에는 아내가 이미 받았다는 내용이 유언장에 포함되어 있다.

전체 124건의 유언장 가운데 90건의 유언징에서 아버지나 또는 어머니로부터 자녀들이 유산을 받았다. 13건의 유언장에서는 사위가 받았으나, 며느리의 경우는 드물고 작은 유산이다. 아버지나 어머니에게 유산을 남긴 경우는 거의 없었고, 형제에게는 9건의 유언장에서 자매에게는 11건의 유언장에서 유산을 남겼다.

앞서 살펴본 바와 같이 아내보다는 아들이 유언집행인으로 지명되는 경우가 적었다. 게다가 유산도 아들에게 적게 남겨졌다. 재산이 아내보다 아들에게 적게 남겨졌던 현상을 이해하기 위해서는 당대의 상속관습에 대한 이해가 필요하다. 당시의 관습은 자유지의 3분의 2만이 유언장으로 유증될 수 있었다. 나머지 3분의 1은 가장 가까운 상속인의 권리였는데, 그가 바로 아내로 아내는 남편 재산의 3분의 1을 이른바 '과부산(dower)'으로 받을 권리가 있었다. 장원법정에서는 등본보유지의 상속인에게도 이 같은 원칙을 적용했고, 이것이 유언장 작성자에게 재산처분에서 여러 제한을 가하였다. 영주의 입장에서는 이상적인 유산상속은 재산이 나누어지지 않고 한 아들에게 상속되는 것이었으나, 실제는 그렇지 않았으며 Kings Langley의 경우에도 복잡성을 드러내고 있다.

'과부산'을 제외하고는 대체로 자녀들의 몫이었다. 물론 상속인이 항상 장자는 아니었다. 새로운 부를 창출할 수 있었던 시대와 지역에서는 많은 젠틀맨과 요먼들이 자신들이 구입한 새로운 재산을 그들의 아들들에게 물려주었고, 자신의 재산이나 농장을 차자 이하나 막내에게 물려주는 것도 드물지 않았다.

이런 관행은 많은 유언장에서 차자 이하의 아들들에 대한 재산 유증에 대한 설명에 도움이 된다. 그러나 유언장만으로는 장자상속제나 분할 상속제 또는 말자상속제 어느 것이 가장 보편적이었는지를 알 수가 없다. 이유는 유언장은 다음 세대에 대한 재산상속의 마지막 단계만을 나타내기 때문이다.

> "사람들은 종종 사망 오래 전에 상속을 결정했다 - 일부 자녀(살아 있는 것으로 알려진)는 빠져있거나, 또는 1s.처럼 상징적으로 남기는 것을 … 보는 것은 드물지 않다. 이것은 그들이 이미 살아 있는 동안에 재산을 받은 것을 나타내는 듯하다. … 또는 딸들인 경우는 그들에 불만이 있다는 것은 나타내기보다는 결혼지참금을 제공했다는 것을 나타내는 것 같다."[35]

한 아들이 유언집행인인 경우에는 그는 항상은 아니었으나 대체로 장자였다. 1639년 1월 9일 유언장을 작성한 바퀴제조공 John Carter, 1646년 3월 19일 유언장을 작성한 요먼 John King, 1648년 8월 31일 유언장을 작성한 요먼 John Lee 같은 일부 경우에는 분명히 장자로 서술되어 있다.[36] 1557년 5월 28일 유언장을 작성한 에스콰이어 William Ibgrave는 "나의 아들이며 상속인"으로 표기하여 포괄적으로 서술하고 있다.[37]

그러나 다른 경우에는 유언집행인이 분명히 장자가 아니었던 경우도 있다. 예컨대 1554년 1월 19일 작성된 요먼 Thomas Carter

---

35) J.B.S., Gibson, *Wills and Where to find Them*, pp, xv-xvi, *Kings Langley Wills and Inventories*, p. xvii 재인용.

36) *Kings Langley Wills and Inventories*, nos. 107, 131, 135, pp. 95, 124, 128.

37) *Kings Langley Wills and Inventories*, no. 28, p. 21.

의 유언장에는 "나의 장자 William Carter에게 … ", "나의 이 마지막 유언장의 단독 유언집행인으로 지명한 나의 아들 Thomas Carter … "로 표현되어 있다. 1652년 11월 29일 미망인 Ellen Field도 마찬가지였다. "나의 장남 John Field에게 … ", "아들이며 나의 마지막 유언장의 단독 유언집행인인 Zachary Field …"로 표현하여 장자가 유언장에서 언급되어 있으나, 다른 아들을 유언집행인으로 지정한 것을 알 수 있다.38)

그런가하면 1580년 2월 10일 유언장을 작성한 John Wingfield는 "나의 아들들인 George Wingfield와 John Wingfield를 나의 유언집행인들로 지명하며 …"라고 표기하여 두 아들을 공동 유언집행인으로 지명하고 있다. 1585년 1월 26일 젠틀맨 John Kettell 역시 두 아들을 공동 유언집행인으로 지명하였고, 1636년 3월 11일 요먼 John Baldwin 역시 두 아들을 공동 유언집행인으로 지명하고 있다.39)

(부동산)

유언장에서 엿볼 수 있는 부동산의 상속은 소수에 불과한데, 일반적으로 단일한 방식은 없었다. 1550년 6월 24일 유언장을 작성한 Robert Knevett는 2명의 아들 William과 Anthony, 3명의 딸 Dorothy, Jane, Alice가 있었는데, 다음과 같이 유언하고 있다.

> "나는 나의 자녀들에게 5마리의 양과 1마리의 새끼 양 각각을 정직한 사람에 의하여 공평하게 나누어지도록 유증하며 … 나는 가금류가 나의 자녀들 사이에 균등히 나뉘기를 바라며 … 나는 나의 딸 Dorthy에게 암퇘지 1마리, 그리로 마찬가지로 나의 딸들 Jane과

38) *Kings Langley Wills and Inventories*, nos. 16, 140, pp. 20-1, 138.
39) *Kings Langley Wills and Inventories*, nos. 35, 37, 104, pp. 27, 32, 93.

Alice에게도 암퇘지 1마리를 유증합니다. 나머지 돼지들은 두 아들들에게 균등히 분배되기를 원합니다. … 나의 아들 Anthony Knevett에게는 암소 1마리 … 나의 아들 William Knevett에게는 Lady Dansy로부터 보유하고 있는 Nune Lande로 불리는 나의 임차지를 … 언급한 나의 아들 William에게 말들, 수레, 쟁기와 거기에 딸린 것들을 유증합니다. … 나는 나의 아들 William Knevett이 그의 동생 Anthony Knevett가 21세 될 때까지 매년 40s.을 지불하기를 원합니다. 그러나 만약 Anthony가 그 이전에 사망하면 그 돈 40s.은 그의 자매들에게 균등하게 나뉘기를 바랍니다. … 그리고 위에서 말한 William Knevett는 그의 자매들 Dorothy, Jane, Alice의 결혼시에 각각에게 33s. 4d.를 지불해야합니다. … 나는 나의 아들 William Knevett에게 광의 곡물과 들판의 작물을 그의 형제와 자매들이 일 할 수 있을 때가지 … 성실히 보살피도록 유증합니다. … 유증되지 않은 나머지 물품들은 정직한 사람의 재량으로 나의 자녀들에게 공정하게 나뉘기를 원합니다.

나는 나의 아들 William과 친척 Richard Knevett를 유언집행인으로 지명하며, Richard Knevett에게 그의 비용으로 그의 업무를 마쳤을 때 3s. 4d.를 남깁니다."[40)]

위 인용문에서처럼 Robert Knevett는 장자인 William에게 토지와 광의 곡물과 들판의 작물 등을 남겼으나, 성인이 될 때까지 혹은 결혼할 때까지 동생들에 대한 의무도 같이 부담시키고 있다. 또 유언이 잘 집행되도록 장자와 더불어 관계가 알려지지 않은 친척 Richard Knevett를 공동으로 유언집행인으로 지명하고 있다는 것을 알 수 있다. 공동 유언집행인의 수고비는 3s. 4d.였다.

Carter가(家)의 부자(父子)가 남긴 2개의 유언장에는 다른 패턴이 나타난다. 1553년 9월 4일 유언장이 작성된 Richard Carter는 "Kings Langley 교구에 놓여 있는 40 acres로 평가되는 토지와 숲을

40) *Kings Langley Wills and Inventories*, no. 23, p. 18.

포함하는 Hayward Hill로 불리는 토지를" 둘째 아들 Henry와 막내 아들 John에게 남겼고, 그리고 존에게는 더하여 "Kings Langley 교구 내의 Chipperfield에 위치한 10 acres로 평가되는 Tripes라 불리는 토지를" 남겼다. 나머지는 장자 Thomas에게 남겼는데, 장자는 미망인과 함께 공동 유언집행인이었다.[41)]

Thomas Carter는 그의 부친이 사망한 1553년 10월 12일 이후 6개월 후인 1554년 4월 19일에 망하였는데 유언장에는 요먼으로 기록되어 있다. Thomas는 장자인 William에게는 20s.만 남겼고, 그는 Berkhamsted에 있는 다른 카터에게서 재산을 상속받았다. 둘째 Thomas에게는 "King Langley 교구의 Chipperfield의 내가 살고 있는 집과 같은 곳에 놓여있는 자유지"를 남겼다. 3자(son)에게는 10s.을 남겼고, 4자와 5자에게는 각각 £1씩을 남겼다. 6자에게는 £2. 13s. 4d와 시트 2 장을, 7자에게는 £6와 시트 2 장을 남겼다. 8자와 9자 막내에게는 부동산 "Ball이라 불리는 집과 거기에 딸린 대지"를 남겼다. 둘째 아들 Thomas는 다른 아들들에게 유산 부과금(legacies due)를 지불해야했고, 그의 어머니에게 "그녀의 생애 동안 고기와 음료 그리고 충분한 생활재료를" 제공해야 했다. 둘째 아들 Thomas는 그의 부친에 의해 단일 유언집행인으로 지명되었다.[42)] 이 유언장에 의하면 부동산의 일부분에 대한 재산분배가 이미 이루어졌다는 것을 알 수 있다.

1643년 3월 17일 요먼인 Simon Gould는 "Bovingdon 위치한 2 acres의 토지를" 한 아들인 John에게만 남겼다. 1532년 2월 14일 유언장을 작성한 요먼 Robert Aldwyn은 "Langley에 위치한 나의 집

41) *Kings Langley Wills and Inventories*, no. 25, pp. 19-20.
42) *Kings Langley Wills and Inventories*, no. 26, pp. 20-21.

과 토지를" 장자에게 남겼다.43)

1599년 12월 19일 유언장을 작성한 요먼이며 방앗간 주인인 Nicholas King은 2명의 아들에게 재산을 상속한 것으로 보이나, 장자에게 실질적으로 상당한 재산을 상속했다는 것을 짐작하게 한다. 장자인 Nicolas에게 단독 유언집행인을 맡겼고, 또 잔여재산도 남겼는데 구체적인 것에 대한 언급은 없다. 반면에 둘째 아들인 James에게는 Apsley Mills의 임차권의 절반을 남겼다. 유언장에 나타나는 나머지 세 아들들에게는 각각 ￡40씩을 남겼다. 유산분배에 대한 집행을 감독할 감독인으로는 사위인 Nicholas Carter를 지명하고 그의 수고에 대하여 6s. 8d.를 제공하고 있다. 그런가하면 1580년 2월 10일 John Wingfield는 그의 둘째 아들 John에게 Woodman's farm의 임대지와 잔여재산의 1/2을 물려주었다. 반면 장자인 George에게는 잔여재산의1/2을 물려주었고, 둘째 아들과 공동 유언집행인이었다. 아마도 큰 아들 George는 이미 부친 재산의 큰 부분을 상속받았던 것으로 추측할 수 있다. 3자인 Richard에게는 "모든 대장간 도구들"이 남겨졌다.44)

(현금)

현금이 남겨진 경우를 살펴보면 때로는 장자에게 더 많이 주는 경향이 있었다. 예컨대 1659년 8월 10일 유언장을 작성한 요먼 Roger Randall은 6 남매를 두었는데, 그의 장자 Benjamin에게는 다른 형제들보다 ￡20를 더 남겼다. 장녀에게는 자매들보다 어머니의 결혼반지와 가장 좋은 침대와 침구를 더 남겼다. 반면에 1623년 교구목사 George Grove는 장녀 Anna Southen에게 ￡150와 "내

---

43) *Kings Langley Wills and Inventories*, nos. 125, 11, pp. 114, 10.
44) *Kings Langley Wills and Inventories*, nos. 48, 35, pp. 40, 27.

집의 물건 중 더 나은 부분"을 남겼다. 나머지 딸들은 £50 씩만 받았고, 아내 Agnes에게는 £200를 남겼다.[45] George Grove의 예는 장자상속제의 개념이 딸들을 취급하는 데에도 어떻게 영향을 미쳤는가를 보여주는 흥미로운 경우이다. 즉, George Grove는 아들이 있어도 딸들 가운데에는 장녀를 우대하고 있다.

직업과 관련된 도구를 남긴 유언장은 소수인데, 그 경우 일반적으로 장남이 그의 부친의 직업을 따를 것으로 기대되었다는 것을 드러내고 있다. 예컨대 1546년 11월 20일 유언장을 작성한 Thomas Rogers는 그의 장남 Thomas에게 "Thomas가 대장장이 일을 배운다면, 내 가게에 속하는 모든 나의 도구와 설비를, 그렇지 않다면 …둘째 아들 John에게 물려준다." 1558년 8월 15일 Richard Baldwin은 그의 유일한 아들 Thomas에게 "내 직업에 포함되는 모든 도구들"을 남겼으나, 그의 외동딸 Alice에게는 "그녀의 모친을 떠난 뒤에 … 나의 모든 염색 용기들"을 남겼다.[46]

이제까지 검토한 바와 같이 가족이나 가까운 친척에게 남겨진 유산을 통하여 우리는 다음과 같은 인상을 받는다. 첫째, 장자가 상당한 상속과 더불어 항상 확고히 자리 잡았으나, 유언장에는 이를 항상 분명히 나타내지는 않고 있다. 둘째, 차자 이하도 돌보아졌다. 재산이 풍부할 경우 차자 이하도 상당한 재산을 물려받을 수 있었는데, 부친이 살던 부동산일 수도 있었다. 차자 이하도 역시 이미 재산이 상속된 경우 유언장에 언급이 되지 않을 수 있었다. 셋째. 두 상속인 사이에 남긴 재산이 다음 세대에 재통합될 수도 있었다. 넷째, 유언장에 잔여재산의 증여가 주요 유산일 수도 있었다. 장자든 아니든 잔여재산을 유증 받은 자는 다른 자녀에

45) *Kings Langley Wills and Inventories*, nos. 146, 85, pp. 144, 74.
46) *Kings Langley Wills and Inventories*, nos. 21, 30, pp. 16, 23.

유산을 지불해야했으며, 때로는 늙은 모친을 돌보아야 했다. 경우에 따라서는 잔여재산이 어머니와 아들 사이에 나뉘기도 하였다.

3. 가족과 친척

1) 아내

Kings Langley 교구에서 남겨진 유언장은 16세기와 17세기 영국 사회에서 아내가 중요한 역할을 했다는 것을 분명히 보여주고 있다. 무엇보다도 아내가 아들보다 더 자주 남편의 유언집행인이었고, 또 아내가 압도적으로 가장 많은 유산수취인이었다.

구체적으로 살펴보면, 35건의 유언장에서 미망인에게 잔여재산 전체가 남겨졌다. 11건에서는 미망인이 한 아들과 잔여재산을 나누었고, 3건에서는 딸이나 친구와 같이 나누었다. 위 49건의 유언장 가운데 21건의 유언장에서 잔여재산이 주요한 유산이었다. 다른 25건의 유언장에서는 아내에게 추가로 종종 상당한 유산이 증여되었는데, 15건의 유언장에서 집과 토지를 12건에서 매년 수취권(annuities)을 남겼다.

이처럼 아내에게 많은 유산이 남겨진 데에는 3가지 중요한 이유가 있었다. 첫째, 과부산이나 과부급여(jointure)[47]의 대신일 수 있었다. 예컨대 1526년 7월 5일 요먼 Robert Buckmaster는 그의 아내 Johan에게 17¼s.을 남겼는데, "그녀의 morowe part(신방에 든 다음날 아침에 신랑이 신부에게 주는 증여물)와 과부산으로" 남긴 것이었다. 그 외에도 아내에게 집에 있는 동산과 도구들을 남겼는

47) 과부 급여(jointure)란 남편 사후에 아내의 부양을 위해 설정한 재산, 연금 등을 의미한다.

데, 그것은 그녀가 "우리가 결혼할 때 가져왔던 것"이다. 또 1555년 10월 29일 유언장에서 에스콰이어 William Ibgrave는 아내 Ellen에게 "그녀의 과부급여(her joynter)"로 £40를 남겼다. 그런가하면 유언장에서 'any thirds, dower or widowright'를 명시하기도 하였다. 예컨대 1631년 6월 30일 젠틀맨 Robert Mershe는 아들에게 그의 모든 부동산을 "판매"했기 때문에, 그의 아내 Elizabeth Mershe가 "어떤 3분의 1, 즉 과부산 혹은 과부권을 이유로 문제를 일으키거나, 또는 그의 아들을 성가시게하거나 소송하면 … 완전히 무효이다. … dower에 대한 그녀의 권리, 소유권, 이해관계에 대하여 …"48)라고 유언장에 기술하고 있다.

그런데 Kings Langley 교구와 교구가 속한 Hertfordshire에서는 미망인이 과부산으로 받는 부동산의 3분의 1에 대하여 좋아하지 않았던 것 같다. 예컨대 1632년 4월 19일 요먼 John Randall은 유언장에 다음과 같이 기술하고 있다.

> "나는 나의 아내 Isabell Randal에게 매년 40s.과 음식을 살아 있는 평생 동안 제공하도록 유증합니다. 만약 싫다면 나의 아들 John Randall은 그녀에게 살아있는 평생 동안 그녀의 3분의 1 대신에 매년 £8를 지불하고, 그녀는 떠납니다. 만약 그녀가 다시 그녀의 3분의 1에 들어가면 £8는 무효입니다."49)

John Randall과 같은 생각은 많은 지역의 유언장에서 보편적일 것으로 보이는데, 이유는 미망인이 그녀의 과부산 3분의 1에 들어오며 남편의 부동산이 나뉜다는 것을 의미하며, 더구나 미망인에 재혼을 하면 그 재산이 타가(他家)로 이전됨을 의미하기 때문이

---

48) *Kings Langley Wills and Inventories*, nos. 4, 28, 113, pp. 5, 21, 99-100.
49) *Kings Langley Wills and Inventories*, no. 97, p. 87.

었을 것이다.

둘째, 처에게 많은 재산을 남긴 중요한 이유는 자녀들이 미성년자들이었기 때문이다. 이는 처가 단독 유언집행인인 10개의 유언장에서 분명하게 나타난다. 미성년 자녀들을 남기고 가장이 사망했던 것은 질병 등으로 인한 당대인의 이른 사망, 즉 짧은 수명과 관계가 있을 것이다.

1558년 8월 15일 염색공 Richard Baldwin은 아내 Agnes를 단독 유언집행인으로 지명했는데, 그녀에게 잔여유산을 남겼다. 그리고 "내 집을 ... 12년 동안 ... 내 어린 자녀들이 법적으로 분별력이 있는 나이가 될 때까지 기르도록" 아내에게 남기고 있다. 1619년 3월 16일 노동자 Ralph Buckmaster 역시 그의 아내 Agnes를 단독 유언집행인으로 지명하며, "내 7 자녀들을 기르고, 그들 각자에게 당신이 적당하다고 생각하고 그리고 가능한 한에서 모든 몫을 제공하기를" 요청하고 있다. 1633년 6월 30일 요먼 John Gould 역시 아내 Judith를 단독 유언집행인으로 지명했는데, 맏아들 Jonh이 24세가 되면 £20를 주고, 나머지 8명의 자녀들에게는 21세가 되었을 때 각각 £10씩 주도록 유증하고 있다.[50)]

'현재의 나의 아내'로 표기된 두 번째 부인의 경우, 첫째 부인의 자녀가 살아 있는 경우에도 별 차별 없이 신뢰하였던 것을 보여주고 있다. 두 번째 부인으로 분명히 제시된 12건의 유언장 가운데에서 5건의 유언장에서는 유언집행인이었고, 그들 가운데 2건은 첫 번째 결혼에서 성장한 자녀가 있는 경우였다. 첫째 부인과 둘째 부인 사이에서 태어난 자녀들 사이에 차별은 없었던 것으로 보이는데, 이유는 유언장에 차별이 나타나지 않기 때문이다. 예컨

50) *Kings Langley Wills and Inventories*, nos. 30, 68, 99, pp. 23, 62, 89-90.

대 1528년 5월 16일 바퀴제조공 Hugh Carter는 "첫 번째와 그리고 두 번째 아내 소생의 내 모든 자녀들 …에게 각각 6s. 8d.씩"을 남겼다. 그리고 두 번째 부인 Anne에게 잔여재산을 남기고, 그녀를 단독 유언집행인으로 지정하였다. 1537년 8월 8일 John Basse의 경우 "나의 아내 Isabell Basse를 단독 유언집행인으로 지명하고, 신과 그녀 영혼의 건강에 즐겁도록 나의 자녀와 그녀의 자녀들에게 나의 재산을 처분하도록"[51] 유증하고 있다. 유언장에 의하면 John Basse는 자신의 자녀가 있는 여자와 결혼했는데도 미망인을 단독 유언집행인으로 지정하고 그녀에게 잔여재산을 남겼으며, 그의 자녀들과 그녀의 자녀들에게 동산을 분배한 것을 알 수 있다. 이 유언장에는 감독인도 지명하지 않아 아내가 절대적으로 신임된 경우이다. 아내에게 가산의 일부 혹은 전부를 일종의 위탁자로 지정했던 주요 이유는 어린 자녀들이 일생에서 좋은 출발을 보장해주려는 배려였던 듯하다. 아내가 그 같은 역할에서 남자 친척보다도, 심지어는 아들보다도 더 신임되었다는 것을 나타내고 있다.

그렇기는 하나 아들이나 장인 등 남자에게 어린 자녀가 맡겨진 예외적인 상황에 처한 경우도 발견된다. 1558년 8월 14일 John Carter는 첫째 부인과의 사이에서 태어나 성인이 된 한 아들과 딸이 있었다. 그러나 그의 잔여재산을 그의 사망한 둘째 부인의 부친인 장인 Nicholas Mune에게 "내 어린 세 자녀를 16세가 될 때까지 기르고 소중히 여기도록" 남겼다. 그런가하면 1615년 9월 15일 장갑제조공 Ralph Deacon은 처가 아닌 아들을 유언집행인으로 지명했는데, "내 아들 Thomas가 내 아들 Elise가 직업을 가질 때까지 양육한다. …"고 적고 있다. 당시 장남인 Thomas는 1591년 10월 31일 생으

51) *Kings Langley Wills and Inventories*, nos. 7, 13, pp. 8, 11.

로 23세였고, 막내아들 Elise는 1607년 5월 3일 생으로 8세였다.[52]

셋째, 아내에게 상당한 재산을 남긴 이유는 감성적인 동기에서였다. 죽어가는 남편은 가능한 미망인의 삶이 실제적인 걱정으로부터 벗어나기를 원했다. 많은 중간 정도 재산소유자의 유언장들은 "남편과 아내 사이의 밀접한 애정의 증거가 모호하고 또 드물다"는 Lawrenc Stone의 주장[53]이 잘못되었다는 것을 보여주고 있다. Stone의 주장과는 반대로 많은 유언장들은 미망인의 거주와 식사에 대한 조항에 상당한 신경을 쓰고 있다. 1526년 7월 5일 요먼 Robert Buckmaster는 그의 두 번째 아내 Johan에게 "나의 사후에 그녀가 독신을 지키고 재혼하지 않으면, 나의 숙소와 내가 Chipperfield에 살 때 잠자던 나의 parlour와 chamber 내의 숙소를" 사용할 수 있도록 하고, 또 "옷과 깃털침대를 그녀가 갖도록 하고 ... 내 아들 John은 그녀에게 매년 밀 2부셀을 살림준비에 사용할 수 있도록 하고 ... 그의 능력에 따라 그녀에게 안락함을 누리도록 고기와 음료를 제공한다."고 유언장에 기술하고 있다. 1629년 8월 26일 대장장이 John Fanch는 그의 아들 Robert를 유언집행인으로 지정했는데, 그의 상속조건에 그의 어머니를 부양하는 것을 명시하였다. 즉, "Robert Fanch가 나의 아내 Dorthy Fanch가 살아있는 동안 부양한다는 조건하에" 유증하였으며, "그 같은 조건의 수행을 나의 유언집행인인 Robert Fanch가 약속하였다." 1625년 12월 30일 요먼 John Knight는 처 Agnes에게 많은 가구와 "잠자는 방 하나 … 출입구 위의 다락방과 땔나무를 계속 공급한다, 그리고 그곳을 평화롭고 자유롭게 출입할 수 있게 하며, 그녀가 천수를 다

---

52) *Kings Langley Wills and Inventories*, nos. 29, 63, pp. 23, 57.
53) L. Stone, *Family, Sex and Marriage in England, 1500- 1800* (Weidenfeld & Nicolson, 1977), P. 88.

하는 동안 그렇게 지낼 수 있게 한다."고 적고 있다.[54)]

그런데 유언장을 작성한 남편이 그의 사후에 미망인의 '안락함' 같은 특정규정을 기록한 경우는 결혼한 70건의 유언장 가운데 11건의 유언장에서 나타난다. 그 가운데 4건의 유언장에서는 미망인이 '독신으로 재혼하지 않는 동안'만 부양된다는 조항이 있다. 그런데 이 조항은 만약 미망인이 재혼을 하면 새 남편이 그의 아내를 부양할 것이기 때문에 그런 점이 고려되었을 것이다.

2) 어머니와 딸

앞서 언급한 바와 같이 유언장을 작성한 대부분의 남편들에게는 그의 사후에 자녀들의 양육이나 재산처분 문제에서 아들보다는 아내를 더 신뢰하였다. 그렇다면 아내를 제외한 다른 여성들의 경우는 어떠하였는가?

우리는 아들과 딸 사이의 유산을 비교하면 당대인들이 사회에서 남녀 사이의 지위와 역할을 어떻게 보았는지 짐작할 수 있다. 아들이 유언집행인으로 지정된 유언장은 39건이었던 데 비하여 딸은 오직 5건의 유언장에서만 유언집행인으로 지정되었다. 아들만 유산을 받은 경우는 22건의 유언장에서였고 딸만 유산을 받은 경우는 14건의 유언장에서였다.

반면에 동일 가(家)에서 아들과 딸이 모두 유산을 받은 경우는 54건의 유언장에서였다. 이 54건의 유언장에서 5건의 유언장에서 딸이 더 큰 몫을 받았고, 17건의 유언장에서는 아들이 더 큰 몫을 받았다. 12건의 유언장에서는 아들과 딸의 몫이 비슷했고, 20건의 유언장에서는 경중을 따지기가 어렵다.

---

54) *Kings Langley Wills and Inventories*, nos. 4, 91, 98, pp. 5-6, 80, 88.

가장 흔한 유산은 개인 소지품, 옷, 가재, 돈으로, 성차별 없이 아들과 딸에게 물려주었다. 가축은 딸보다는 아들에게 더 남기는 경향이 있었다. 곡식과 토지는 이미 살펴본 바와 같이 우선 아들에게 물려주었다.

딸이 아들보다 더 나은 대접을 받은 소수의 경우에는 일반적으로 더 많은 가구나 더 큰 몫의 잔여재산을 받았다. 예컨대 1624년 6월 2일 요먼 Richard Day는 그의 아들에게 오직 말썽 많은 침대, 궤짝, 등받이 없는 의자만을 남겼으나, 딸들에게는 조립식 침대, 깃털 매트리스, 시트 4쌍, 베갯잇 1쌍, 테이블보 2개, 냅킨 6장, 쿠션 4개, 요리도구와 가구였다. 큰딸 2명은 더 많이 받았다. 반면에 1642년 5월 30일 방앗간 William Mutkin은 아들 William과 딸 Mary에게 각각 현금 ￡10로 동일한 유산을 남겼다 나머지는 모두 유언집행인으로 지명된 "사랑하는 아내 Martha"에게 남겼다.[55)]

아들이 없거나 아들이 상속인 없이 사망하여 남계가 단절될 경우에는 여자가 상속녀가 되었는데, 1523년 9월 6일 농부였던 Thomas Carter의 유언장에서 그 같은 상황이 분명히 나타나고 있다. 즉, 그의 토지와 집은 아내 Agnes에게 평생 동안 남겨졌고, 그 후에는 그의 아들 Richard에게 남겨졌다. 그런데 만약 그의 아들이 상속인이 없이 사망하면, 재산은 두 딸 Johan과 Cristyan에게 차례로 넘어간다고 명기하고 있다. 이 같은 원칙이 1527년 9월 24일 유언장에서 William Marke가 그의 토지가 아내 Elizabeth에게 남겼다가 아내 사후에 딸 Johan에게 남겨진 이유를 설명하고 있다. 1533년 9월 9일 William Waspis, 1540년 10월 19일 농부인 John Roberts의 경우에도 마찬가지로 아내 사후에 남겨진 아들이 없어

---

55) *Kings Langley Wills and Inventories*, nos. 77, 127, pp. 69, 119.

서 딸에게 토지가 남겨진 예이다.[56)]

3건의 유언장에서 미망인이 된 어머니가 유언집행인 되었는데, 각각 독신남과 독신녀, 그리고 미망인이 된 딸의 경우였다.[57)] 아버지가 유언집행인 된 경우는 없으며, 아내보다 자매가 유언집행인 된 경우도 없다. 형제가 유언집행인이 된 경우는 특이한 경우로 생각되는데, 5건의 유언장에서 1건은 다른 형제와 1건은 형제와 매부와 공동으로 유언집행인이 되었다. 1건의 독신의 경우는 2명의 이복형제가 공동유언집행인이 되었다. 예컨대 1619년 3월 3일 묻힌 홀아비인 William Prince는 3명의 자녀가 있으나, 그의 동생을 단독 집행인으로 하고, "유증되지 않은 모든 것"을 그 동생에게 남겼다. 사망 당시 William Prince의 딸 Suzann은 21세가 넘었고, 아들 John과 William은 19세와 14세였으나, 이들에게 유언집행인이나 감독인의 어떤 의무도 남기지 않았다.[58)]

형제와 자매에게 유산을 남긴 경우 애정표시의 옷이나 가끔 반지 등을 남겼다. 그런데 현금을 남긴 경우에는 대체로 자매들보다 형제들에게 더 자주 남겼고 액수도 컸다. 예컨대 1628년 9월 17일 William Rogers는 형제 중 1명에게 ￡15, 두 자매에게 각각 ￡3씩을 남겼다. 물론 자매에게 더 남긴 경우도 있다. 1591년 7월 15일 독신이었던 젠틀맨 George Kettell은 그의 자매에게 두 명의 형제들보다 더 많은 것을 남겼는데, 미혼인 그의 자매 Francis Kettell에게는 ￡33. 13s. 4d.를, 두 형제 John Kettell과 Raffe Kettell에게는 각각 ￡20씩 남겼다. 1644년 5월 25일 요먼으로 부유했던 William Knight

56) *Kings Langley Wills and Inventories*, nos. 2, 10, 15, pp. 3-4, 10, 13.

57) *Kings Langley Wills and Inventories*, nos. 143, 138, 111, pp. 141, 135, 97.

58) *Kings Langley Wills and Inventories*, no. 69, p. 62.

는 그의 자매 Bashua Cleydon에게 농장과 20 acres를 남겼다.[59]

3) 가족의 불화

유언장에는 가족간의 불화에 대한 정보도 제공한다. 1523년 9월 6일 농부인 Thomas Carter의 유언장 조항은 가족불화의 내용을 드러내고 있다. 새로 과부가 된 며느리 Isabell은 "모든 그녀의 소지품과 물품을 내가 살던 집에서 옮겨야 하며 … 그녀와 그녀의 친구들이 만족할 수 있는 곳으로, 내 아내와 내 자녀들에 의해서 방해 없이 옮기도록" 허용되어야 한다. 이런 종류의 문구가 다른 소수의 유언장에서도 되풀이 되고 있다. 앞에서 살펴본 Robert Mershe는 1631년 6월 30일의 유언장에서 그의 아내 Elizabeth Mershe가 "어떤 3분의 1, 즉 과부산 혹은 과부권을 이유로 문제를 일으키거나, 또는 그의 아들을 성가시게하거나 소송하면 … 완전히 무효이다."라고 명시하고 있다. 또 1632년 4월 19일 요먼 John Randall은 유언장에서 그의 처와 아들이 같이 살지 않을 가능성에 대비하고 있다. 즉, John Randall은 미망인에게 가구 일부를 남겼고, 매년 ￡2와 "그녀의 식사"를 남겼다. 그런데 만약 둘 가운데 누구라도 싫어하면, "내 아들은 그녀에게 … 그녀의 3분의 1 대신에 매년 ￡8를 지불하고, 그녀는 떠난다." 그러나 "만약 그녀가 자신의 3분의 1에 다시 들어가면 ￡8는 무효이다."[60]

바퀴제조공인 James Mutchett는 1616년 4월 1일 유언장에서 아내에게 매우 적은 유산을 남겼고, 관례적으로 아내 앞에 표기했던 '사랑하는(loving)'이라는 말도 쓰지 않았다. 그리고 그의 유언집

---

59) *Kings Langley Wills and Inventories*, nos. 88, 40, 126, pp. 78, 34, 115.
60) *Kings Langley Wills and Inventories*, nos. 2, 113, 97, pp. 4, 99-100, 87.

행인들과 감독인들 1명, 2명, 혹은 3명에게, "그의 유산에 관한 … 더 이상의 어떤 법적 분쟁이나 문제를 끝내고 피할 수 있도록" 처리할 것을 부탁하고 있다. 1621년 11월 23일 Henry Carter는 유언장에서 그의 모든 동산을 아내와 두 딸에게 3분의 1씩 동일하게 나누고, "어린 딸 Anys Carter에게 … 현재 내 아내가 보유하고 있는 집에서, 부엌을 의미하는 방 한 칸을, … 괴롭히거나 간섭 없이 소유할 수 있도록" 희망하였다. 젠틀맨 Christopher Potkyn은 1631년 11월 12일의 유언장에서 과거의 가족분쟁을 드러내고 있다. 그는 아들이 없었고, 한 딸을 두 명의 '친구'와 더불어 유언집행인으로, 그리고 '사촌'을 감독인으로 지정하였다. 그의 상당한 재산은 딸들과 손자들 사이에 분배되었고, 반지와 다른 기념품들은 친구와 사촌들에게 분배되었다. 그러나 한 사위는 제외되었는데, "이미 한 자녀 몫 이상을 가져갔기 때문"이었다. 그는 "유언집행인이나 유언자에 반하는 어떤 것에서도 완전히 포기해야 한다, 만약 포기하기를 거절하면", 그의 아내와 자녀 몫의 상당한 유산은 지불되지 않는다는 것이었다.61)

4) 친척

본서에서 친척이란 아내, 아들, 딸, 부모, 형제, 자매, 며느리와 사위를 제외한 모든 친인척을 의미한다. 즉, 삼촌, 조카, 생질, 손자, 손녀, 대자, 대녀 등이 여기에 포함된다.

Kings Langley 교구의 유언장에는 광범위한 친척에게 유산을 남겼는데, 그 친척이 어떤 관계인지 확인하는 것이 어렵다. 특히 cousin과 kinsman이 모호하다. Cousin이 어떤 관계인지를 설명하는

61) *Kings Langley Wills and Inventories*, nos. 65, 73, 96, pp. 59-60, 66, 86.

경우도 있다. 예컨대 1653년 7월 4일 유언장을 작성한 요먼 John Carter는 유언장에 아내와 자녀에 대한 언급이 없이 어머니 Martha Carter에게 토지를 유증하고 있는데, "나의 형제 Robert Carter의 딸인 나의 cousin Elizabeth Carter에게 ￡20의 돈을 그녀가 21세가 되면 증여한다."라고 적고 있다. 이처럼 조카나 조카딸을 cousin으로 표기한 것이 드물지 않았던 것으로 보인다. kinsman의 개념도 모호하다. 예컨대 1609년 10월 9일 요먼 George Miller는 "나의 kinsman Michael Miller에게 100 마르크를" 유증한다고 기록하고 있으나,62) 삼촌이나 조카인지에 대해서는 불분명하다.

그렇지만 cousins이나 kinsman 혹은 kinsfolk가 가까운 친척이었다는 것은 충분히 짐작할 수 있다. 예컨대 1644년 5월 25일 유언장을 작성한 요먼 William Knight는 35인에게 유산을 남기고 있다. 그러나 그 가운데 7인만이 relatives, kinsfolk로 표현되어 있다. 따라서 관계에 대한 언급이 없는 사람들은 대체로 이들보다 좀 더 멀기는 하나 친척들이었던 듯하다. 실제로 William Knight는 그의 여동생 Bashua를 단순히 William Cleydon의 처로 표기하고 있으나, William Cleydon을 유언집행의 감독인으로 지명할 때는 "나의 매부(my brother in law)"로 표현하였다. William Knight는 유언장에 Nicholas Neal의 처 Constance와 딸 Constance, 그리고 그의 장남이며 "나의 대자인" William, Edmund Neal과 그의 아들인 Edmund와 Zachary, Nehemia, 그리고 딸인 Mary, Elizabeth 등 9명의 Neales에 대하여 언급하고 있다. 그 중 하나는 종손(grandnephew)으로 표현되어 있어, 이들 유언장에 표현된 9명이 친척임에 틀림없다. 또 Thomas Massingle과 그의 5자녀에도 유산이 남겨졌는데, Claydon

62) *Kings Langley Wills and Inventories*, nos. 143, 60, pp. 141, 55.

과 더불어 감독인으로 지명되었던 Thomas 역시 친척이었던 듯하다. 유산을 받은 사람들 2명은 대녀로, 1명은 대자로 표현되어 있는데, 이들도 친척일 가능성이 크다.[63)]

적어도 13건의 유언장에서 cousins 또는 kinsfolks에게 유산을 남겼다. 또 다른 13건의 유언장에서 조카나 조카딸에게 유산을 남겼는데, 그 가운데 7건은 독신남자에 의해서 작성된 유언장에서다. 특히 독신들은 조카나 조카딸을 아들이나 딸처럼 생각하여 그들에게 큰 유산을 남긴 것으로 보인다. 예컨대 1649년 12월 28일 유언장을 작성하고 이틀 뒤에 장례식을 치른 요먼 Jeremy King은 1명의 조카인 "John King, the sonne of my brother John King"에게 토지를, 다른 6명의 조카들에게 각각 ￡15, 8명의 조카딸들에게 각각 ￡10와 가내물품을 남겼다. 또 4명의 aunts에게도 돈을 남겼는데, 3명에게는 각각 ￡1씩이었으나 4번째에게는 ￡20와 테이블보를 남겼는데,[64)] 아마도 가장 좋아하는 aunt였던 것 같다.

손자나 손녀에게 유산을 남긴 경우는 33건의 유언장에서 발견되는데, 22건의 유언장은 조부에서 11건은 조모에서 유산을 받은 경우이다. 예컨대 1618년 1월 10일 미망인 Elizabeth Carter는 3명의 자녀와 21명의 손자와 손녀에게 유산을 남겼다. 남겨진 유산은 1600년 이전에는 어린양(lambs)이 선호되는 경향이 보이나, 그 후에는 돈이 더 일반적인 것으로 나타난다. 가내물건의 경우 접시 2개, 천 2장처럼 명목적인 것이 대부분이었으나, 1600년 6월 12일 The Countess of Bedford는 그들 손자와 손녀인 Charles와 Bridget Morrison에게 보석과 접시를 남겼다. 또 Charles에게는 값나가는 많은 가구도 남겼다. 1625년 3월 9일 목수였던 Nicholas Robert는

63) *Kings Langley Wills and Inventories*, no. 126, pp. 115-118.
64) *Kings Langley Wills and Inventories*, no. 136, pp. 132-34.

손자에게 ￡2와 더불어 당시에는 흔치 않던 "금고와 향료절구 및 절구공이(mortar and pestle)"를 남겼다.65)

손자와 손녀에게 유산을 남긴 33건의 유언장 가운데 1건에서는 손자가 유언집행인으로 지정되었다. 이는 1657년 9월 16일 유언장을 작성한 미망인 Martha Carter의 유언장인데, Martha Carter는 "my oldest sonne, Robert Carter"가 있음에도 유언집행인은 "I do appoint my grandchildren, Thomas Carter, and make him my executor"로 기록하여 손자 Thomas Carter로 지명했다는 것을 알 수 있다.66) Martha Carter의 유언장에는 다른 아들 Thomas Carter도 기록되어 있고, 다른 손자 John Carter도 기록되어 있는데, 왜 손자 Thomas를 단독으로 유언집행인으로 지명했는지는 알 수 없다.

Cousins과 손자, 손녀 외에도 다양한 사람들에게 유산이 남겨졌다. 24건의 유언장에서 대자녀에게 유산을 남겼다. 그 가운데 7명의 유언자는 독신이었고, 3명은 자녀 없는 기혼 남성이었다. 2명은 결혼한 남자로 자신의 자녀가 있었고, 1명은 미망인으로 자신의 자녀가 있었다. 19명의 대자에게 돈이 남겨졌는데, 액수는 12d.에서 ￡40까지 다양하였다. 하인(servants)이 어느 정도 가족의 일부로 생각되는가는 불분명하나, Kings Langley 교구의 124건의 유언장 가운데에는 13건의 유언장에서만 하인이 언급되고 있다. 그 가운데 2건은 사제에 의해서 작성되었고, 3건은 젠틀맨, 7건은 요먼, 1건은 미망인에 의해서 작성되었다. 남겨진 물건은 조끼, 양말, 코트, 황소, 양 등이 있으나 대부분은 돈이었다. 간혹 친구에게 유산을 남긴 경우도 있다. 1631년 젠틀맨 Christopher Potkyn은 2명의 "사랑하는 친구인 목사 Mr John Southen에게 40s. … 사랑하

65) *Kings Langley Wills and Inventories*, nos. 71, 36, 80, pp. 64, 28, 71.
66) *Kings Langley Wills and Inventories*, no. 145, pp. 142-43.

는 친구 Mr Robert Dixon에게 반지와 그리고 Mrs Dixon에게 은제 받침이 달린 작은 찻잔을 장만하도록 40s."을 남겼다. 1652년 4월 19일 Elizabeth Lea는 "사랑하는 친구" James Cutt에 ￡40를 남겼다. 그런가하면 1647년 12월 26일 미혼 노동자였던 Richard Spratley는 그의 유언집행인이며 "사랑하는 여자친구 Mary Peirce"에게 잔여 재산을 남겼다. 그의 소유물은 유산목록에 의하면 ￡4. 10s. 4d.에 불과하였다.67)

4. 농경

16세기 영국의 농업현황에 대해서는 이미 발간된 『영국 농업사』(Agrarian History of England and Wales) 시리즈를 통하여 일반적인 지식을 얻을 수 있다. 그러나 특정지역에 대한 구체적인 현황은 파악하기가 어렵다. 우리는 유언장을 통하여 『영국 농업사』에서 파악할 수 없는 16세기 영국의 특정지역 농경에 대한 구체적인 정보를 얻어낼 수 있다.

유언장을 통한 농경에 대한 정보는 토지경작과 가축사육에 대한 내용을 기술한 일부의 유언장을 통해서인데, Kings Langley 교구의 경우에도 1523~1605년 사이에 작성된 30건의 유언장으로부터이다. 그런데 1611년과 1657년 사이에 작성된 17건의 유언장과 32건의 유산목록에서 가축, 곡물, 농장물품에 대한 언급이 있다. 4건은 동일인의 유언장과 유산목록이다. 이들 45인 대다수는 은퇴한 요먼으로 토지가 거의 없거나 소수의 가축만 소유하면서 다른

67) *Kings Langley Wills and Inventories*, nos. 96, 138, 133, pp. 86, 135, 126-27.

직업에 종사한 자들이거나 또는 오두막살이들이다.

16세기와 17세기 Kings Langly 교구의 파머들은 양의 사육과 곡물경작에 편향된 혼합농업(mixed farming)을 행하고 있었다. 양이 16세기 유언장에서 가장 흔히 언급되는 가축으로, 위에서 언급한 30건의 유언장 가운데 21건의 유언장에서 기록되어 있다. 그에 비하여 소(cows, bulls, bullocks)는 14건의 유언장에서, 돼지는 3건의 유언장, 가금류는 2건의 유언장에서 언급되고 있다.

유산으로 남겨진 양의 수는 종종 불분명하다. 그런데 16세기에 중간 규모의 파머로 추정되는 Richard Carter의 1553년 9월 4일 유언장에는 양 16마리, 새끼 양 1마리, 암소 2마리, "얼룩반점이 있는 거세한 수송아지" 1마리를 남겼는데, 이의 많은 부분이 아내에게 돌아갔고, 또 아내는 "토지에서 자라는 모든 과일의 3분의 1"을 받을 예정이었다. 양모를 언급한 것은 1555년 William Ibgrave의 유언장 1건뿐이다.[68)]

위 30건의 유언장 가운데 곡물은 13건의 유언장에서 남겨졌는데, 그 가운데에서 8건은 밀, 2건은 귀리, 1건은 보리, 1건은 완두콩이다. 과일을 언급한 것은 1523년 9월 6일 Thomas Carter와 1553년 9월 4일 Richard Carter 등인데 "나의 땅에서 자라는 곡물과 과일들", "땅에서 자라는 과일들"로 표기되어 있다.[69)] 농기구는 이들 16세기 유언장에서는 4개의 유언장에서만 언급되었다.

17세기의 증거는 Kings Langley 지역의 혼합농업에 대한 더 분명한 모습을 보여준다. 분명히 파머인 [표 5-1]로 정리된 12인의 농장 재산을 분석해보면[70)], 곡물이 평균 64.5%, 가축이 30%, 농기

68) *Kings Langley Wills and Inventories*, nos. 25, 28, pp. 19, 22.
69) *Kings Langley Wills and Inventories*, nos. 2, 25, pp. 4, 19.
70) 차례로 *Kings Langley Wills and Inventories*, nos. 135, 131, 134, 126,

구가 5.5%이다. 그렇지만 유산목록에 나타나는 파머들 사이에 곡물, 가축, 그리고 농기구의 %는 다양하다.

[표 5-1] 17세기 Kings Langley 파머의 부

이름	농장의 부	곡물%	가축%	농기구%	연도
Lee	£308. 10s. 0d.	56	36.5	7.5	1648년 10월
King	£300. 0s. 0d.	73	23	4	1646년 4월
Puddifatt	£194. 0s. 0d.	63.5	33	3.5	1650년 1월
Knight	£166. 10s. 0d.	76	19	5	1644년 6월
Weedon	£ 46. 9s. 4d.	63	30	7	1643년 7월
Cater	£ 35. 0s. 0d.	46	46	8	1643년 5월
Haydon	£ 33. 10s. 0d.	94	6	–	1645년 9월
Prince	£ 14. 0s. 8d.	57	43	–	1619년 4월
Hill	£ 12. 12s. 0d.	28	72	–	1643년 10월
Yonge	£ 11. 1s. 0d.	38.5	58	3.5	1612년 5월
Grove	£ 8. 12s. 0d.	46.5	29	24.5	1612년 5월
Carter	£ 7. 4s. 8d.	69	31	–	1631년 4월

[표 5-1]에서 알 수 있듯이 부자 파머와 가난한 파머들 사이의 농경 차이가 상당했다. 농업에 관련된 부가 £398 이상에서 겨우 £7 조금 넘는 수준까지 편차가 매우 컸다. 가난한 파머는 말이 없었고 농기구도 없었다. 이들은 쟁기를 빌리거나 세를 냈음에 틀림없다. 그들은 양보다는 소, 돼지, 가금류, 벌에 더 큰 부가 분포되어 있고, 밀과 호밀보다는 봄곡물(lent corn)인 보리, 귀리, 완두, 콩과작물(vetches)에 더 넓은 면적을 파종하였다. 그들은 곡물과 가축의 혼합농업 지역에서 생존을 위한 파머들이었음에 틀림없다.

파머들 가운데 몇 명은 다른 직업도 겸하는 이중직업을 가지고

122, 123, 129, 69, 124, 57, 56, 95이다. 순서는 농장의 부가 많은 순서이다. p. xxiv.

있었다. 1619년 4월의 Prince는 £4. 3s. 4d 가치의 "목재 … 연장"과 한 개의 "숫돌"을 가지고 있는데, 그것은 그가 목수였다는 것을 말해주고 있다. 또 1612년 5월 Robert Grove의 농장에서 농기구 24.5%는 설명을 요한다. 이들 농기구는 전적으로 "2 에이커의 밀과 4½ 에이커의 봄곡물" 경작을 위한 것이라기보다는 부유한 이웃의 토지에서 일을 하기 위한 것으로 보인다.

오직 부유한 파머들만이 말을 소유했으며, 대부분의 경우 말은 양보다 가치가 더 나갔다. 예컨대 1644년 6월 27일 유산목록이 작성된 요먼 William Knight는 말 1마리가 4s.의 가치가 나갔으나, 양은 50마리에 15s.의 가치가 나갔다. 그의 암소는 4마리에 10s. 돼지는 3마리에 3s.의 가치였다. 그런가하면 1648년 10월 30일 유산목록이 작성된 요먼 Jonhn Lee는 말 6마리의 가치가 £50였고, 양은 102마리에 £50였다. 소는 15마리에 £28였고 돼지는 37마리에 £17. 15s.이었다.[71]

부유한 파머들은 겨울곡물인 밀과 호밀의 가치가 봄곡물인 보리와 귀리의 2~3배 정도에 이르고 있다. 앞의 William Knight는 1644년 6월 27일 현재 들판에 파종된 밀의 가치가 £75였고, 봄곡물의 가치가 £37. 10s.이었다. 1646년 4월 25일 유산목록이 작성된 요먼 John King은 광에 보관된 밀의 가치가 £60였고, 귀리와 완두콩이 £20였다. 또 들판에 파종된 밀의 가치가 £80였고, 봄곡물이 £60였다. 그런가하면 1650년 1월 4일에 유산목록이 작성된 요먼 Edward Puddifatt는 광에 보관된 밀의 가치가 £50였고, 봄곡물의 가치가 £12였다. 들판에 파종된 밀의 가치가 £60였으나, 아직 봄곡물은 파종되지 않은 상태였다. 1648년 10월 30일에 유산목록이 작성된 John Lee의 경우는 광에 보관된 밀과 호밀의 가치

71) *Kings Langley Wills and Inventories*, nos. 126, 135, pp. 118, 131.

가 ￡150, 보리와 귀리, 그리고 완두콩이 ￡50였다. 밀과 호밀은 ￡20 가치가 파종된 상태였다.72)

그러면 중간 정도의 파머들은 어떠했는가? [표 5-1]의 Weedon, Carter, Haydon이 여기에 해당하는 파머들로, 이들의 총 동산의 규모는 각각 ￡76. 9s. 10d., ￡64. 0s. 0d., ￡64. 15s. 0d.이다. 1643년 7월 6일에 유산목록이 작성된 William Weedon은 ￡7. 10s. 가치의 말 3마리와 ￡2. 4s. 가치의 양 11마리, 그리고 ￡2. 10s. 가치의 암소 2마리, 그리고 ￡1. 8s. 4d. 가치의 돼지 5마리를 소유하고 있다. 곡물은 집안의 곡물과 맥아가 ￡3, 들판의 밀과 봄곡물이 ￡26 가치였다. 1643년 5월 5일에 유산목록이 작성된 Robert Carter가 위 William Weedon보다 가축의 비중이 높다. Robert Carter는 말 2마리의 가지가 ￡6, 암소 2마리의 가치가 ￡4, 양 16마리의 가치가 ￡5, 돼지 1마리의 가치가 ￡1였다. 반면 곡물은 집과 들판의 곡물 모두 합하여 ￡16의 가치였다. 반면에 1645년 9월 10일에 유산목록이 작성된 William Haydon은 푸줏간을 겸하는 파머였다. 그는 가축으로는 ￡1 가치의 늙은 말 1마리와 역시 ￡1가치의 돼지 4마리뿐이었으나, ￡25 가치의 밀 12 acres, ￡5 가치의 완두 6 acres를 파종하고 있었다.73)

[표 5-1]로 정리된 하위 파머들의 경제력은 미약했고, 그 같은 상황은 유산목록에 나타난 가축과 곡물 및 작물현황에서 확인할 수 있다. 1619년 4월에 유산목록이 작성된 William Prince는 가축으로는 각각 11s. 가치의 늙은 암소 1마리와 돼지 6마리뿐이었고, 37s. 4d. 가치의 꿀벌과 꿀벌 통 7개가 있었다. 파종된 곡물은 밀과

72) *Kings Langley Wills and Inventories*, nos. 126, 131, 134, 135, pp. 118, 12-25, 127, 131.

73) *Kings Langley Wills and Inventories*, nos. 122, 123, 129, pp. 111-12, 121-22.

호밀 5½ acres, 봄곡물 6 acres로 £8 가치가 있었다. 그의 동산 총액은 £32. 18s.이었다. 1643년 10월 10일에 유산목록이 작성된 Nathan Hill의 경우는 가축의 비중이 높은데, 창고 속의 곡물이 £3. 10s.이었던 데 비해, 가축은 £6. 10s.가치의 암소 2마리와 양 10마리, £1. 6s. 가치의 돼지 3마리, 그리고 역시 £1. 6s. 가치의 벌이 있었다. 그의 동산은 £33이었다. 이들에 비하여 Thomas Yonge, Robert Grove, Ralph Carter의 경제력은 더 미약했는데, 이들의 동산은 £15~18 정도였다. 이들 가운데 농부로 명시된 것은 Robert Grove이고, Thomas Yonge의 신분은 젠틀맨이다. Thomas Yonge의 가축은 £5 가치의 양 22마리, 14s. 가치의 돼지 3마리, 14s. 4d. 가치의 말과 망아지 1마리씩이었다. Robert Grove의 가축은 50s. 가치의 소 2마리와 돼지 3마리였고, Ralph Carter의 가축은 44s. 8d. 가치의 돼지 4마리와 양 3마리였다. Thomas Yonge의 곡물은 약 7 acres 정도의 파종된 밀과 호밀, 그리고 귀리와 완두콩이었고, £3. 14s. 4d.의 가치였다. Robert Grove의 경우 밀 2 acres와 봄곡물 4½ acres로, £4 가치였다. Ralph Carter는 £5 가치의 밀과 호밀, 귀리 등을 6 acres 파종했다.[74)]

5. 은퇴농 및 수공업

1) 은퇴농

Kings Langley 교구에서 유산목록을 남긴 6인과 유언장만을 남긴

74) *Kings Langley Wills and Inventories*, nos. 69, 124, 57, 56, 95, pp. 63, 113, 50-51, 49, 85.

4인의 경우는 농경에서 은퇴한 것으로 보인다. 이들은 대부분 농토를 아들에게 넘겨주었고, 그들의 부에서 가축이 차지하는 비중이 적었다. 그들은 가끔 상당한 돈을 [표 5-2]로 정리된 바와 같이 대부하였는데,[75] 전체 부에 비해서 농장의 부는 적고 대여가 많았다.

[표 5-2] 은퇴자의 부

이름	총 부	농장의 부	농장소유물	대부 액수
King	£324. 19s. 4d	£7. 0s. 0d	양20	£300. 0s. 0d
Knight	£186. 18s. 8d	£5. 0s. 0d	말1,소1,도구들	£162. 6s. 8d
Carter	£156. 3s. 0d	£5. 11s. 4d	소1,양8,가금류	£121. 0s. 0d
Deacon	£44. 7s. 8d	£2. 3s. 4d	소1,건초,밀,나무	£ 33. 0s. 0d
Goulde	£30. 13s. 5d	£5. 12s. 0d	수레들,쟁기들,도끼,낫	–
Anderson	£15. 10s. 6d	£1. 7s. 0d	소1,돼지2,나무	£ 10. 10s. 0d

이들은 Anderson을 제외하고는 요먼으로 묘사되는 다른 사람들[76]과 비슷한 유언장 작성자들로, 한때는 생존수준 이상의 농토를 경작했던 것으로 보인다. 그런데 이들 은퇴한 요먼들이 은행이 없었고 통화되는 화폐가 적었던 시대에 농촌공동체에서 대부의 주요 원천이었음에 틀림없다. 1613년 1월의 유언장에서 노동자로 묘사된 Robert Anderson조차도 그가 벌어 모은 돈 £10. 10s.을 대부하였다. Robert Anderson은 "Mistress Belfeild가 그에게 £8를 빚지고 있고, Nicholas Roberts가 £1. 10s., Thomas Halsey가 £1를 빚지고 있다고 말했다." 대부 금액을 포함한 그의 동산의 합계는

75) 차례로 *Kings Langley Wills and Inventories*, nos. 136, 98, 119, 55, 125, 59이다. (표 5-2)는 대부 액수가 많은 순서로 정리되었다. p. xxv.

76) *Kings Langley Wills and Inventories*, nos. 61, 84, 97, 108.

£15. 10s. 6d였다.77)

현역으로 활동하는 파머는 더 큰 돈을 대부할 수 있었다. 예컨대 1644년 6월 27일에 유산목록이 작성된 매우 부유했던 요먼 William Knight는 지방의 중요한 대부인이었다. 유산목록에 나타난 동산의 총액은 £889였는데, 농장과 관련된 부는 £166. 10s.이었고, £700가 "준비된 현금과 대부 보증서"였다.78)

교구목사나 수공업자들도 얼마간의 농업에 관련된 재산을 가지고 있으나 다른 부분의 재산이 더 많아 은퇴한 요먼을 닮아 있다. 예컨대 1635년 4월 2일 유산목록을 남긴 교구목사 John Southen은 £74. 5s. 2d의 가치의 동산을 남겼다. 대부는 없었으나, £11. 1s. 가치의 양 13마리, 돼지 1마리, 돼지 옆구리고기 13개, 밀을 남겼고, £4 가치의 양모 10파운드, 땔나무, 거름, 잡동사니를 남겼다. John Southen의 장인이며 전직 교구목사였던 Gregory Grove는 £235. 8s. 가치의 동산을 남겼는데, 그 가운데 가축과 곡물은 £7. 13s. 4d뿐이었다. 그는 우유용 젖소 2마리, 돼지 2마리를 가지고 있었고, £2 가치의 곡물과 13s. 4d. 가치의 건초와 짚을 가지고 있었다. 그는 £200를 대부하고 있어 앞서 살펴본 부유한 은퇴 요먼과 경제적 상황이 매우 비슷한 것으로 나타나고 있다.79)

일부 수공업자는 [표 5-2]의 노동자 Anderson과 비슷하다. 1629년 10월 20일 대장장이 John Fanch는 £22. 16s. 0d 가치의 소유물을 남겼는데, 그 가운데 농장물품은 £4로 우유용 젖소가 £2. 6s. 8d였고 양 6마리와 새끼양 4마리의 가치가 £1. 3s. 4d였다. 1642년 11월 12일 목수 William Field는 £20. 8s. 6d 가치의 소유물을

77) *Kings Langley Wills and Inventories*, no. 59, p. 54.
78) *Kings Langley Wills and Inventories*, no. 126, p. 118.
79) *Kings Langley Wills and Inventories*, nos. 102, 85, pp. 91, 74-5.

남겼는데, 그 가운데 £6. 16s. 4d가 농장의 품목들로, 암소 1마리, 양 3마리, 돼지 1마리, 가금류가 £3. 6s. 4d.였고 창고의 곡물과 들판의 밀이 £3. 10s.이었다.80)

7인의 오두막살이는 소수의 가축이나 작은 땅뙈기만을 가지고 있어, 그들의 농산물만으로는 생존이 거의 불가능했다. 1636년 1월 8일 유산목록이 작성된 James Crosby는 가축지기(keeper)로, 8에이커의 임차지를 경작하며 소 1마리를 소유했다. 1636년 12월 28일 Francis Carter는 목수로 기록되어 있는데, "밀이 자라는 1 루드(rood)의 땅"을 가지고 있었고, 광에는 곡물, 밀짚과 왕겨, 갈퀴 2개, 팬 1개가 있었다. 가축으로는 암탉 7마리와 수탉 1마리를 소유하였다. 1637년 3월 12일 Mathias Carter는 암탉 4마리, 수탉 1마리와 곡물 10 부셀, 짚과 왕겨를 소유하였다. 1638년 9월 16일 Thomas Lovett는 양복장이로, 닭 3 마리, £1 가치의 나무와 잡동사니를 소유하였다. 1639년 5월 20일 John Dell은 노동자로 기록되어 있는데, 돼지 1마리와 닭 7마리를 소유하였다. 1640년 미망인 Elizabeth Dowse는 암양 1마리와 닭 3마리를 소유하였다. 1648년 1월 1일 묻힌 노동자로 기록된 Richard Spratley는 양 3마리와 양모 4파운드 정도를 가지고 있었다.81)

2) 수공업

주요 수공업자들은 대장장이, 목수, 바퀴제조공, 장갑제조공 등으로 직업이 묘사되어 있고, 유산목록에는 그들이 사용하던 도구나 재료의 가치가 기록되어 있다. 물론 1638년 8월 15일 유산목록

80) *Kings Langley Wills and Inventories*, nos. 91, 121, pp. 80, 109.

81) 1 rood의 넓이는 1/4 acres이다. *Kings Langley Wills and Inventories*, nos. 103, 105, 106, 110, 115, 116, 133, pp. 92, 94, 97, 102, 127.

을 남긴 John Douse처럼 "그의 작업 도구"와 같이 단순하게 기록된 경우도 있다. 그런가하면 1550년 10월 20일 William Bennynge처럼 유산목록은 존재하지 않고 유언장에 상점만 언급한 경우도 있다.[82)]

그러나 일부는 직업에 대한 정보를 좀 더 남겼다. 1629년 8월 26일 유언장을 남긴 John Fanch는 대장장이로 그의 아들에게 그의 연장을 남겼다. 그해 10월 20일의 유산목록에는 그에 대한 가치가 기록되어 있는데, ￡3의 가치의 "상점 내의 모루 1개, 낡은 풀무 1쌍"이 있었고, 10s. 가치의 "상점 내의 나머지 모든 도구들"과 5s. 가치의 "철과 석탄"이 있었다. 1642년 11월 12일 유산목록이 작성된 William Field는 목수로, 12s. 가치의 "일하는 연장들"을 남겼고, 10s. 가치의 "집 주변의 낡은 사다리와 나무, 블록들" 그리고 4s. 가치의 "숫돌 하나"와 유산목록에 기록되지 않은 "다른 모든 것들"을 남겼다. 역시 목수였던 Joseph Townson은 1644년 9월 18일 유산목록에서 ￡6 가치의 "목재"를 남겼는데 이는 그의 동산 ￡23. 8s. 0d.의 4분의 1을 넘는 액수였다. 톱질꾼인 William Jewett는 1630월 9월 6일 유산목록에서 1s. 6d. 가치의 사다리 3개를 남겼고, 5s. 가치의 "세 개의 톱과 그에 속한 모든 연장들"을 남겼다.[83)]

1558년 8월 14일 유언장을 남긴 John Carter는 수레바퀴제조공이 틀림없다. 그는 그의 아들 Thomas에게 "400개의 너도밤나무 목재, … 200개의 물푸레나무 목재, 200개의 수레바퀴살, … 그리고 바퀴 만드는데 필요한 많은 연장들"을 남겼다. 1528년 1월 10일 유언장을 작성한 Hugh Carter와 1637년 1월 9일 유언장을 작성한 John Carter는 유언장에 수레바퀴 제조공으로 명기하고 있으나, 그

82) *Kings Langley Wills and Inventories*, nos. 109, 24, pp. 96, 19.
83) *Kings Langley Wills and Inventories*, nos. 91, 121, 128, 94, pp. 80, 109, 120, 84.

들의 유언장에는 직업에 대한 정보를 남기지 않았다. 1616년 4월 1일 유언장을 작성한 James Muchett 역시 유언장에 수레바퀴 제조공으로 명기하였는데, 목재로 그의 직업에 대한 다른 증거를 남겼다. 그는 아들 John에게 "작업장 위층의 방에 있는 1쿼터 무게의 대형 궤"를 남겼다. 같은 이름의 친족에게는 "짐마차를 위하여 시작하여 건립하고 설비를 갖춘 틀과 모든 목재들 … 그리고 짐마차 틀을 마무리하기 위하여 필요한 모든 목재들"을 남겼다.84)

방적(실잣기), 직조와 염색에는 남녀 모두가 종사하였다. 3명의 미망인이 실잣기에 필요한 물레를 남겼다. 1620년 1월 17일 유산목록이 작성된 미망인 Bale은 "5 파운드 무게의 아마 방적사(linen yarn)"와 아마용 물레 1대를 남겼다. 1639년 1월 26일 유산목록이 작성된 미망인 Joan King은 "5야드의 양모 천"과 "물레 하나"를 남겼다. 반면에 1657년 9월 16일 유언장를 작성한 미망인 Martha Cater는 유언장에 양털빗질과 방적에 대한 증거를 남겼다. 그녀는 손녀딸에게 "나의 양모 물레와 나의 아마 물레, 나의 원료 소모기(card)와 다른 소모기들, 나의 작은 광주리, 나의 새 바구니"를 남겼다.85)

한편 1558년 8월 15일 유언장을 남긴 Richard Baldwin은 그의 딸에게 "나의 모든 염색 그릇들"을, 그의 아들에게 "내 직업의 모든 도구들"을 남겼다. 1623년 9월 29일 유산목록이 작성된 직인(weaver) Richard Cockupp은 그의 " 베틀과 도구" 그리고 "통 만드는 물품(coopery ware)"과 "모든 나무"를 남겼다. 1638년 9월 16일 유산목록이 작성된 양복장이 Thomas Lovett는 "2개의 실 잣는 물레"를 남겼는데, 그의 직업에 대한 다른 증거는 없다.86)

Robert Cartwright는 1646년 1월 6일 유언장에서 맥아제조공

84) *Kings Langley Wills and Inventories*, nos. 29, 7, 107, 65, pp. 22, 8, 95, 59.
85) *Kings Langley Wills and Inventories*, nos. 70, 114, 145, pp. 63, 101, 143.
86) *Kings Langley Wills and Inventories*, nos. 30, 75, 110, pp. 23, 68, 97.

(maltman)으로 직업을 표기했는데, 그의 아내와 아들에게 직업에 관한 도구를 남겼다. "증류기(still) … 상점에 설비된 체(cerces: sieves) 다른 최상급 체 2개"와 많은 저울을 그의 아내에게, 그리고 "현재 Mistress Buckock가 살고 있는 집에 기댄 작은 헛간을 갖게 한다." 그의 아들 John은 "2개의 용광로(furnace)와 용광로에 딸린 청동 국자"를 증여하였다. 1626년 9월 20일 작성된 유산목록에서 주류 판매가 허가된 여관주인(victualler) Thomas Pearce는 작은 여관의 설비들을 남겼다. John Buckoke는 1628년 9월 15일 작성된 그의 유산목록에 의하면 여관을 갖고 있었던 듯하다. 그는 3군데의 분리된 화덕이 있었고, 테이블 4개, 의자 7개, 벤치 2개, 등받이 없는 의자 28개, 벽의 장식쇠와 그림들, 식탁보 7개, 냅킨 60장을 가지고 있었다. 또 ￡5 가치의 "가게 안의 물품들"이 있었는데, 무엇인지는 알 수 없다.[87)]

6. 가옥

1611～1651년 사이에 작성된 26건의 유산목록이 방에 대한 정보를 제공한다. 또 1550년과 1585년의 유언장에서 16세기 가옥에서 방에 대한 정보를 제공하고 있다. Kings Langley의 유산목록에서 언급하는 방은 가옥 내의 방 전체가 아닌 최소의 개수이다. 일부 방은 가치 있는 물건이 없다면 언급에서 빠질 수 있었기 때문이다. 유산목록에서 'chambers'로 언급되는 곳에서 우리는 2칸을 생각할 수 있으나, 더 많을 수도 있다. 'bacon loft'나 'entry'처럼 특별한 이름으로 주어진 것도 방으로 계산하였다.[88)]

---

87) *Kings Langley Wills and Inventories*, nos. 130, 81, 87, pp. 122-23, 71-2, 77.

88) 방의 수가 적은 사례부터 정리하였다. 정리된 26건은 차례로 *Kings*

[표 5-3] 가옥의 방의 수

이름	연도	방의 수 (최소)	가재의 부 (£.s.d.)	가재의 %	전체 부 (£.s.d.)
Crosby	1636	2	7. 17. 10	62	12. 14. 6
King	1639	2	8. 9. 0	94	8. 19. 8
Dell	1639	2	7. 17. 0	92	8. 17. 0
Anderson	1613	3	2. 13. 6	17	15. 10. 6
Cockupp	1623	3	12. 2. 0	46	26. 2. 0
Fanch	1629	3	15. 17. 0	49	32. 6. 0
Ancerson	1630	3	8. 17. 0	80	11. 2. 0
Jewett	1630	3	5. 13. 2	88	6. 4. 6
Lovet	1638	3	7. 2. 2	65	10. 18. 2
Carter	1642	3	21. 5. 0	13.5	156. 3. 0
Caler	1643	3	21. 0. 0	33	64. 0. 0
Nutkin	1642	3	14. 19. 0	26	56. 19. 4
Townson	1644	3	13. 0. 0	57	23. 8. 0
Picket	1651	3	6. 2. 0	90	6. 14. 0
Buckoke	1628	3	44. 15. 10	76	58. 15. 10
Deacon	1611	4	7. 6. 4	16.5	44. 7. 8
Field	1642	4	11. 5. 0	55	20. 8. 6
Hill	1643	4	16. 0. 0	48.5	33. 0. 0
Grove	1612	5	7. 10. 6	28	27. 2. 6
Pearce	1626	5	8. 3. 4	80	10. 4. 4
Yonge	1612	6	4. 5. 2	28	15. 7. 2
Knight	1633	6	16. 12. 0	8	186. 18. 8
Weedon	1643	7	20. 15. 0	27	76. 9. 10
King	1646	7	27. 16. 0	6	437. 16. 0
Haydon	1645	9	28. 15. 0	44	64. 15. 0
Lee	1648	9	95. 10. 0	18	516. 17. 0

Langley Wills and Inventories, nos. 103, 114, 115, 59, 75, 91, 92, 94, 110, 119, 123, 127, 128, 137, 87, 55, 121, 124, 56, 81, 57, 98, 122, 131, 129, 135이다. p. xxvii.

정리된 [표 5-3]을 통하여 알 수 있듯이 17세기 전반 Kings Langley 교구의 경우 집의 크기와 남겨진 재산 사이의 직접적인 연관관계는 없었던 것으로 보인다. £100 이상의 동산 가치를 남긴 사람은 오직 4인뿐인데, 이들의 방은 각각 3, 6, 7, 9칸으로 다양하였다. 또 3칸 방의 집에서 사는 사람들이 일부 4칸이나 5칸, 그 이상의 방을 가진 집에서 사는 사람들보다도 부유하였다.

전체의 동산이 가축, 곡물, 가재(household goods), 빚을 포함하고 있어서, 가재에 포함된 액수가 각 가정 사이에 큰 편차가 있었음을 보여주고 있다. 물론 가재의 비율도 집의 크기와는 분명한 연관관계가 없다. 다만 가난한 사람의 가재의 비율이 부자의 그것보다 뚜렷이 높은 경향을 보인다.

방의 수와 동산의 크기, 방의 수와 가재의 액수 사이에 뚜렷한 연관관계가 없는 것은 Kings Langley의 유산목록이 작성되던 당시가 3장과 4장에서 이미 언급한 대로 가옥의 개축 및 재건축 시기였다는 점과 관련이 있는 것으로 생각된다. 당시 가옥을 개축하거나 재건축하여 방의 수를 늘렸던 집은 동산의 액수에 비하여 방의 수가 많을 수 있었기 때문이다. 또 당시에는 거주지가 도시지역인가 혹은 농촌지역인가에 따라서도 방의 수가 다른 경향이 있었기 때문이다. 도시지역의 경우 대체로 2층집으로 아래층의 가게와 거실, 부엌 외에도 가게나 거실 위의 2층 방이 있었기 때문이었다. 따라서 도시지역과 농촌지역을 비교해보았을 때, 도시지역은 농촌지역의 동산에서 큰 비중을 차지하는 가축이 없거나 매우 적어, 양 지역 사이에 방의 수와 동산의 크기를 적절히 비교하기가 쉽지 않다.

유산목록에 나타나는 주요한 방은 hall, parlour, kitchen 혹은 buttery, chambers와 몇몇 경우의 cellar이다. 이들 방은 대체로 집의 크기와 관계없이 서로 비슷한 용도로 사용되었다. Hall은 많은 경우

식사와 요리, 때로는 잠자는 용으로도 사용되었다. 많은 집에서 hall에 가구는 거의 없었다. Parlour는 주로 잠자는 방이나 거실로 사용되었다. Kitchen은 요리를 위해 사용되었고, 요리 도구와 음식을 저장하고 때로는 주조에 사용되었다. Buttery는 kitchen 외의 추가적인 혹은 대체적인 저장실이었다. 때로는 주조에 사용되었고 심지어는 음식 만드는 곳으로도 사용되었다. Chamber는 잠자는 방 겸 저장실로 복합적으로 사용되었다. Cellar는 주로 주조용으로 사용되었다.

[표 5-3]으로 정리된 2칸 방 집 3가구는 hall과 위층의 chamber로 구성되어 있다. 3칸 방 집 12가구 가운데 4가구는 분명히 2층이 있었다. 4칸 방 집 3가구의 경우 각각 hall과 kitchen이나 buttery가 1층에 있다. 그 가운데 2가구는 2층에 방이 있고, 3번째 가구의 'chambers'는 hall과 buttery 위에 있는 듯하다. 5칸 방 집 2가구는 각각 방 3칸은 1층에 방 2칸은 2층에 있는 듯하다. 6칸 방 집 2가구는 방 4칸은 1층에, 2칸은 2층에 있는 가옥과, hall과 buttery 그리고 각각의 위에 chamber가 있으며, 또 hall 위의 loft, entry 위의 loft가 언급되고 있다. 7칸 방 집 2가구는 각각 cellars와 2층에 1개 이상의 방이 있다. 9칸 방 집 2가구는 각각 1층에 3~4칸의 방이 entry나 porch와 있고, 2층에 4~5칸의 방이 있다.

굴뚝에 대한 언급은 교구목사인 Christopher Pickering의 1539년 2월 8일의 유언장에서 처음 등장하는데, 그는 "굴뚝에 있는 증류기(still)를 매다는 오븐 위에 냄비를 매다는 s자형 고리(pothook)"를 언급하고 있다. 그런가 하면 1585년 6월 26일 John Kettell의 유언장에는 방이 8칸이 등장하는데, 여기에는 study, 큰 parlour, 큰 chamber, a great parlour 위에 'a chimney chamber'가 나타나고 있다.[89] Christopher Pickering과 John Kettell의 가옥은 중세 이래의

89) *Kings Langley Wills and Inventories*, nos. 14, 37, pp. 12, 29-32.

hall의 중앙에 위치한 화덕 대신에 굴뚝을 세운 벽난로가 도입된 당시대에 새로 건축된 가옥으로 보인다.

7. 가내 물품

17세기에 작성된 유언장과 유산목록에는 일반적으로 16세기에서보다 더 사치스런 가구가 보인다. 대표적인 가구가 의자(chair)인데, 의자에 대한 처음 언급은 Robert Knevett의 유언장으로 1550년 1월 20일 작성되었다. 1585년 6월 25일 작성된 젠틀맨 John Ketell의 유언장에는 큰 의자와 작고 낮으며 조립된 팔걸이의자 등 설비가 잘 갖추어진 모습을 보여주고 있다.[90)]

의자에 대한 언급은 17세기 초부터 빈번해져, 가난한 집에서도 등장하였다. 의자에 대한 세부사항은 별로 없으나 고리버들세공(Wicker)이나 가죽 의자, 팔걸이의자(Wainscot) 등이 기록되어 있다. 등이 높은 긴 의자(settles)도 드물게 언급되었고, 팔걸이 벤치의자(a bench of wainscot)와 찬장이 딸린 의자(lockett settle)도 있었다. 앉는 가구로서는 벤치(benches)와 수틀(stools)이 가장 흔하고 중요한 역할을 했다. 부유한 가정에서 수틀은 매우 호화롭게 될 수 있었는데, 실크를 입히거나 고급 재료로 만들 수 있었다. 예컨대 앞에서 언급한 1585년 John Kettell의 집에는 호두나무로 만든 여러 개의 수틀이 있었는데 이는 당시에 막 유행되던 것이었다.

탁자(tables)는 모양이 다양하여, 길고, 둥글고, 짧고, 사각형일 수 있다. 일부 유산목록에는 drawing table(판을 꺼내 면적을 넓일

---

90) *Kings Langley Wills and Inventories*, nos. 23, 37, pp. 17-8, 29-32.

수 있는 조립식 테이블)과 side table(메인 테이블 옆의 사이드 테이블)이 언급되고 있다. 1605년 8월 2일 미망인 Agnes Rooee의 유언장에는 호두나무로 만든 탁자 3개가 언급되고 있다. 1585년 John Kettell은 다리가 달린 판이 두꺼운 큰 탁자, Bitterleys 문장이 새겨진 탁자를 소유하였다.91) 목제 상자와 금고(coffer)에는 가끔 쇠테와 자물통이 달려있었다. 1585년 John Kcttcll의 "쇠대가 있는 금고", "자물쇠와 열쇠가 있는 매우 좋은 금고"가 대표적이다.

John Kettell의 유언장에는 잘 갖추어진 하나의 침대(bed)와 침대틀(bedstead)이 놓인 chamber에 대하여 언급하고 있다. 그런데 이 침대는 천장으로부터 커튼이 쳐진 구형 침대를 시사한다. 그는 또한 조립식 닫집(canopy)이 달린 조립식 침대틀도 남겼다. 당시 조립식 가구는 숙련된 목수에 의해서 만들어졌다. 소목장이(joiner)는 적절하게 장붓구멍(mortice)을 내고 장부(tenon)를 만들어야 했다. Kettell은 네 기둥에 그의 아들 Christopher를 위해 만든 Ch와 K의 문자를 새긴 하나의 침대틀을 남겼으며, 6개의 둥근 bedstafff(침구를 고정하기 위하여 침대의 앞 혹은 뒤를 느슨하게 가로지르는 장대나 나무막대기)를 남겼는데, 이는 때로는 무기로도 사용되었다.

당시 많은 사람들은 기둥만 있고 닫집에 없는 침대와 고정된 침대를 가지고 있었다. 노동자인 John Dell조차도 1639년 5월 2일 작성된 유언장에는 징두리 벽판에 고정된 침대를 가지고 있었다. 그런가하면 1609년 10월 9일 요먼 George Miller는 판자를 댄 침대틀과 깃털침대를 남겼다. 1611년 3월 1일에 유산목록이 작성된 미망인 Elizabeth Colt는 비단 닫집이 딸린 침대틀과 깃털침대 매트리스와 매트가 딸린 모직물 커텐들, 깃털로 만든 베개받침 2개의

91) *Kings Langley Wills and Inventories*, no. 49, p. 41.

베개, 담요 3장, 스페인산 흰색 담요 1장, 녹색 깔개 1개, 붉은색의 침대보 1장 등을 남겼다. 그녀는 ￡32. 2s. 6d. 가치의 사치스런 소유물을 가지고 있었는데, 사망하기 전인 1610년 3월 1일 작성된 메모에 의하면 "그 같은 물건은 현재… 남편인 Ralph Carter of Chipperfield의 집에 있다."라고 기술되어 있다.92)

17세기에는 침대용 린넨, 테이블 린넨, 수건이 간난한 사람들의 유산목록에서도 나타나고 있다. 그에 비하여 부유한 집에는 부드러운 가구들이 풍부했는데, 색깔별로 단을 댄 바느질감과 술을 단 쿠션이 대표적이었다. 물론 가난한 집에도 이들을 가지고 있었는데 양이 적었고 상세히 서술되지도 않았다. 벽걸이와 벽을 덮는 그림이 그려진 천도 등장한다. 커튼은 일반적으로 침대용 커튼을 의미하는데, 1611년과 1628년에 작성된 2건의 유산목록에서는 창문 커튼(window curtains)에 대하여 언급하고 있다.93)

가내물품으로는 값나가는 것으로는 일반적으로 놋쇠(brass)와 백랍(pewter) 제품인데, 많은 유산목록에서 종종 전체 가치로 언급되고 있다. 예컨대 1585년에 젠틀맨 John Kettell은 뚜껑달린 백납 소금그릇과 각각 자녀를 위한 5개의 백납 요강이 있었다. 1599년 12월 19일 유언장을 작성한 요먼이며 방앗간 주인인 Nicholas King은 놋쇠 가마솥을 남겼다. 1610년 유산목록이 작성된 Ellen Pearce 역시 10s. 가치의 놋쇠제품과 6s. 8d. 가치의 백납제품을 남겼다.94)

개인의 귀금속에 대한 8건의 언급 대부분은 반지였다. 예컨대 1531년 8월 4일 요먼 Richard Seman의 유언장에 기록된 "은도장 반지", 1541년 10월 26일 Davie John의 유언장에 기록된 "터키옥 있는

92) *Kings Langley Wills and Inventories*, nos. 115, 60, 53, pp. 101, 55, 44.
93) *Kings Langley Wills and Inventories*, nos. 53, 87, pp. 44, 77.
94) *Kings Langley Wills and Inventories*, nos. 37, 48, 51, pp. 29-32, 40, 42.

반지와 다이아몬드 반지", 1585년 6월 26일 젠틀맨 John Kettell의 유언장에 기록된 "문장", "루비", "늑대가 새겨진 옥석"이 박힌 3개의 금반지, 1628년 9월 15일 유산목록이 작성된 John Buckoke의 26s. 8d 가치의 금반지, 1631년 11월 12일 젠틀맨 Christopher Potkyn의 유언장에 기록된 "금으로 된 인장 반지" 등을 볼 수 있다.[95)]

9건의 유언장과 유산목록에는 은이 언급되고 있다. 3건은 은수저이고, 2건은 은제 후크와 은제 단추이다. 은제 단추는 1624년 11월 6일에 작성된 요먼 Thomas King의 유언장에 의하면 30개에 7s.이었다. 앞에서 언급한 1631년 11월 12일 젠틀맨 Christopher Potkyn의 유언장에는 "은제 발 달린 작은 중국 컵"에 대한 기록이 있다. 역시 앞에서 언급한 John Kettell이 대부분의 은제 제품을 남겼다. 한 개의 큰 고블릿(goblet)이 은으로 도금되었고, 작은 술잔, 뚜껑이 있는 소금통, 금속제 술잔 등에도 은으로 도금되었다. 일부분이 금제로 된 소금통은 세례식 선물로 묘사되어 있다. John Kettell이 소유한 일반적인 은제 스푼은 엘리자베스 1세 여왕 시기에 유행했던 것으로 보인다.

유언장이나 유산목록에서 책에 대하여 언급하고 있는 경우는 16건인데, 절반이 성경이다. 1498년 2월 15일 유언장을 남긴 Richard Lessy는 중세말 종교저서 모음집을 남겼는데, 6권은 베니치아 수도원장의 모음집이었고, 인쇄본 'Legenda Aurea(The Golden Legend)', 금은제의 걸쇠가 있는 입문서, 성무일도서(breviary), 미사 책, 잡지였다. 황금전설은 J. de Vingay의 불어판을 Caxton이 번역하여 1483년 인쇄한 것이다. 여기에는 교회의 축제일, 성경에서의 이야기, 성인들의 전설이 담겨있다. John Kettell은 1585년에 라틴어 성경과

95) *Kings Langley Wills and Inventories*, nos. 9, 17, 37, 87, 96, pp. 9, 14, 29-32, 77, 86.

대판(大版) 영어 성경을 그것을 펴 놓은 책상과 함께 남겼다. 또 'Ortus Sanitatis (the Garden of Heath)'라는 책도 남겼는데, 이책은 J. Maydenhach 저서로 Mainz에서 1491년에 출판되었다. 이는 손으로 색을 칠할 수 있는 예시로 가득 찬 책으로 전반부는 De Herbis, 다음은 작은 부분으로 동물, 새와 물고기 부분이 뒤따른다. 그런 후에 귀금속 부분, De Lapidibus, 마지막으로 De Urinis가 뒤따른다.96)

17세기의 유언장은 매우 여러 종류의 종교서적을 남겼다. Thomas Tomson은 1623년 5월 31일 작성된 유산목록에 Richard Brown에게 2권의 책, *Christian Knight* 와 *Leicester's Commonwealth* 를 남겼다. 전자는 Erasmus의 기독교 병사의 편람으로 당시에 널리 구입된 책이었다. 후자는 엘리자베스 여왕과 Earl of Leicester 사이의 관계에 대한 폭로서로 1584년 처음 출판되었고 여러 이름으로 다시 출판된 것이었다. 이들 2권은 1623년에 "다른 시시한 것들"과 더불어 10s.이었다. 1643년 4월 6일 유산목록이 작성된 요먼 Simon Goulde는 그의 아들에게 2권의 성경과 한권의 Doctor Preston의 저작이 일부 담긴 가죽 장정의 책을 남겼다. John Preston은 Cambridge 대학의 Queens' College의 독실한 퓨리턴으로 그의 설교가 매우 인기가 있었다. 그는 1628년에 죽었는데, 그의 책은 다음해 바로 출판되었다.97)

그림에 대해서도 언급되고 있다. 1611년 3월 1일 유산목록이 작성된 미망인 Elizabeth Colt는 그림 5점을 가지고 있는데 3s. 가치였다. 그녀의 사위인 Richard Perry 역시 2점의 그림을 가지고 있는데 1611년 6월 5일 유산목록이 작성될 당시 8d.의 가치였다. 젠틀맨인 Thomas

96) *Kings Langley Wills and Inventories*, p. xxxi; nos. 1, 37, pp. 2-3, 30-2.

97) *Kings Langley Wills and Inventories*, pp. xxxi-xxxii; nos. 74, 125, pp. 67, 114.

Yonge는 1612년 5월 20일 "작고 오래된 한 점"의 그림을 가지고 있었고, John Buckoke는 1628년 9월 15일 작성된 유산목록에 6s. 8d. 가치의 "장식쇠와 그림들(scutchins and pictures)"을 가지고 있었다.[98]

13건의 유언장과 유산목록에는 무기에 대한 언급이 있다. 칼 혹은 칼과 방패에 대한 언급이 10번 나오고, 활과 석궁에 대한 언급은 1531년에서 1636년 사이에 5번 나온다. 여러 종류의 총에 대한 언급도 기록되어 있는데, 1611～1648년 사이에 4건의 유산목록에서 나온다. 예컨대 6s. 8d. 가치의 한 자루의 무거운 권총(dagg), ￡1. 6s. 8d. 가치의 "3자루의 좋은 총(gun)과 한 자루 석궁", ￡2 가치의 "침대와 한 자루 머스킷 총(musket)"이다.[99]

이 밖에도 창(pike), 투창용 창(javelin), 미늘창(halberd, bill)이 기록되어 있으며, 단검, 스코틀랜드 단검(Scotch dagger)도 기록되어 있다. 그런가하면 1585년 John Kettell은 좀 더 값나가는 것으로 보이는 흉갑, 판금된 누비 자켓, 강철 투구와 더불어 칼, 방패, 창, 미늘창을 소유하고 있었다.

---

98) *Kings Langley Wills and Inventories*, nos. 53, 52, 57, 87, pp. 45, 43, 50, 76.
99) *Kings Langley Wills and Inventories*, nos. 52, 103, 135, pp. 43, 92, 131.

6장
17~18세기 미드 에식스

1. 시대적 환경

본 장에서는 17세기 중엽에서 18세기 중엽 사이 미드에식스 농업지역의 유산목록을 대상으로 당대의 사회변화를 분석한다. 분석대상이 되는 문서는 1635년에서 1749년 사이의 것으로 총 245건이 1696년 F.W. Steer의 편집에 의하여 발간되었다.[1)]

이 장에서 논의하는 튜더와 슈트어트 초기시대는 여러 논쟁으로 가득한 시기로, 르네상스에서 근대 사이에 위치한 가교적인 시기이다. 또 청교도혁명의 종말과 왕정복구의 시기로 경제적 회복이 일반적으로 영국 모든 계층의 생활수준 향상을 가져왔던 시기이기도 하다. 이 장에서 다루는 유산목록들은 이 같은 변화의 시기에 일반 가정의 일상생활의 모습을 자세히 파악하는데 도움이 될 것이다.

유산목록들은 정치적 격동과 왕조의 명운이 부침하던 시기에도 일반가정생활은 큰 변화 없이 지속되었다는 것을 보여주고 있

---

1) F.W. Steer, ed., *Farm and Cottage Inventories of Mid-Essex 1635-1749* (Phillimore & LTD. 1969). 이하 *Farm and Cottage Inventories*로 약하여 표기함.

다. 더구나 이 장에서 다루는 유산목록들은 장인의 몰락과 인구집중 같은 산업혁명으로 야기된 문제들이 나타나기 이전에 작성된 것이다. 당시의 농촌은 토지귀족들의 근거지였으며, 일반적으로 농업이 상업이나 수공업보다는 여전히 존중받는 사회였다.

이 시기 교구는 지방정부의 주요한 단위였고, 교구 내의 법과 질서는 교구에서 선출된 관리들, 즉 교구위원(churchwardens), 빈민감독관(overseers), 경관(constables) 등에 의하여 통제되었다. 빈민들이 한 교구로부터의 다른 교구로의 이동은 구빈법에 의하여 제한되었다. 위생시설이 알려지지 않은 시대였고, 의료서비스 역시 초보단계였다. 모든 직종에서 노동은 아동과 부녀자를 포함하며 육체노동이 힘들고 끊임없이 지속되는 상황이었고 저임금에 고통 받던 시기였다. 또한 범죄가 만연했고 생명이 가볍게 여겨지던 시대였다.

이 장에서 다루는 유산목록들은 느리기는 하나 가정생활의 안락함이 점진적으로 확산되어 가는 것을 드러내고 있다. 주민들도 시대의 흐름에 따라 새로운 적응과 일부 옛것과의 단절을 보여준다. 그 같은 변화 속에서 Charles 1세 치세에서 사치품이었던 것 일부가 그의 아들 치세시기에는 필수품이 되었다. 동시에 환경과 패션의 변화에도 불구하고 특정 물품은 다시 유행하기도 했는데, 그것은 돈이 불충분한 상황에서 가구가 튼튼하게 만들어져 대를 이어 내려갔기 때문이었다.

유산목록의 역사적 가치에 대해서는 2장에서 언급한 바와 같이 아무리 강조해도 지나치지 않는다. 이유는 이들 문서가 현재의 우리에게 당대인들이 사망 당시에 어떤 물건을 소유하고 있었으며 그것의 가치가 얼마였는가를 정확하게 말해주고 있기 때문이다. 더구나 이들 내용은 사망자의 신분과 더불어 가치평가사에 의해 기록되어 교회법정에서 검인되었기 때문에 의심의 여지가 있을 수 없다. 따라서 이들 기록들은 공동체 구성원들의 사회적 지위에 대한 분석에서 장원기록들(manorial records)보다도 더 도움이 되며, 그들의 당대 일상생활을 보여주는 중요한 증거들인 것이다.

이미 언급한 바와 같이 이 장에서 다루는 유산목록은 산업화에 의한 기계의 대량생산으로 장인들의 개성이 거의 사라지고, 가정을 위한 대량 상품, 농업의 기계화가 시작되기 직전까지의 시기이다. 그렇기는 하나 당대에도 지역에서 생산되지 않는 가내 물품과 그릇들이 특정 전문화된 장소에서 구입되었다. 즉, 상품수송이 제한되었던 시대에서조차도 여러 상품들이 주(shire)와 도시, 그리고 시골 사이에서 교환되었다. 18세기 중엽 이전 영국은 농촌과 작은 도시 모두 필수품들이 부족했기 때문에 전적으로 자족적인 공동체는 아니었다.

2장에서 설명한 바와 같이 사망자의 동산 현황, 즉 유산목록이 유언장의 검인서 발행시 혹은 유언장이 없이 사망한 경우 집행서 발행시에 작성되었다. 여기에 포함되는 것은 가내물품, 돈, 빚, 접시, 옷, 보석, 가축, 가금류, 곡물, 건초, 목재 등이었으나, 특정 품목은 제외되었다. 예컨대 연못의 물고기, 토끼집의 토끼, 정원의 비둘기나 토끼 등을 유산목록에 기록될 필요가 없었으나, 길들여진 것이면 포함될 가능성도 있었다.

유언집행인 혹은 집행인이 유산목록을 제출할 때에 보증문서에 기입하거나 또는 보증금 제출과 같은 날짜에 유산목록의 작성 날짜를 기입하였다. 유언집행인이나 집행인이 검인서나 집행서 획득시에 수반되었던 법적 비용은 대략 30실링이었다. 1677년 9월 27일 요먼 Henry Duke의 경우는 £1. 9s. 2d. 즉, 29 실링 2페니였다.[2)]

유산목록은 특히 정직하고 능숙하게 물품의 가치를 평가할 수

---

2) *Farm and Cottage Inventories,* p. 5.

있는 사람에 의해서 작성되어야 했는데, 이론적으로는 당시에 같은 가격에 팔릴 수 있는 가치여야 했다. 그런데 가치평가사가 '정직하고 능숙한 사람'으로 요구되었어도 실제로 그들 다수는 문맹이었다. 또 지난 2~3세기 동안의 화폐구매력의 변화를 제대로 인식하지 못하여 일부 품목의 가치평가가 매우 낮기도 했다. 물품가치에서 불균등성이 두드러지고, 종종 일부 품목의 생략은 공정한 평가기술이 항상 존재했는지 의심스럽게 하고 있다. 예컨대 1678년 11월 7일 작성된 Edmund Turnidge의 유산목록은 동산의 가치가 ￡103. 16s.으로 물품목록이 자세한데, 침대에 대한 언급이 없다. 또 많은 유산목록에서 총계가 부정확하고, 문서가 방언으로 표기되거나 발음대로 표기되었다. 예컨대 1680년 3월 8일 유산목록이 작성된 William Webb의 경우 "to bench bords, …on gregen, …", "thre cous, on buloke" 등으로 표기되어 있다. 또 합계가 ￡54. 1s. 5d.가 되어야하나 ￡55. 1s. 7d.로 표기하고 있다.[3] 이들이 유산목록의 일부 개념을 해석하는데 어렵게 하고 있다. 이들 유산목록은 대부분 다양한 크기의 길고 좁은 종이에 작성되었는데, 일부는 피지(vellum)나 양피지(parchment)에 작성되었다.

2. 가옥

1) 가옥의 형태

초기의 작은 집들은 일반적으로 칸막이에 의하여 나누어진 house(즉, hall) and parlour(or bedroom)로 알려진, 2 rooms or bays의

---

3) *Farm and Cottage Inventories,* nos. 102, 113, pp. 148-50, 158-59.

집으로, 중앙굴뚝을 가지고 있었다. 후에 hall에 kitchen과 buttery가 부가되었다. 그래서 음식준비가 잠자는 부분과 분리되었다. 아마도 buttery는 처음에는 bower[4]와 동의어거나 적어도 관련이 있었을 것인데, 초기 가옥에서 기본적으로 여자들의 공간이었다.

더 후기 시기에는 hall 위의 2층에 chamber, parlour가 더해지거나 혹은 1층에 방들이 더해졌다. 반면 kitchen 날개는 dairies 와 brewhouses 같은 가사실이 덧붙여져 확대되었다. 창고(barns)와 외양간(stables)은 종종 가사 건물에 덧붙여졌는데, 결과적으로 집의 평면도가 L자형이거나 혹은 ㄷ장형이 되었다. 이 같은 재건축의 물결은 1590년에서 1640년 사이에 최고조에 달했으며, 중앙굴뚝 대신에 하나 이상의 굴뚝과 2층으로 통하는 계단을 가진 설계도가 1600경에 이르기까지 확산되었다.

가구들은 한 형태나 설계로부터의 변화가 점진적이었으며, 'the men's chamber', 'the folk's chamber' 같은 용어에서 우리는 일꾼이 집주인과 함께 숙식하던 구질서의 부활 내지 존속을 인지할 수 있다. 그에 비하여 하녀와 안주인은 kitchen, brewhouse, dairy에서 집안일을 처리했다.

이미 16세기 중엽까지 가옥의 개선에 많은 진전이 있었다. William Harrison(1534～1593)은 1587년 당시 노인들의 생애동안 마을에서 일어났던 변화에 대하여 언급하고 있는데, 당시에 굴뚝이 세워졌고, 잠자는 방이 개선되었고, 나무접시가 백납접시로 대체되었다.[5] 이런 변화는 세기가 흐르면서 더욱 두드러졌고, 오늘날에는 예전의 패션을 기억하게 할 만한 것이 거의 남아 있지 않

4) 용어의 기원은 중세 성채에서 부인의 내실인 boudoir임.

5) Georges Edlen, ed., *The Description of England by William Harrison (1587)*, Cornell University Press, 1968, pp. 200-01.

게 되었다.

1654년 분기법정에 간청한 사건에 의하면 화재로 인하여 ￡103. 6s. 11d. 가치가 있는 가내세간이 소실되었는데, 집의 재건축에 거의 ￡40의 비용이 들었다. 가내세간이 있던 방은 hall, parlour, dairy, buttery, chambers over parlour and hall, 'hovill' over the buttery, shed였다.[6)]

유산목록의 일부가 목수, 벽돌공, 수레바퀴제조공과 관련이 있으나, 건축가의 물품에 대해서는 언급이 없다. 그에 비하여 일반적인 수선을 위한 잡동사니 물품에 대해서는 많은 유산목록에 나타나는데, 이들은 대부분 판자나 널빤지 또는 단순한 목재들의 목록이다.

건축이나 수선에 필요한 벽돌은 오직 2번 나타난다. 1679년 3월 6일 유산목록이 작성된 William Carnell이 14s. 가치의 벽돌 700장을 가지고 있었다. 그런데 이 벽돌은 판매용이 아니었던 것이 확실하다. 왜냐하면 William Carnell의 'in the shopp'에는 수레, 수레바퀴, 쟁기, 써레, 작업도구 같은 농기구와 관련된 물품들만이 있었고, 벽돌은 'in the meale howse'에 보관되어 있었기 때문이다. 다른 한 사람인 John Chalk는 1681년 7월 21일 작성된 유산목록 'maulthouse'에 ￡1. 17s. 가치의 700장의 벽돌과 타일, 4묶음의 졸대(laths), 5개의 문설주(gate posts), 곡물 방충망, 2개의 갈퀴를 가지고 있었다. John Chalk은 집이 parlour, little parlour, little chamber, chamber over the parlour, chamber over the hall, chamber over the derry, buttery, kitchen, derry, dish buttery, little buttery, maulthouse, barnes로 구성된 전형적인 파머였다.[7)]

이 장에서 다루는 1635～1749년까지 217 가구의 유산목록에 기

6) *Farm and Cottage Inventories,* p. 11.
7) *Farm and Cottage Inventories,* nos. 104, 121, pp. 151, 165.

록된 방의 수는 총 1866칸이다. 이를 분석하면 [표 6-1]과 같다.[8]) 대다수의 집이 4~10개의 방으로 구성되어 있는데, 이들 가구가 144가구로 전체 217가구의 66.4%를 차지하고 있다. 그 가운데에서도 6~8개의 방을 가진 가구가 84가구로 전체의 38.7%에 이르고 있다. 즉, 전체의 세 집 가운데 두 집이 4~10개의 방으로 구성되어 있고, 특히 세 집 가운데 한 집이 6~8개의 방으로 구성되어 있는 것으로 나타나고 있다. 이 같은 방의 수는 16세기 후반에 비하여 크게 늘어난 것으로 나타나고 있다.[9])

[표 6-1] 집의 방 수

집 구분	가구 수	방의 수
1 칸 방 집	3 가구	3
2 칸 방 집	1 가구	2
3 칸 방 집	7 가구	21
4 칸 방 집	18 가구	72
5 칸 방 집	14 가구	70
6 칸 방 집	32 가구	191
7 칸 방 집	24 가구	168
8 칸 방 집	28 가구	224
9 칸 방 집	15 가구	135
10 칸 방 집	13 가구	130
11 칸 방 집	7 가구	77
12 칸 방 집	18 가구	216

8) *Farm and Cottage Inventories,* pp. 8-9.
9) 16세기 후반 옥스퍼드셔에서는 5개 이상의 방을 가진 가옥이 15%에도 미치지 못하였다. 본서 4장 (표 4-8) 참고.

13 칸 방 집	15 가구	195
14 칸 방 집	5 가구	70
15 칸 방 집	6 가구	90
16 칸 방 집	4 가구	64
18 칸 방 집	2 가구	36
19 칸 방 집	2 가구	38
20 칸 방 집	1 가구	20
21 칸 방 집	1 가구	21
22 칸 방 집	1 가구	22
합계	217 가구	1866

1칸 방 집에서 22칸 방 집까지 총 방의 수는 1866개이다. 이를 분류하면 [표 6-2]처럼 hall이 209개, chamber가 572개, parlour가 202개, kitchen이 113개, buttery가 268개, 기타 저장실 및 작업실 등이 502개이다. 대체로 hall과 parlour가 가구 당 평균 1칸, chamber가 2.6칸, kitchen이 0.5칸, buttery가 1.2칸으로 구성되어 있다. 특히 주로 잠자는 침실로 이용되었던 parlour와 chamber가 가구당 3.6 칸 정도 되었던 것은 이 시기 생활수준의 향상에 따른 가옥의 발달과 더불어 가족 간의 개인 프라이버시 보장이 크게 향상되었다는 것을 보여주는 것이다.

각 가구는 평균 1.2개의 저장실 외에도, 치즈나 맥아, 술을 제조하거나 곡물 보관을 위한 방이나 상점 등의 용도로 평균 2.3칸을 보유하고 있었다.

2) 방의 종류와 용도

[표 6-2]로 정리된 바와 같이 217가구 가운데 거의 대부분인 209가구가 hall이라고 이름 붙여진 방을 가지고 있다. 이는 앞에서 언급한 바와 같이 중세 말 이래 2칸 방 가옥에서부터 존재하던 방이었다. 식사와 거실 및 잠자는 방으로 사용되었고, 후에 개축이나 재건축을 통하여 chamber가 나타나고 늘어남에 따라 개인의 프라이버시를 지킬 수 있는 가옥의 구조로 발전해 갔다.

[표 6-2] 방의 종류

구분	칸 수	가구평균	%
Hall	209	1.0	11.2
Chamber	572	2.6	30.6
Parlour	202	1.0	10.8
Kitchen	113	0.5	6.1
Buttery	268	1.2	14.4
기타 작업실 등	502	2.3	26.9
합계	1866	8.6	100.0

Chamber는 [표 6-2]처럼 572칸이 나타나 가구당 평균 2.6칸을 소유하고 있다. 이를 세분해보면 [표 6-3]과 같다. Chamber 가운데 가장 많은 형태는 chamber over hall과 chamber over parlour로 각각 135칸과 134칸으로 나타나고 있다. 이는 당시 2층으로 구성된 가옥에서 1층의 hall과 parlour 위에 위치한 chamber였다. 다음은 chamber over buttery와 chamber over kitchen으로, 각각 68칸과 46칸이다. 이들 역시 1층의 buttery와 kitchen 위에 위치한 chamber였다.

주목할 만한 것은 32칸을 기록하고 있는 servants chamber이다. 이는 유산목록을 남긴 217가구 가운데 32가구가 가내에서 같이 숙식하는 일꾼이 있었다는 의미이기 때문이다.

Chamber or old chamber 30칸과 best chamber 19칸을 제외하고는 나머지는 shop이나 dairy, milkhouse, brewhouse 등 대부분 작업실 위에 위치하였다. 여기서 우리는 당대의 방의 배치가 1층에 hall, parlour, buttery, kitchen, shop, dairy, milkhouse, brewhouse 등이 놓여 있고, 2층에 잠자는 chamber가 놓여 있는 구조임을 알 수 있다.

[표 6-3] Chamber의 종류

Chamber over hall	135	Chamber over little parlour	3
Chamber over parlour	134	Chamber over mill	3
Chamber over buttery	68	Folks chamber	3
Chamber over kitchen	46	Chamber over sink-house	2
Servants chamber	32	Middle chamber	2
Chamber or old chamber	30	Chamber over new kitchen	1
Best chamber	19	Chamber over malt-house	1
Chamber over shop	16	Chamber over boulting-house	1
Chamber over dairy	14	Chamber over passage	1
Chamber over entry	13	Chamber over servants chamber	1
Little chamber	11	Chamber over drinkhouse	1
Chamber over milkhouse	9	Chamber over tufft-house	1
Chamber over brewhouse	8	Chamber over wash-house	1
Chamber over pantry	4	Bed chamber	1
Chamber over cellar	3	Falling-door chamber	1
Chamber at stair-head	3	New chamber	1
Chamber next parlour	3		
소계			572

Chamber에 비하여 parlour의 구분은 [표 6-4]처럼 간단하다. 단순히 parlour로 표시된 칸수가 202칸 중 대다수인 183칸이다. 나머지는 글자 그대로 '작은', '큰', '오래된' '가장 좋은' 팔러로 표시되고 있다. Kitchen과 buttery 역시 마찬가지다. 부엌도 단순히 kitchen으로 표시된 것이 113건 가운데 110건이다. 나머지는 글자 그대로 '작은', '오래된', '새로운' 부엌 1칸씩이다. Buttery는 총 268칸으로, '작은' buttery로 표기 26칸을 제외하고 나머지 242칸은 단순히 buttery로 표기되어 있다.

[표 6-4] Parlour, Kitchen, Buttery

Parlour	183	Kitchen	110	Buttery	242
Little parlour	10	Old kitchen	1	Little buttery	26
Great parlour	4	New kitchen	1		
Old parlour	4	Little kitchen	1		
Best parlour	1				
소계	202		113		268

기타 작업실 등 502칸은 dairy 75칸, brewhouse 65칸, milkhouse 51칸, cheese chamber or loft 48칸, garret 30칸, Shop 29칸, corn chamber 22칸, malt-house 22칸, closet 21칸, malt(ed) chamber 17칸, pantry or larder 15칸, boulting-house 13칸으로 이들이 408칸으로 전체의 80%를 점하고 있다.

그 나머지는 용도 미상의 interior rooms 15칸, quern-house or mill-chamber 9칸, cellar 11칸, bake house or back room 8칸 등의 순이다. 소수의 방을 가진 나머지 중에는 gallery 3칸, wash-house 2칸, music room 1칸, nursery 1칸도 기록되어 있다.

3. 가내 세간

1) 테이블

초기형태는 단순히 가대(trestles) 위에 놓인 판자, 혹은 널빤지였다. 1638년 1월 5일 요먼 Henry Bright의 유산목록에는 붙박이 가정용 식탁인 table dormant('Table with the Dorments')가 등장하는데, 이는 종종 가장자리가 장식된 조립식 식탁이었다. 이 같은 식탁에서 4개의 다리가 달린 식탁이 발전하였고, 이들의 일종으로 판을 꺼내 면적을 넓힐 수 있는 식탁인 drawing table이 나타났다. 우리가 다루는 유산목록에서는 1671년 2월 28일 식료품상인 Alexander Reynoldson의 유산목록에서 처음 언급되는데, 이 형태의 식탁은 이미 1558년에 나타났다.[10)]

Falling tables은 경첩이 달린 접테이블로, 접히는 판자를 받치는 다리인 gate-leg를 가진 형태였다. 17세기 가정에서 사용하는 식탁은 크게 2종류로, 하나는 종종 조립식으로 나타나는 긴 사각형 식탁과 이보다는 자주 사용되는 작은 식탁이다. 다른 형태의 식탁으로 1638년부터 나타나는 "둥근 테이블(Round Table)"과 1672년 처음 나타나는 "계란형 테이블(Ovall Table)"이 있다. 그런가 하면 외국산 목재 테이블도 있었다. 특히 서인도로부터의 스페인산 마호가니(mahogany)는 곧 가구제작에 선호되었는데, 1715년까지는 수입이 되지 않았고 그 때도 매우 제한 된 양이었다. 그런데 1687년 10월 20일 유산목록이 작성된 요먼 Edward Sandford의 소유물에는 parlour에 "스페인산 테이블(Spanish table)"이 있는데, 마호가니 제품의 스페인산으로 보인다.[11)]

10) *Farm and Cottage Inventories,* nos. 14, 70, pp. 79, 120, 12: footnote 1.
11) *Farm and Cottage Inventories,* nos. 7, 77, 147, pp. 75, 125, 189.

몇몇 집에서는 찬장인 livery cupboards 대신 livery boards 나 livery tables을 사용하였다. livery boards나 livery tables이 벤치로 사용되었을 가능성도 있는데, 1672년 2월 24일 작성된 요먼 Thomas Osburne의 유산목록에는 옷과 쿠션이 그 위에 놓인 '1 livery board'가 있었기 때문이다.12)

Sideboards나 side tables은 식사 시에 큰 테이블의 부속물로 사용되었다. 그러나 dresser-board는 벽에 붙인 식탁 같은 부엌 가구로, 여기서는 음식준비를 위하여 음식재료가 만들어지는 곳이었다. 음식그릇 진열용으로 사용된 dresser는 훨씬 후의 유산목록에서 나타나는데, 부엌 식탁에서 고정식 서랍과 찬장으로 발전하였다. 예컨대 1727년 1월 27일 John Hillyard의 유산목록에는 "one deal dresser board with doors & drawers"가 기록되어 있다.13)

2) 의자

일반적으로 17세기까지 딱딱한 수가틀(stool)이나 벤치(bench)가 가난한 사람들의 의자였다. 반면에 팔걸이의자는 중요한 사람들의 자리였고 그들도 쉽게 갖지 못했다. 6장에서 다루는 유산목록에는 수틀이나 벤치 외에 등받이 의자인 체어(chair)가 거의 모든 유산목록에서 나타나며, 이 의자가 가장이나 손님을 위하여 준비되었다. 당시에 두드러진 사람이 초대받으면 'chairman', 즉 'to take the chair'가 된다는 사실을 상기시킨다. 초기의 것들은 삼각형 좌석에 실패 프레임 형태이거나 큰 등받이와 딱딱한 팔걸이를 가진 박스형태의 것이었는데, 모두 16세기 초의 잔여물이며 상자에서

12) *Farm and Cottage Inventories,* no. 77, p. 125.
13) *Farm and Cottage Inventories,* no. 227, p. 262.

발전된 것은 아니다. 16세기 후반에도 체어는 여전히 무거웠고 편안하지 않았다.

조립식 체어는 비교적 좀 더 멋진 형태가 있었으며, 엘리자베스 시대부터 찰스 1세의 취임 시까지 딱딱한 등받이에 나무 방석판과 팔걸이가 달린 armchair가 유행이었다. 팔걸이가 없는 back-stool로 알려진 single chair는 17세기 중엽부터 등장했으며, 수툴에 등받이를 대어 좀 더 편안하게 만든 것이다. 팔걸이가 없고 등받이는 수직으로 낮으며 앉는 자리가 높았던 farthingale chair는 제임스 1세 시대에 만들어졌다. 치마를 불룩하게 하려고 안에 입던 둥근 틀을 의미하는 farthingale 복장을 한 부인은 드레스를 구기지 않고는 팔걸이의자에 앉을 수 없었다. 그래서 1689년 12월 12일에 작성된 요먼 Joseph Bonnington과 1707년 4월 15일에 작성된 Henry Bright의 유산목록에서처럼 좌석에 종종 Turkey work를 깐 turkey work chair에 앉았는데[14], Turkey work란 터키 카펫을 모방한 베틀로 짠 모직물을 의미한다. 유산목록에는 여러 형태의 chairs가 등장하나 많은 용어가 서로 호환될 수 있는 것이었다. 등받이의자의 재료는 오크, 물푸레나무(ash), 주목나무(yew), 느릅나무(elm), 너도밤나무(beech), 호두나무(walnut) 등이었다.

수툴은 등받이의자만큼이나 많은 형태가 있고, 더 많이 사용되었다. 부엌에서 가장 많이 앉는 방법은 form 이나 벤치였고, 양자 모두 거의 모든 유산목록에 등장한다. 부엌의 화덕에서 양쪽 벽을 등대고 3-4명이 앉는 settle도 많았다. 긴 의자(couches)는 1689년 12월 14일 요먼 Henry Bullen의 유산목록에 처음 나타나며, 그 후 1690년, 1691년, 1705년, 1707년, 1713년 등에 종종 등장한다.[15]

---

14) *Farm and Cottage Inventories,* nos. 156, 192, pp. 198, 234.

15) *Farm and Cottage Inventories,* nos. 157, 158, 165, 189, 192, 198, pp. 200,

3) 찬장

찬장은 16세기 이전에는 물건을 보관하는 용기로 필수적인 것이 아니라, 물건을 얹어놓는 side table이었다. 즉, 찬장의 기원은 다리로 지탱되고 그릇 특히 술잔을 얹고 천으로 덮는 판자였다. 그래서 단어가 'cup-board' 이다. 'table-cupboard' 용어는 이 가구의 용도에 대한 기원을 알려주는데, 1638년 11월 26일 Henry Carr의 유산목록에서 처음 기록되어 있으며, 그 후 1659년, 1673년, 1688년, 1689년까지 4차례 더 기록되어 있다.[16)]

16세기 초까지 찬장을 의미하는 cupboard, ambry, press 사이의 차이가 확립되어 갔으나, 그 용어는 곧 호환되었다. 또 중세의 plate-cupboard가 일반적으로 court-cupboard로 인용되거나 내체되었다. 이는 sideboard처럼 열린 2열의 찬장이거나 또는 문으로 막히고 위에는 컵을 얹는 선반이 있는 작은 함입 찬장이었다. 거의 같은 시기에 막히고 선반이 있는 찬장(livery cupboard)이 보편화되어 갔다. 일반적으로 작고 다리가 있거나 벽에 거는 것이었고 앞과 옆은 통풍구멍이 있었다. 이 이름은 저녁에 잠자리에 들 때 촛불과 함께 빵과 포도주나 맥주를 나르던 하인의 제복에서 왔다. 음식은 찬장 안에 음료는 위에 놓았다. 교회에서는 오랫동안 가난한 사람을 위하여 빵이 든 livery cupboard를 이용하였다. 다수의 유산목록에 이 찬장이 기록되어 있다. 1672년 1월 2일 John Draper의 유산목록에는 "향나무재 줄무늬 천이 덮인 찬장(One Livery Cupboard of Juniper & Strip't Cloth)"이 기록되어 있다.[17)]

207, 231, 234, 239.

16) *Farm and Cottage Inventories,* nos. 11, 25, 79, 150, 153, pp. 77, 88, 127, 192, 195.

17) *Farm and Cottage Inventories,* no. 75, p. 124.

특정 요구에 맞도록 디자인된 다수의 cupboard가 기록되어 있고, 여름에 고기를 보관하는 keeps나 safes에 대하여도 언급되고 있다. 1666년 8월 20일 Samuel Coaltburt의 유산목록은 그런 keep을 "hare (hair) cupboard"라 묘사하고 있다. 이는 초기형태의 사냥감 저장고(game larder)가 아니라, 말털로 짠 천으로 덮은 용기였다. 1726년 9월 24일 John Battle의 소유물 재산평가사들은 그의 meat-safe를 "a keep cupboard covered with haircloth"로 묘사하고 있다.18)

4) 침대

유럽에서 침대는 중세초의 경우 나지막한 박스에 마른 풀이나 그보다는 더 편안한 양모, 새의 깃털, 동물의 털 등을 채워 넣은 형태였다. 십자군들이 천장과 휘장이 있는 침상으로 발전시킨 것으로 생각되며, 12세기 이후 침상이 자주 등장한다. 영국에서는 이때부터 단독으로 서 있는 침대가 급격히 발전하여 엘리자베스 시대에 절정에 달하였다.

근대 초에도 사람들은 고가의 침대 소유로 평가되곤 했는데, 침대는 17세기 가정에서 가장 중요한 가구로 여겨졌다. Shakespeare와 당대의 많은 사람들이 유언장에서 특히 그의 침대에 대하여 언급하고 있다. 이 장에서 다루는 Mid-Essex 지역에서는 Writtle과 Roxwell에 거주하는 부유한 사람들 소수만이 고급 침대를 소유하였다. 다수는 네 귀퉁이에 기둥이 있는 딱딱한 침대틀로 구성된, 그리고 때로는 천장과 여기서 지역의 값싼 천으로 늘어뜨린 커튼을 단 침대에 만족해야 했다.

침상의 깔개(매트)는 거위털, 새털, 깃털, 혹은 짚으로 채운 매

---

18) *Farm and Cottage Inventories,* nos. 51, 225, pp. 105, 261.

트리스로 대체되었다. 담요와 시트는 보온을 위해 거친 천으로 짠 덮개로서 이불로 사용되었다. 이들은 카펫 같았으며, 바닥깔개로는 사용되지 않았다.

여러 침대틀(bedstesds)이 유산목록에서 언급되고 있으나, 167건의 문서에는 정확하게 묘사되고 있지 않다. 이들 중 57건이 "joined bedstead", 47건이 "half-headed bedstead"로 묘사되고 있는데, 'joined'는 네 기둥에 지붕(천개)이 있는 것이고, 'half-headed'는 짧은 귀퉁이 기둥뿐이고 지붕이 없는 것이다.[19] 바퀴달린 침대(truckle beds)는 낮은 침대로, 낮에는 높은 침대 혹은 서 있는 침대 밑에 밀어 넣을 수 있는 침대이다. 주로 어린이용 혹은 하인용으로 적어도 75번 기록되어 있다.

"Boarded bedstead"나 "wainscot bedstead"는 양 끝에 단단한 판을 댄 침대틀이다. 부유한 사람들이 소유한 침대틀은 head panel이 있는데, 보통 화려하게 조각되어 있었다. 예컨대 1719년 12월 30일 Roxwell에 거주하던 Henry Turnidge는 parlour에 놓인 "A carved bedsted"를 소유하고 있었다. 그에 비하여 "sorry bed"로 기록된 것은 침대가 낡은 상태나 품질이 안 좋은 상태를 말하는 방언인데, 13세기부터 그런 말을 사용했다.[20]

---

19) "joined bedstead"의 예는 *Farm and Cottage Inventories,* nos. 6-9, 11-2, 14, 19-21, 23, 27-8, 31-3, 38, 43, 46-7, 55, 58-60, 63-4, 66-7, 77, 80, 82, 85, 94, 97, 103, 108, 113-13, 128, 132, 135-37, 141, 143, 154-56, 158, 160, 165-66, 172-73, 185, 199, 242이고, "half-headed bedstead"의 예는 nos. 1, 14, 16, 19, 21, 25, 27, 43, 47, 59, 72, 77, 85, 92, 101, 106, 113-14, 116-17, 121, 128, 130, 132, 136-37, 139, 143, 145, 148, 152-54, 156-57, 159-161, 165, 193, 198, 216, 218, 242이다.

20) "boarded bedstead"의 예는 *Farm and Cottage Inventories,* nos. 5, 7, 12, 19, 28, 32, 46, 49, 62, 68, 74, 77, 94-6, 108, 136, 145, 147, 158, 174, 242번이고, "wainscot bedstead"의 예는 121번이다. "sorry bed"는 nos. 184, 224이다. Henry Turnidge의 예는 no. 207, p. 247.

가난한 사람들은 값나가는 시트가 없었고, 담요가 사용되었어도 많은 수가 없었다. 시트와 베갯잇(pillowcase)은 일반적으로 거친 아마포였다. 단 1번 "짚으로 채워진 베개받침(one straw bolster)" 언급이 있는데, 그 유산목록에는 깃털 베개도 있다.[21] 침대보로는 침대커버(counterpanes)가 3번 등장하고 그것보다는 누비(quilts)가 더 많이 등장한다.[22] 침대틀에 걸린 천들은 여러 종류였는데, 거의 언제나 커튼이나 장식용 천이었다.

요람은 14번 기록되어 있다.[23] 17세기 요람은 대부분 흔들의자의 활모양 나무막대인 로커(rocker) 위에 오크나무 판으로 만든 낮은 박스 형태의 구조였다. 나무 후드가 있어 찬바람을 막아주는 구조였다.

5) 궤

Chest, hutch, box, trunk 모두 비슷한 모양과 용도로 사용되었다. Chest는 거의 모든 가구에서 발견되며, 집안의 귀중품, 돈, 옷감을 보관하는데 사용되었다. 형태에 대한 묘사는 'great(large)', 'small(little)', 'juniper', 'meal', 'mule', 'plain', 'wainscot', 'with cross bar', 'with lock' 등 다양하다. 만약 장식이 되었거나 조각되었다면 값나가는 것이었다.

Hutcher는 천보다는 옷을 넣은 것으로 사용되었고, chest보다 작고 덜 견고하게 만들어졌다. 그러나 chest처럼 흔했다. 가난한 집에서는 노동자와 그의 아내가 몇 가지 의복을 보관하기에 적합했

21) *Farm and Cottage Inventories,* no. 26, p. 88.

22) counterpanes는 *Farm and Cottage Inventories,* nos. 136, 158. 238에 기록되어 있고, quilt는 nos. 159, 165, 189-90, 202, 206-08, 210, 216-17, 232, 235, 238, 240에 기록되어 있다.

23) *Farm and Cottage Inventories,* nos. 7, 13, 26, 37, 47, 72, 79, 87, 99, 112, 126, 152, 216-17.

다. Chest에서 발전한 것으로, 안의 내용물을 쉽게 넣고 꺼낼 수 있도록 2개의 서랍이 아래에 달린 형태가 나왔다. 이것이 'mule chest'로 알려졌다. 이는 1673년 1월 25일 Francis Taverner의 유산목록에 처음 언급된 "a chest of drawers"의 선구였다. "Chest of drawers"에 대한 기록은 1676년 유산목록에서부터 31번 더 등장하는데[24], 1670년부터 보편화되어갔다. 그에 비하여 "box of drawers"는 1668년의 유산목록에 처음 기록되어 있고, 그 후 수차례 더 언급되고 있다.[25]

Boxes 역시 자주 언급되고 있으나 용처는 특정하기 어렵다. 성경을 가지고 있는 사람들은 의심할 바 없이 'bible boxes'로 알려진 oak boxes에 보관했다. 이는 종종 조각되고 경사진 뚜껑이 있었다. 그렇지만 우리가 다루는 유산목록에는 언급되어 있지 않다. 그 밖에는 여러 종류의 용도로 사용된 box가 언급되고 있다. 예컨대 'salt-boxes'는 일반적으로 화덕 옆이나 굴뚝 옆 특정 위치에 보관했는데, 유산목록에는 26차례 기록되어 있어[26] 소금이 중요했다고 기대되는 것만큼 자주 등장하지는 않는다. 소금 그릇 이외의 box 형태와 용도에 대한 묘사는 'deal', 'dredging', 'flour', 'joined', 'little or small', 'little painted', 'with lock and key', 'long wainscot', 'mustard', 'oak wainscot', 'pepper', 'round', 'tobacco' 등 다양하다. 이 가운데 당시 수입품으로 값이 비싸 부유층에서나 사용하던 고급 향신료였던 'pepper box'가 5차례 기록되어 있는데, 1700년 10월 31일

24) *Farm and Cottage Inventories,* nos. 79, 93-4, 101, 130, 136, 151, 157-59, 169, 172, 177, 189, 192, 198, 201-02, 204, 206, 210, 216, 222, 224-25, 232-33, 236, 238, 240, 245.

25) *Farm and Cottage Inventories,* nos. 55, 96, 171-73, 177, 180, 202, 210.

26) *Farm and Cottage Inventories,* nos. 4, 24, 40, 44, 59, 102, 116, 128, 141, 152-53, 161, 163, 171, 173, 175, 180, 188, 193, 202, 207, 210, 216, 222, 237, 242.

Writtle에 거주하던 양복장이 Richard Maggett의 유산목록에서 처음 나타난다. 다음은 1729년 7월 4일 Writtle에 거주하던 미망인 Margaret Howard의 유산목록이다. 그 다음은 1729년 7월 18일 Writtle에 거주하던 William Grudgefield의 유산목록에서다. 네 번째 언급은 1743년 7월 28일 Writtle에 거주하던 Philip Bright의 유산목록이고, 마지막은 1720년 일시와 성명 미상인의 유산목록이다.27) 'Mustard box'와 'tobacco box'는 각각 한 차례씩 등장하는데, 1678년 11월 4일 Writtle에 거주하던 젠틀맨 Samuel Woolfe의 유산목록과 1689년 12월 14일 Writtle에 거주하던 요먼 Henry Bullen의 유산목록에서다.28)

Trunks는 많이 언급되어 있는데, 나무 박스에 일반적으로 가죽으로 만든 단추 구멍이 붙어 있는 반구형의 뚜껑이 있었다. 여행객에 의하여 사용된 것이 아니라 침대용이나 린넨 보관용이었다.

6) 조명

당시 가장 보편적인 조명은 촛불이었다. 촛불 외의 조명에 대한 언급은 1725년 2월 26일 Daniel Bridges의 유산목록에 처음 등장하는 주석 램프이다. 그러나 그의 상점에서 기록된 주석 램프, 램프 오일과 성냥29)이 일반 보통의 가정에서 전형적인 것으로 생각할 수는 없다.

성냥이 보편화되기 이전에 모든 부엌에서 사용하던 부싯깃 통(tinder-box)에 대해서는 1744년 1월 18일 Writtle에 거주하던

27) *Farm and Cottage Inventories,* nos. 188, 232-33, 237, 245, pp. 230, 264-65, 268, 274.

28) *Farm and Cottage Inventories,* nos. 111, 157, pp, 156, 200.

29) *Farm and Cottage Inventories,* no. 221, p. 258.

Theophilus Lingard의 유산목록에서 한 차례만 언급되고 있다.[30] 이유는 부싯깃 통과 당시 사용하던 골풀양초(rushlight)의 가치가 매우 적어 유산목록에 기록할 가치가 거의 없었기 때문일 것으로 보인다. 촛대꽂이는 일반적으로 놋쇠, 쇠, 주석, 납, 또는 철사로 만들어졌고, 유산목록에서 몇 차례 언급되는데 소켓 형태였다. 골풀양초의 심지 자르는 가위 같은 도구에 대한 언급도 몇 차례 나온다.

당시에도 제일 좋은 초는 밀납제품의 양초였으나, 17세기와 18세기에 일반 가정에서 이 같은 사치스런 물품을 사용할 수 없었다. 분명히 1700년경에는 Writtle에 거주하는 가정주부에게도 현재의 값싼 파라핀 양초가 선망의 대상이었음에 틀림없다. 당대의 가정주부들은 말려 양고기 기름에 담근 목초지의 골풀 중과피(rush pith)로 만든 골풀양초로 만족해야만 했다. 이 양초는 14인치 길이가 약 30분 정도 타며 불을 밝혔다. 당시의 골풀양초는 단순히 면직 심지(cotton wick)를 수지나 혹은 수지와 왁스의 혼합에 원하는 굵기가 될 때까지 담갔다 말리고 또 담가 말리기를 반복하여 만들었다. 완성된 제품은 촛대박스에 담아 보관했다.

손전등인 랜턴(lanterns)은 1638년 11월 1일 Writtle에 거주하던 Robert Jackson의 유산목록에서부터 1744년 1월 18일 역시 Writtle에 거주하던 Theophilus Lingard에 이르기까지 19차례 기록되어 있다. 1680년 5월 13일 Roxwell에 거주하던 William Pissey의 유산목록에는 "주석 랜턴(a tinn lanthorn)"이 기록되어 있으나[31], 당시에는 놋쇠나 철판으로 만든 것이 더 일반적이었다. 불빛은 뿔판(horn panel)

---

30) *Farm and Cottage Inventories,* no. 238, p. 270.

31) *Farm and Cottage Inventories,* no. 115, p. 159. 손전등 기록은 nos. 8, 37, 49, 83, 102, 115, 119, 121, 136, 152, 161, 163, 168, 171, 190, 193, 220, 237-38에 나타난다.

이나 유리창이나 혹은 뚫린 구멍을 통해 나왔는데, 이런 모양은 중세부터 거의 바뀌지 않았다. 이름이 'lanthorn'으로 종종 표기되나 뿔판과는 관련이 없으며, 라틴어의 lanterna에서 유래하였다.

7) 기타 세간

시계에 대한 처음 언급은 1670년 6월 27일 요먼 John Collyn의 유산목록에 처음 기록되어 있다. John Collyn의 동산은 ￡428. 0s. 1d.로 매우 부자였는데, 유산목록이 작성될 당시에 암소 14마리, 어린 소 8마리, 양 27마리, 새끼 양 14마리, 돼지 8마리를 소유하고 있었다. 또 밀 11 acres, 보리 13 acres, 완두콩 4 acres를 파종하고 있었고, 목초 18 acres와 휴경지 20 acres를 가지고 있었다. 다음은 1679년 2월 27일 유산목록이 작성된 Writtle에 거주하던 John Putto로, 그의 시계 가치는 ￡1. 10s.이었다. 그 이후 시계는 더욱 빈번히 등장하여 30여 차례 언급되고 있으나 자세한 설명은 없다. 그런데 1681년, 1690년, 1696년에 언급되는 "a clock and weights"는 네덜란드 형태의 벽시계인 것으로 보인다.[32)] 시계는 17세기 후기에 널리 확산되면서 대중적으로 되어 갔다. 그럼에도 불구하고 여전히 모래시계(hour-glass)가 사용되고 있었는데, 1678년, 1681년, 1694년, 1700년, 그리고 1727년에 마지막으로 기록되어 있다.[33)]

그림에 대한 기록은 1671년 2월 28일 유산목록을 남긴 Writtle의 식료품상인 Alexander Reynoldson으로부터 1720년 성명과 날짜 미상인의 유산목록까지 6차례 기록되어 있다. 그 가운데 1720년

---

32) *Farm and Cottage Inventories,* nos. 64, 103, 121, 159, 180, pp. 115, 150, 164, 202, 224.

33) *Farm and Cottage Inventories,* nos. 102, 119, 173, 176, 188, 227, pp. 148, 163, 217, 222, 230, 262.

Alexander Reynoldson은 front chamber에 "4점의 큰 그림과 다수의 작은 그림들(four large pictures with gilt frames, and a parsell of small pictures)"을 가지고 있었고, 1744년 1월 18일 유산목록이 작성된 Writtle의 Theophilus Lingard는 그의 가장 좋은 parlour에 그림 2점, 계단에 20개의 틀에 들어 있는 판화, 그리고 hall에 2장의 지도가 있었다.34)

4. 식음료

1) 종류

당시 주식이 빵이었음에도 불구하고 이에 대한 언급은 거의 없다. 밀가루는 유산목록에 기록되어 있지 않고, 밀가루 박스에 대한 언급도 1700년과 1743년 두 차례밖에는 기록되어 있지 않다. 그렇지만 대부분 웬만한 가정에서는 집에서 직접 빵을 만들었던 것으로 보이는데, 반죽 통(kneading trough), 밀가루 반죽 판(moulding board), 밀가루를 체질하는 통 등이 부엌 도구였던 것에서 알 수 있다. 아침 식사용이었던 귀리죽인 오트밀(oatmeal)에 대해서도 마찬가지다. 포리지(porridge) 그릇에 대한 언급은 자주 기록되어 있으나, 오트밀이 기록된 것은 1692년 단 한 차례뿐이다.35)

당시 가장 많이 언급되는 식료품은 치즈이다. 우리가 다루고 있는 유산목록에서 적어도 80여 차례 언급되고 있다. 치즈의 제조과정에 대해서는 버터, 우유와 함께 다음의 가내수공업에서 다룬다.

---

34) *Farm and Cottage Inventories,* nos. 238, 245, pp. 269-70, 275.

35) *Farm and Cottage Inventories,* nos. 188, 237.

치즈 외에는 매우 적은 음식물 품목이 언급되고 있다. 식품은 쉽게 상하기 때문에 오래 보관할 수가 없었다. 특히 냉장고가 없었던 시대였으므로 식품의 보관방법은 염장(소금에 절임), 훈제(연기에 그을림), 또는 말리는 방법 외에는 생각할 수가 없었다. 소금에 절여진 고기는 겨울용인데, 염장된 돼지고기에 대한 내용은 1680년과 1732년 2차례 밖에는 기록되어 있지 않다.[36] 그에 비하여 베이컨에 대해서는 14번 나오는데 이 역시 문헌 수에 비해 매우 소수이다. 베이컨을 절이는데 필요한 백반은 2차례 언급되고 있다.[37]

멸치와 붉은 청어도 기록되어 있는데, 이는 1725년 2월 26일 유산목록이 작성된 런던의 Drury Lane에서 식료품상을 하는 Daniell Bridges의 상점에서 단 한번만 나온다. Daniell Bridges의 상점에는 쌀, 차, 생강, 케이퍼(capers)도 팔았고, 또 설탕과 독한 술도 팔았다. 그런가하면 1692년 7월 1일 유산목록이 작성된 Roxwell에 거주하던 식료품상 Joseph Clarke의 상품 가운데에는 아마와 대마천, 옥양목, 실과 바늘, 단추, 초, 소금, 설탕, 후추 등 향신료가 있었고, 술, 백반, 밀가루 등도 팔았다.[38]

꿀에 대한 언급은 1675년 한차례뿐이나, 벌과 벌통에 대한 언급은 1638년, 1672년, 1678년, 1719년의 유산목록에 기록되어 있다.[39] 이를 통해 아마도 양봉(apiculture)이 기록된 것보다는 대중적이었을 것으로 짐작이 된다.

유산목록에는 겨자가 작물로 기록되지 않았다. 그러나 겨자를

---

36) *Farm and Cottage Inventories,* nos. 115, 236, pp. 160, 267.

37) 베이컨에 대한 기록은 *Farm and Cottage Inventories,* nos. 30, 63, 69, 115, 118, 120, 125, 134, 140, 172, 173, 187, 189, 221이고, 백반에 대한 기록은 nos. 169, 221이다.

38) *Farm and Cottage Inventories,* nos. 221, 169, pp. 258, 213.

39) *Farm and Cottage Inventories,* nos. 87, 6, 75, 102, 207.

가는 맷돌에 대한 언급은 17 차례 기록되어 있다.[40] 당시 겨자는 잉글랜드의 여러 지역에서 재배되었던 작물이었고, 고기나 생선의 훌륭한 소스로서의 역할을 했다. 그에 비하여 생강은 1725년 식료품상점에서 한 차례 언급되고 있으며, 생강쿠키(gingerbread)에 대한 언급이 1687년 미망인 Anne George의 상점에서 기록되고 있다. 그녀의 동산 가치가 £35. 8s. 5d.였던 것으로 보아 생강쿠키를 팔아 근근한 살림에 보탰던 것으로 보인다.[41]

차와 커피는 1725년 2월 26일 Daniel Bridges의 상점에 처음 기록되어 있다. 그러나 "green tea", "Bohe tea", 그리고 커피 통과 커피 열매 빻는 기구(coffee mill)를 통하여[42] 차와 커피가 소비되었다는 것을 알 수 있다. 18세기 후엽 경에 모든 계층에서 차 음료가 가능해졌다.

맥주는 차가 일상화 될 때까지 가장 대중적인 음료였으나, 유산목록에 흔히 언급되지는 않는다. 맥주가 처음 언급된 것은 1664년 3월 28일 Roxwell에 거주하던 Thomas Lines의 유산목록이고, 다음은 1685년 5월 20일 역시 Roxwell에 거주하던 Samuel Sumers의 유산목록인데, 양자 모두 허가받은 주류 판매자(victuallers)였다. 이들 허가받은 맥주 판매상 외에는 1687년 Thomas Crow, 1696년 John Lord, 1749년 John Portway인데, 이들은 많은 양의 맥주를 소유한 사람들이거나 허가받으려 준비한 사람들이다. 맥주에 대해 언급한 나머지 두 경우는 1724년 Margaret Allen과 1729년 William Grudgefield인데, 맥주 통, 맥주 보관대, 주조 용기, 맥아 용기에 대한 빈번한 언급으로 보아,[43] 상당히 많은 양의 맥주주조가 일반

40) *Farm and Cottage Inventories,* nos. 6, 8, 12, 26, 30, 51, 71, 75, 85, 94, 102, 113, 135, 141, 156, 168, 173.

41) *Farm and Cottage Inventories,* nos. 221, 146, pp. 258, 189.

42) *Farm and Cottage Inventories,* nos. 221, p. 258.

43) *Farm and Cottage Inventories,* nos. 41, 133, 140, 180, 240, 218, 233.

가정에서 이루어졌다는 것을 알 수 있다.

브랜디(Brandy)에 대한 언급은 1692년 Roxwell의 식료품상이었던 Joseph Clarke의 상점 물품에서 단 한차례 기록되어 있다. 가격은 약 3 갤런에 11s.으로 갤런 당 3s. 8d.였다. 1744년 Writtle의 Theophilus Lingard가 "집에서 주조한 술(home made liquors)"이 ￡10 가치로 기록되어 있다.[44] 다른 기록된 음료는 발견되지 않는다.

2) 요리

앞서 보았듯이 우리가 다루는 시기에 다양한 음식은 제한적이었고, 신선한 고기와 야채를 이용할 수 있던 여름음식과 소금에 절인 고기가 제공되던 겨울음식과는 두드러지게 구별되었다. 계절과 관계없이 덮개가 없는 불(open fire) 앞에서 끓이고 굽는 요리가 행해졌고, 벽돌 오븐에서 빵을 굽거나 페이스트리(pastry)를 만들었다. 연료로는 나무가 일반적이었고, 석탄에 대한 언급은 1672년부터 아홉 차례 기록되어 있다.[45] 석탄은 부셸(bushel)과 촐드론(chaldron) 단위로 무게가 측정되어 판매되었으며, 1684년 8월 7일 유산목록이 작성된 Writtle에 거주하던 대장장이 William Poole의 유산목록에 의하면 "Fower chalder of coales, ￡3"로 촐드론 당 15s. 가치였다. 그런데 1725년 2월 26일 유산목록이 작성된 런던의 Drury Lane에 거주하던 식료품상 Daniell Bridges의 상점에서는 "About one chaldron of coales, ￡1. 10s."으로 기록되어, 비슷한 무게가 2배의 가격이었다.[46]

역청탄(sea coal)에 대해서는 1672년 처음 언급되었는데, "grate of

---

44) *Farm and Cottage Inventories,* nos. 169, 238, pp. 213, 270.

45) *Farm and Cottage Inventories,* nos. 77, 85, 90, 129, 136, 202, 221, 232, 238.

46) 1 chaldron은 36 bushels 혹은 25½ cwts(100 weight로 영국에서는 약 112 파운드의 무게)이다. *Farm and Cottage Inventories,* nos. 129, 221, pp. 172, 258.

seacoale"로 기록되어 역청탄 사용에 필요한 쇠살대(grate)로 목록이 작성되어 있다. 이후 쇠살대에 대한 언급은 1720년경, 1725, 1729, 1730, 1743년에 더 기록되어 있다.47)

품질개선으로 더 이상 사용하지 않거나 또는 다른 이름으로 발달한 여러 요리도구들이 있었다. 당시에 흔한 품목들은 놋쇠나 백납 사발, 큰 식칼과 여러 칸들, 청동제품의 절구공이와 절구, 고운 숫돌, 빻기 용 나무, 소쿠리와 체, 금속제 접시와 솥, 그리고 냄비, 반죽통 등이었다.

당시에는 조리하기가 쉽지 않았다. 주부들은 부엌의 불 위에 막대에 달린 고리나 체인에 매달려 있는 커다란 철제나 청동제의 요리용 냄비나 스프용 냄비를 사용했다. 고리는 연철로 만들어져 조절이 가능했고, 손잡이가 긴 청동제 냄비는 깜부기불 위에 놓고 요리할 수 있도록 작은 다리가 달렸다. 손잡이에는 가끔 소유자나 제작자의 이름이나 좌우명이 새겨지기도 했다.

고기 굽기는 난로 안의 받침쇠에 의해 지지되던 불꼬챙이에 의해서 이루어졌다. 불꼬챙이는 난로 안에서 손이나 기계장치에 의하여 돌려졌고, 용도에 따라 여러 형태가 있었다. 불꼬챙이를 자동으로 돌리는 기구인 Jacks은 1638년 요먼 John George의 유산목록에서 처음 나타나는데, 16세기말경에 발명된 것으로 그 후 여러 차례 더 기록되어 있다.48)

이들 외에도 삼발이, 오븐, 석쇠(gridiron), 빵굽는 기계(toasting-irons), 난로망(fender), 화덕 풀무, 부삽, 부젓가락, 삼발이, 후라잉 팬, 놋쇠나 철제 주전자 등이 언급되고 있다. 삼발이 위에는 오븐을 얹어 사용할 수 있었고, 사과 로스트 오븐을 얹어 사용할 수도 있었다. 석

---

47) *Farm and Cottage Inventories,* nos. 77, 221, 232, 235, 238, 245.
48) *Farm and Cottage Inventories,* nos. 19, 165, 174, 189, 192.

쇠는 많은 가정에서 발견되고 있다. 17세기와 18세기에 사각형이나 원형의 여러 형태가 나타나며, 후라잉 팬처럼 긴 손잡이가 있다. 빵이나 베이컨에 굽는데 사용하는 기계는 네 차례 나타난다.

이들 외에도 밀가루 뿌리는 기구(dredgers), 육두구(nutmeg), 강판(graters), 밀방망이(rolling-pin), 깔때기(funnels), 국자(ladles), 그물국자(skimmers), 토막용 칼(choppers), 단지(jars), 손잡이 달린 잔(jugs), 필터, 증류기(stills) 등 잡다한 부엌세간들이 다양한 형태로 자주 증장한다. 이들이 앞서 언급한 놋쇠나 다른 금속의 솥이나 냄비, 그리고 백납이나 토기의 접시 및 냄비 등과 함께 조리대 위 벽에 붙은 시렁에 정리되어 있었다.

구운 음식에 대한 기록은 거의 없으나, 빵은 웬만한 가정에서는 불가피하게 집에서 만들었다. 그래서 부엌세간에 반죽통과 반죽판이 일반적인 갖추어져 있었다. 빵을 굽는 벽돌 오븐은 그 안에서 탄 나무에 의해서 가열되었고, 긴 손잡이가 달린 불고무래에 의해서 숯이나 재가 모아졌다. 다른 필수적 도구는 주걱으로 긴 쇠나 나무 손잡이가 달렸는데, 오븐 안에 빵을 넣거나 꺼낼 때 사용되었다. 빵이나 페스트리(pastry) 외에는 벽돌 오븐을 명시적으로 사용한 기록이 없다. 빵모양이 만들어지는 반죽판은 여섯 차례 기록되어 있고, 오트밀이 아닌 식사(meal)에 대한 기록은 3번, 밀가루 박스는 2번 기록되어 있다.[49)]

겨울용 염장 돼지나 다른 고기가 소금에 절여지는 절임통에 대한 언급은 많다. 소금은 매일 사용하였을 것이나 'salt'만으로는 두 차례밖에는 기록되어 있지 않으며, 청동이나 유리 소금통으로

49) 반죽판에 대한 기록은 *Farm and Cottage Inventories,* nos. 5, 7, 37, 63, 112, 168이고, 식사에 대한 기록은 nos. 112, 205, 232이며, 밀가루 박스에 대한 기록은 nos. 188, 237이다.

기록된 경우도 한 차례씩이다. 그에 비해 은 소금통은 3차례, 백납 소금통은 6차례, 그냥 소금통은 24차례, 소금 박스는 26차례 기록되어 있다.[50]

앞에서 설명한 바와 같이 겨자는 집에서 지배되었고, 당시에도 겨자씨가 식초와 더불어 소화를 돕고 위장을 따뜻하게 하며 식욕을 돋우는 것으로 여겨졌으며 고기와 물고기를 입맛에 맞게 하는 좋은 소스로 여겨졌다. 후추는 이미 중세시대부터 고급 향신료로 사용되던 것으로, 유산목록에는 후추 박스에 대한 언급이 1700년, 1729년, 1743년, 1720년경 5차례 기록되어 있으나, 후추에 대한 기록은 1692년과 1725년 단 2차례뿐이다.[51]

튜더와 슈트어트 시대 잉글랜드에서 가난한 집에서는 부엌에서 식사를 했다. 음식은 나무 그릇이나 나무쟁반에 담겼는데, 이는 점차 백납이나 도기로 바뀌었다. 모든 가족은 다용도의 나이프를 가졌으나, 식탁용 포크에 대한 언급은 1725년, 1729년, 1743년 단 세 차례뿐이다. 그에 비해 쇠고기용 포크는 1681년부터 1728년까지 7차례 언급되고 있다.[52] 아마도 대부분 나무 수푼을 이용하여 음식을 먹었던 것으로 생각된다. 테이블 천이 자주 언급되는 것으로 보아 식탁보는 흔했던 것으로 보이며, 가난한 집 외에는 식사시에 기름 묻은 손가락을 닦는 냅킨을 사용했을 것으로 생각된다.

50) 소금에 대한 기록은 *Farm and Cottage Inventories,* nos. 169, 221, 유리 소금통은 no. 238, 청동 소금통은 no. 48, 은 소금통은 no. 101, 157-58, 소금통은 nos. 1, 5, 8, 10, 11, 14. 26, 30, 33, 46, 72, 76, 79, 87, 96, 115, 128, 133, 135-36, 141, 145, 190, 202, 소금 박스는 nos. 4, 24, 40, 44, 59, 102, 116, 128, 141, 152-53, 161, 163, 171, 173, 175, 180, 188, 193, 202, 207, 210, 216, 222, 237, 242.

51) 후추 박스에 대한 기록은 *Farm and Cottage Inventories,* nos. 188, 232-33, 237, 245이고, 후추에 대한 기록은 nos. 169, 221이다.

52) table fork에 대한 기록은 *Farm and Cottage Inventories,* nos. 222, 232, 238이고, beef fork에 대한 기록은 nos. 121, 171, 188-89, 192, 202, 229이다.

당시대의 유산목록을 통해서 알 수 있는 부엌의 모습은 지극히 불완전하다. 그렇기는 하나 당대의 주부들에게 부엌일과 집안일이 중요했다는 것을 드러내고 있다. 왜냐하면 당시대 주부들의 큰 의무는 요리와 낙농, 주조, 직조 등이었으므로, 요리와 낙농, 주조, 직조에 대한 지식뿐만 아니라 약초에 대한 건전한 지식도 가져야만 했기 때문이다.

3) 과일과 야채

일반 주민들은 가옥에 딸린 정원에 대하여 자부심을 가졌으나, 정원의 산물이나 연장에 대해서는 언급이 별로 없다. 연장은 농기구에 포함되거나 잡동사니에 포함된 것으로 보인다. 우리들이 다루는 유산목록에 의하면 정원사(gardener)로 직업이 표기된 사람은 3인으로 모두 Writtle에 거주하였다. 그 가운데 Richard Bridgeman은 1677년 9월 26일, George Bradford는 1671년 10월 2일, 그리고 John Bridgman은 1720년 11월 18일에 유산목록이 작성되었다. 그렇지만 정원의 식물이나 물품에 대해서는 1744년 1월 18일에 유산목록을 남긴 Theophilus Lingard의 소유물에서 찾아낼 수 있다. 그의 'out door stock' 중에는 화초에 씌우는 종모양의 유리 덮개인 bell-glasses 20개, 오이 테(cucumber frames) 2개, 푸른 채소, 어린 묘목, 순무 7개, 파스닙(parsnips), 콩이 기록되어 있다.[53] 주석으로 만든 물뿌리개, 갈퀴, 정원용 전지, 삽, 포크, 호미도 언급된다. 정원이 있던 가정에서는 대체로 이 같은 식물들을 재배했을 것인데, 오이재배는 17세기와 18세기에 인기가 있었다.

양파는 1638년에 한 차례 언급되었고, 샐러드 접시도 1665년 한 차

53) *Farm and Cottage Inventories,* nos. 98, 166, 211, 238.

례 언급되고 있다. 호두는 한 차례, 자두는 두 차례 언급되었고, 사과는 1665년부터 5차례 언급되고 있다.[54] 1638년 11월 1일 유산목록이 작성된 Robert Jackson의 소유물에는 유산목록에 £1 가치의 미상의 "과일(Frute)"이 기록되어 있고, 1659년 12월 20일 Charlws Clark의 소유물에는 "작은 과일접시(a letle frute dish)"에 대한 언급이 있다.[55]

당시에 매우 가난한 사람들을 제외하고 마른 과일, 설당, 향료 같은 외국 물품에 접할 수 있었던 것은 동인도회사 (the East India Company)의 사업 덕분이었다.

4) 음료그릇

백납이나 뿔로 만든 음료그릇이 이 시기에 흔했다. 뿔로 만든 컵에 대해서는 특별한 언급이 없이 음료그릇에 포함되어 있다. 백납용기도 백납 무게 몇 파운드로 뭉뚱그려 기록되기도 했다. 유리 용기나 유리 선반에 대한 언급이 있는데, 유리 선반은 유리그릇을 보관하기 위해 사용된 나무 선반이나 나무 찬장을 의미한다. 언급된 경우 유리그릇의 수가 적었는데, 유리제품이 비쌌기 때문이었다. 그런데 "포도주 잔 9개(nine wine glasses)"와 굽이나 손잡이가 없고 바닥이 납작한 큰 잔인 "텀블러 2개(two tumblers)", 포도주를 상에 낼 때 따라내는 보기 좋게 만든 유리병인 "¼ 쿼터 디캔터(a quart decanter)"에 대한 언급은 1744년 1월 18일 유산목록이 작성된 Writtle에 거주하던 Theophilus Lingard가 유일하다.[56]

백납 비커에 대한 언급은 두 차례, 맥주잔은 한 차례, 머그는 1690년에서 1749년 사이에 여섯 차례 기록되어 있다. 그 가운데

54) 양파에 대한 기록은 *Farm and Cottage Inventories,* no. 19, 샐러드 접시는 no. 46, 호두는 no. 232, 자두는 nos. 221, 232이다.

55) *Farm and Cottage Inventories,* nos. 8, 26, pp. 76, 89.

56) *Farm and Cottage Inventories,* no. 238, p. 270.

1724년 5월 16일 Roxwell에 거주하던 Margaret Allen은 “3 dubble mugs, 2 single mugs” 외에 “1 quart wine measure, 1 halfe pint wine measure”도 소유하고 있었다. 또 1279년 7월 18일 유산목록이 작성된 Writtle에 거주하던 William Grudgefield는 “four earthen quart mugs, four earthen pint mugs, and three half pine earthen mugs”를 가지고 있었다.57) 이들 두 사람은 1 파인트(pint)와 ½파인트, 혹은 더블과 싱글로 묘사된 1 파인트와 ½파인트 머그잔을 여러 개 소유했고, 또 포도주의 양을 측정하는 되를 가지고 있었던 것으로 보아 술집을 경영하는 주민들로 추정이 된다.

1672년 Writtle의 요먼인 Thomas Osborn은 buttery에 “1 great Jack to drinke in”을 가지고 있었는데58), 이는 커다란 가죽 컨테이너였다. 이 가죽 용기는 18세기 말까지 약한 술을 담는 용기였다. 이것과 비슷한 것이 ‘가죽 병(leather bottles)’으로 37 차례 언급되고 있다. 이는 13 차례 언급되는 유리병이나 단 두 차례 언급되는 나무 병보다 흔했던 것으로 보인다. 가죽 컨테이너나 가죽 병은 일반적으로 추수시기의 수요 때문에 ‘추수 병(harvest bottles)’으로 알려져 있으며, 맥주나 사이다가 채워져 들판으로 일하러 가는 사람들을 위하여 부엌의 식탁에 놓여 있었다. 17세기 런던의 Fleet Street에 세워진 Hoare 은행에는 the Golden Leather Bottle이라는 사인을 여전히 지니고 있다. 다른 곳에서는 a leather bottle 사인을 지닌 여관이나 매주집이 있었고, 그런 건물이 들어선 교구 지역은 ‘Bottle End’는 이름을 갖게 되었다.59)

음료그릇에는 대를 물려 내려가며 특별한 경우에만 사용하는 은제 컵과 큰 맥주잔(tankard)이 있다. 이들은 별도로 가격이 매겨졌거

57) *Farm and Cottage Inventories,* nos. 128, 233, pp. 256, 265.
58) *Farm and Cottage Inventories,* no. 77, p. 125.
59) *Farm and Cottage Inventories,* p. 30.

나 또는 그릇(plate)에 포함되어 있다. 원래 큰 맥주잔은 2 갤런이나 그 이상을 담는 나무 그릇을 의미했으며, 어원은 불어 takquard를 넘어 라틴어 cantharus에서 온 것이다. 맥주를 파는 용량은 우리들이 다루는 2세기 동안에 1 쿼트(quart), 1 파인트, 1/2파인트였다.[60]

은제 컵(silver cup)에 대한 언급은 1678년부터 1744년까지 총 10차례 언급되고 있는데, 이를 소유한 가정에서는 소중한 물품였음에 틀림없다. 찻잔(tea cups)에 대한 언급은 1729년 7월 7일 유산목록이 작성된 미망인 Margaret Haward의 유산목록에서 처음 나온다. 그녀는 낮은 수치로 보이는 5s. 6d. 가치의 "two punch bowls, six slop basons(basins) and sugar pot, glasses, tea pots and cups"를 지니고 있었다.[61]

5. 가내수공업

1) 방적 및 방직

산업화 이전의 주부들은 동서고금을 막론하고 현재의 주부들처럼 한가할 틈이 없었다. 소녀시절부터 부엌일은 물론 실잣기와 베짜기를 배워야 했다. 결혼 후 집안 식구들의 옷을 만들어 대는 일이 주부들의 중요한 임무 중 하나였기 때문이었다. 그래서 유산목록에는 물레(spinning wheels)나 또는 종종 아마 물레, 양모 물레라고 표기된 물레가 자주 언급되고 있다.

60) 1 쿼트는 2 파인트, 1 파인트는 0.568리터다. 4 쿼트, 즉 8 파인트가 1 갤런이다.

61) *Farm and Cottage Inventories,* no. 232, p. 264.

물레는 16세기까지는 발명되지 않았고 물레가 등장하자 물렛가락(spindles)을 대체했는데, 물렛가락은 단 한차례 1687년 7월 30일 Writtle에 거주하던 미망인 Anne George의 유산목록에 등장한다.62) 실잣기에 사용되던 물렛가락은 손으로 실이 그 위에 감겼는데, 그 실은 빗겨진 양모가 실패(distaff)에서 풀리고 엄지손가락과 다른 손가락으로 꼬인 것이다. 물레의 도입으로 물레에 의해서 돌아가는 실패(reel)에 실이 감겼으며, 손가락으로 기계에 부착된 실패(distaff)로부터 양모를 꼴 수 있었다. 방적을 위한 가락과 물레 제조업은 전에는 Great Bardfield에서 행해졌다.

1719년 Henry Turnidge의 물품 중에는 양모나 아마를 빗질하는 소모 물품(carding stock)과 빗이 있었다. 또 아마나 대마의 씨앗 주머니를 제거하는 기구인 nobbing iron도 가지고 있었다. 방적된 실에 대해서는 1638년, 1640년, 1673년 3 차례 언급되는데 비해, 양모는 원료상태로는 여러 번 언급되고 있다. Writtle에 거주하던 장갑공 Thomas Poultar는 1665년 3월 8일에 작성된 유산목록에 30s. 가치의 양모 60 파운드를 소유하고 있었다.63)

유산목록에 방직공(weaver)으로 묘사되어 있는 사람은 1638년 Roxwell에 거주하던 Thomas Raynebeard이 유일하다. 그는 가게에 3대의 오래된 베틀과 거기에 딸린 모든 도구를 가지고 있었는데, 이들의 가치는 £5. 10s.이었다.64)

2) 맥아와 주조

당시에 많은 촌락 가정에서는 엿기름을 직접 만들고, 맥주도 직

62) *Farm and Cottage Inventories,* no. 146, p. 188.
63) *Farm and Cottage Inventories,* nos. 207, 16, 22, 79, 49.
64) *Farm and Cottage Inventories,* no. 16, p. 81.

접 만들었다는 증거들이 풍부하다. 각 가정에서 보리를 상당량 재배했고, 적어도 대 농가에서는 일부를 엿기름용으로 보관했다.

맥아를 제조하는 방법은 복잡하지 않았다. 우선 보리를 큰 물탱크에 약 60시간 담가서 불린다. 물을 따르고 보리를 1~2일간 더미 상태로 놓아두었다가 온도가 적절한 곳의 바닥에 12인치 정도의 두께로 펼친다. 그러면 보리가 발아하기 시작하는데 성장속도를 일정하게 하기 위하여 2~3주 동안 정규적으로 뒤집는다. 싹의 성장을 조심스레 조절하는 것이 훌륭한 맥아제조업자의 비결이며, 충분히 싹이 트면 가마에 넣어 말린다. 말리는 과정은 요구되는 맥아의 형태에 따라서 1일에서 4일 걸린다. 연한 맥아(pale male)는 천천히 그리고 약한 열로 처리된 것이다.

맥아 가마는 마모직(horsehair cloth, 馬毛織) 위에 싹튼 보리가 약 3인치 두께로 펼쳐지고, 거기서 거리가 충분히 떨어진 아래에서 열이 전달되었다. 맥아 가마의 제일 좋은 연료는 밀짚이었으나, 웨일즈의 무연탄이 도입되기 이전에는 양치식물이나 나무도 사용되었다. 불기가 싹(shoots)을 말렸고 보리의 구성상태가 매끈하고 달콤한 것에서 점차로 무게가 5분의 1 이하로 줄어든 흰 백악질 물질로 변해갔다. 보리의 겉껍질은 이런 과정을 통해도 두드러진 변화가 없었다.

최종 완성된 맥아는 가마에서 꺼내 식힌 다음 앞으로의 사용을 위해 통에 저장되었다. 좋은 맥아보리는 물위에 뜨는데, 만약 제조업자가 제조의 한 단계라도 불완전하게 처리하면 보리 알맹이 성분이 남게 되는데 그 같은 엿기름으로 만든 맥주는 제대로 된 맛을 내기가 어려웠다.65)

65) *Farm and Cottage Inventories*, p. 32.

맥아용 가마(malt kilns)에 대한 기록은 3 차례 나오는데, 모두 Roxwell에 거주하던 요먼으로 1678년 9월 24일 Richard Wolfe, 1678년 11월 7일 Edmund Turnbridge, 그리고 1687년 10월 20일 Edward Sandford이다.66) 그런데 맥아용 가마에서 사용되던 마모직에 대한 기록은 1660년부터 1719년까지 12 차례 나타나고 있다. 마모직은 말꼬리를 곱게 짠 것으로, 이는 열을 통과시키나 맥아보리가 아래 불로 떨어지는 것을 방지했다. 마모직은 초기 산업화가 진행되던 18세기 시작시까지 매우 고운 철망으로 대체되고 있었으며, 그 같은 경우가 1713년 6월 4일 Writtle에 거주하던 Richard Browne의 유산목록의 malt house에 "wire for the kiln"으로 기록되어 있다.67) 그렇지만 18세기 중반에 이르러서도 마모직이 여전히 사용되었고, 철사줄보다 더 나은 것으로 생각되었다.

맥아용 삽(malt shovel)은 3번 언급되고 있는데 모두 나무로 만든 것이다. 그러나 '삽'이라는 집합 개념에 더 많이 포함되었음이 틀림없다. malt-houses의 다른 도구들은 여러 가지 통과 물탱크, 큰 나무 갈퀴, 저울 접시, 저울 등이다.

엿기름은 주조에 사용되기 전에 갈려 가루가 되어야 하는데, 맥아용 맷돌이나 가는 기구(malt querns or mills)에 대한 명확한 언급이 27차례 이상 기록되어 있다. 맥아 재고에 대한 언급은 34차례 기록되어 있는데 이는 판매용을 포함하는 것으로, 아마도 엿기름을 직접 만들기보다는 구매하여 사용하는 사람들이 더 많았다는 증거일 수 있을 것이다. 맥아는 quarter나 seam 단위로 측정되었다. 1 quarter 맥아의 가치는 1665년 3월 8일 장갑공인 Thomas Poultar의 유산목록에 의하면 18s.이었는데, Thomas Poultar는 총 £26. 2s. 가치의 29 quarters

66) *Farm and Cottage Inventories,* nos. 101-02, 147.

67) *Farm and Cottage Inventories,* no. 198, p. 240.

의 맥아를 소유하고 있었다. 그의 동산은 £45. 11s.으로 맥아가 절반을 넘는 것으로 나타나고 있는데, Thomas Poultar는 엿기름 판매로 수입을 보충하고 있었음이 틀림없다. 1 seam의 맥아 가치는 1681년 11월 18일 Writtle에 거주하던 요먼 John Duke의 유산목록에 의하면 26s.이었다. John Duke는 £6. 10s. 가치의 5 seam의 맥아를 소유하고 있었는데, 그의 동산 총액이 £198였던 것으로 보아[68], 가내소비용이었을 것으로 추정된다.

엿기름을 이용한 주조는 개별 가정에서는 주로 여자들에 의해서 이루어졌다. 그러나 큰 규모로는 특별히 일꾼을 고용한 맥아업자나 주조업자에 의해서 이루어졌다. 주조방법은 일반 가정에서는 대체로 다음과 같았다. 약 36 갤런의 물을 담는 구리용기에 1펙(peck)[69]의 빻은 맥아가루를 넣고, 물이 끓으면 매시(mash, 뜨거운 물과 맥아의 혼합물) 통으로 옮기고 다른 4부셸의 맥아를 첨가한다. 이 혼합물이 푸딩 농도 정도가 될 때까지 저어 섞어 혼합되면, 여기에 2분의 1 부셸 정도의 맥아를 더 추가한다. 통이 맥아의 증기나 기운을 유지할 수 있도록 마대나 천으로 덮어준다.

2~3시간 후에 통의 뜨거운 물이 혼합물에 스며들어 퍼지면 액체를 따라 구리솥에 넣는다. 서서히 진행되는 물의 삼투작용이 좋은 에일을 만든다. 빨리 진행되면 약한 맥주(small or weak beer)가 된다. 천으로 싼 호프(hops)가 구리용기 속의 맥아즙(wort)이 끓어오르기 전에 첨가되는데, 맥주의 질은 사용된 호프의 양에 의해 결정된다. 혼합물에서 첫 번째 양조 후에 두 번째가 종종 일어나는데, 5부셸의 맥아가 1 호그헤드(hogshead, 54 갤런)의 에일에 충분한 것으로 계산

---

68) 1 quarter는 336 파운드였고, 1 seam은 8 부셸이었다. *Farm and Cottage Inventories,* nos. 48, 123, pp. 102, 166.

69) 1 peck은 8쿼터로, 약 9리터이다.

되었다. 맥아즙과 호프의 끓어오르기가 완성되었을 때 액체가 통으로 옮겨져 발효를 촉진시키기 위해 효모균이 첨가되었다. 이런 과정은 계절에 따라 2일에서 4일 소요되었으며, 그런 다음 액체 윗부분에서 이스트가 제거되고 액체가 맥주통으로 옮겨졌다.[70]

대농가에서는 상당량의 맥주주조가 필요했는데, 농가에서 분리된 딴채의 brewhouse에 대한 언급이 많다. 1718년 Francis Allin의 유산목록에 의하면 가치평가사는 그의 brewhouse에 있는 도구들을 ￡7. 5s.으로 평가했다.[71]

유산목록은 주조업에 사용되던 다양한 도구들을 보여주고 있다. 구리용기는 1659년에 처음 나타나는데 "brewing copper"로 표현된 경우는 6차례 언급되고 있으며, 종종 놋쇠용기(brass)로도 표현되었다. 보일러라는 말은 1687년에 처음 나타나는데, "brewing boiler"로 표현된 것은 6번 기록되어 있다.[72] 혼합물 통(mash tub)이나 맥아즙 통(wort tub)같은 주조용 통, 냄비, 들통, 주발, 그밖에도 명시되지 않은 그릇들이 자주 등장한다.

맥주는 butts(108 gallon), hogsheads(54 갤런), half-hogsheads, barrels(36 gallon), casks, kilderkins(18 gallon), runlits로 분량의 종류가 나뉘었다. 매우 가난한 자를 제외한 잉글랜드인들 대부분은 차가 보편화되기 이전에는 많은 양의 맥주를 마셨다. 사실 노동계급에게는 원기회복을 위해 맥주 외에는 다른 음료가 없었으며, 물이 항상 건강에 좋은 것은 아니라는 것이 인식되고 있었다. 주조 과정에서 완전히 끓이는 것이 아니라도 부분적으로는 건강에 잠재적인 위협을 제거하고 영양을 공급하는 맥주를 선호했던 것이다. William

70) *Farm and Cottage Inventories,* p. 34.

71) *Farm and Cottage Inventories,* no. 205, p. 246.

72) *Farm and Cottage Inventories,* nos. 25, 77, 158, 165, 199, 201-02; nos. 145, 150, 189, 201, 225, 227.

Harrison은 그의 책 *Description of England*에서 200 갤런의 맥주 주조 비용에 20s.이 소요되는 것으로 계산하였고, 그의 처와 하인들이 한 달에 한번 씩 주조한다고 말하였다.[73)]

유산목록에 Writtle과 Roxwell에서 호프를 재배하는 것으로 기록된 4가구 가운데 , 1686년 7월 10일 유산목록이 작성된 Roxwell에 거주하던 젠틀맨 Thomas Crush가 특히 두드러졌다. 그는 ￡150 가치의 들판의 호프 작물을 소유했고, ￡60 가치의 호프 덩굴받침대(hop-poles) 1만2천 개를 소유했다. 그 외에도 2번 밭갈이 된 휴경지 60 acres의 호프 경작지를 소유하고 있었다. 1678년 9월 24일 Roxwell에 거주하던 Richard Wolfe 역시 ￡45 가치의 호프 덩굴받침대를 소유했고, 신구(old and new) 호프 ￡77를 소유하고 있었다. 1795년 농업전문가인 Charles Vancourver는 Writtle과 Chelmsford 근처에서 호프 재배하는데 1 acre에 비용이 7년에 평균 ￡29. 5s. 8d. 들었고, ￡42. 5s. 0d.에 판매할 수 있었다고 말하여 ￡12. 19s. 4d.의 이득을 제시하였다.[74)]

호프의 양은 pocket(1¼ cwt)[75)]나 bag(2½ cwt) 단위로 측정되었다. 호프재배 기구들은 자주 언급되지 않는다. 다만 호프 덩굴받침대를 만드는 hop-pitches가 여러 차례 언급되는데, 이는 두꺼운 사각형 침이 달린 쇠지렛대(iron crow-bars)였다. 호프 체는 6번 언급되는데, 이는 호프가 천에 싸이지 않은 경우 맥주에서 호프를 거르는데 사용된다. 호프는 목탄 난로 위에 고정된 마모직 매트 위에 펼쳐져 말렸다.

---

73) Mildred Campbell, *The English Yeoman under Elizabeth and the early Stuarts* (Yale University Press, 1942: rep. N. Y., 1968), p. 251.

74) *Farm and Cottage Inventories,* nos. 136, 101, pp. 179, 148; p. 35.

75) cwt=hundredweight로, 1 hundredweight는 112파운드의 무게.

3) 낙농

[표 6-1]의 217가구 방 1866칸에는 dairy house 75칸과 milk house 51 칸이 포함되어 있다. 이들은 일반적으로 돌이나 벽돌로 된 방이며, 집의 추운쪽(일반적으로 북서쪽)에 나무판자로 된 창문이 있었다. 여기에서 교유기(churn), 우유 들통(milk-pails), 냉장박스(keelers or coolers), 치즈 만드는 기구들이 발견된다. 선반과 벤치 위에는 우유 사발, 냄비, 버터 저울, 버터 통과 다른 도구들이 놓여 있다. 서늘한 기온이 필수적이라서 18세기 한 저자는 해가 뜨기 전 아침 동안에 통풍 잘되는 곳에 큰 우유병을 보관하라고 권고하였다. 그는 "천성적으로 손이 따뜻한 사람을 좋은 버터를 만들 줄 몰랐다"고 기록하였다.76)

대부분의 우유 용기들은 원래 나무로 만든 것이었고 둘레가 쇠테로 묶였다. 도기 그릇이 처음 언급된 것은 1673년 1월 25일 요먼 Francis Taverner의 유산목록에서였고77), 점차 낙농에서 사용되었고 확실히 더 위생적이었다. 진부한 용어인 'kimnel'이 자주 등장하는데, 낙농에 사용하는 통 종류였다. 국자와 더껑이 제거하는 기구는 일반적으로 나무로 만들었으나 가끔은 금속제도 있었다.

버터를 만드는 데 사용하는 교유기는 초기에는 위아래로 작동하는 구멍이 많은 플런저(plunger)가 있는 원뿔모양의 용기였다. 후에는 회전하는 교유기가 중심축이 사용되는 틀에 설치되었다. 이는 통모양이었는데 작동시에 이전 것보다 덜 피곤하였다.

버터에 대한 언급은 별로 없는데, 이유는 가치평가사가 버터가 쉽게 사라지는 소모품이라서 많은 양이 아니면 기록할 가치가 없

---

76) J. Twamley, *Dairying Exemplified, or thw Business of Cheese-making* (1787), p. 124. *Farm and Cottage Inventories,* p. 36 재인용.

77) *Farm and Cottage Inventories,* no. 79, p. 127.

다고 생각해서 그랬을 것이다. 대부분 가정에서 만든 버터가 지역 시장에서 버터 바구니에 담겨 팔렸다. 1787년 1월호 Universal Magazine의 기고자는 Epping 지역에서 판매용 버터가 각각 1파운드 무게의 긴 통으로 만들어졌다고 기록하였다.78)

1673년 1월 25일 Francis Taverner와 1744년 1월 18일 Theophilus Lingard의 유산목록에는 각각 "a butter firkin"과 "two butter firkin"이 기록되어 있는데79), 여기서 우리는 일부 파머들이 판매를 위해 상당량의 버터를 외부로 보냈을 것으로 추정할 수 있다. 왜냐하면 1 firkin의 버터무게가 ½ cwt, 즉 250kg 정도였으므로, Francis Taverner과 Theophilus Lingard가 각각 250kg 정도와 500kg 정도의 버터를 자가 소비하기에는 너무 많은 양이었기 때문이다.

유산목록에는 치즈에 대한 수많은 언급뿐만 아니라, 치즈제조에 사용되는 여러 종류의 용기들도 언급되고 있다. 당시 Essex에서는 유수한 치즈가 생산되었고, 그에 대한 자부심도 컸던 것으로 보인다. 실제로 16세기말 Essex를 묘사했던 한 작가는 그 고장의 자랑을 서술하면서 치즈에 대해서 극찬하였다.80) 좋은 치즈 생산에는 주부와 집안일을 돕던 하녀의 기술과 지식을 요구할 뿐만 아니라 파머의 목초 생산 지식도 요구했다. 왜냐하면 지나치게 웃자란 목초와 제대로 성장하지 못한 목초 모두 치즈 생산에 나쁜 영향을 주었는데, 젖소 사료인 목초가 우유와 치즈의 질에 영향을 미쳤기 때문이었다.

치즈 제조과정은 복잡하지 않았다. 우선 우유를 살짝 데워서 응

---

78) *Farm and Cottage Inventories,* pp. 36-7.

79) *Farm and Cottage Inventories,* nos. 79, 238, pp. 127, 270.

80) John Norden, *Speculi Britannia Pars: an historical and chronographical description of the county of Essex 1594* (Camden Society, 1840), *Farm and Cottage Inventories,* pp. 37-8 재인용.

고 효소 레닛(rennet)을 넣어 물과 분리한다. 분리된 응유(curd)가 통의 바닥에 확실히 응고된 후 꺼낸다. 짧은 시간에 응유를 잘게 부수어 잘 짠 다음, 속이 거의 다 비치는 고운 면직물인 모슬린(muslin)으로 안감을 댄 치즈 틀(cheeze mould)로 옮긴다. 치즈 틀에서는 종종 압축기로 눌러 여분의 습기를 제거하고 응유를 굳힌다. 돌로 무겁게 눌렀던 압축기는 나무 나사로 조이는 압축기로 대체되었다.

다음은 이렇게 만들어진 치즈덩어리를 숙성시켜야 하는데, 이 마지막 단계에는 큰 주의가 필요했다. 좋은 색깔의 얇은 조각으로 잘 썰어지는 치즈가 되기 위해서는 압축기에서 치즈가 가능한 따뜻한 상태에서 물기가 스며나오며 좀 빽빽해질 때가지 유지될 필요가 있었다. 온기가 유지되어야 좋은 치즈로 숙성될 조건을 갖춘 것으로 생각되었던 것이다. 또 새로 만든 축축한 치즈와 먼저 만든 굳은 치즈를 같은 방에 보관하는 것은 해롭다고 생각하였다. 그래서 우리들은 유산목록에 dairy room이나 buttery외에 추가로 cheese loft나 storage room이 기록되어 있는 것을 발견할 수 있다.

치즈제조 용기들은 유산목록에서 많이 등장하는데, 같은 용기가 2~3개의 이름으로 나타나기도 한다. 예컨대 가장 다양한 이름이 틀(mould)인데, motes, moots, moles, mooles, moults, cessmouts 등으로 나타난다. 널빤지(planks), 선반(shelves), 시렁(racks), 진열대(stands), 탁자(tables), 판자(boards) 등은 꽤 명확하나, cheese-coller, lathes, lar, breads 등은 당시 Essex지역에서 사용하던 용어로, 일반적으로는 달리 이름이 불리던 용기 같다.[81]

치즈의 무게를 측정하는데 사용되던 단위는 lead인데, 1 lead가

---

81) *Farm and Cottage Inventories,* p. 39.

56파운드 무게의 치즈였다. 1660년 1월 28일 John Sapsford의 유산목록에는 “Ten lead (or 5cwt) Cheese, ￡5”로 기록되어 있어 1 lead에 10s.의 가치가 있었다. 1678년 9월 24일 Richard Wolfe의 유산목록에는 각각 2s.인 120개 치즈가 cheese chamber에 있었다.[82)]

4) 제분

인간이 불을 사용하면서 화식이 시작되었고 그러면서 사람들은 곡물을 빻기 시작했는데, 그런 의미에서 제분업은 인류의 가장 오래된 산업임에 틀림없을 것이다. 이집트의 옛 호숫가에서는 기원전 6000~5000년경에 맷돌을 사용했고, 이 같은 초기형태에서 여러 형태의 회전 물레방아로 발전했다. 동물이나 노예가 돌리는 방아는 지중해지역에서는 기원전 500년경에 나타났으나, 가정에서는 그 보다는 손으로 돌리는 소형의 손 맷돌이 유행했다. 우리들이 다루는 유산목록에는 1685년 5월 20일 Samuel Sumers의 소유물 가운데 “1 horse-mill과 다른 도구들(A horcmill and other implements in the mill house, ￡1. 3s. 4d.)”이 기록되어 있는데[83)], 이것이 가축으로 돌리는 방아에 대한 유산목록의 유일한 기록이다.

영국의 고고학자들은 잉글랜드에 회전식 맷돌이 도입된 시기를 기원전 100년경으로 추정한다. 사용된 돌은 지방에 따라 다양하나 Old Red Sandstone인 운모편암(micaceous schist)과 ‘pudding-stone’으로 알려진 자갈역암(pebbly conglomerate)이 가장 흔했다. 모양은 세월의 흐름에 따라 다양했으나, 원리는 최종적으로 수력에나 풍력에 의하여 커다란 회전축이 돌려지는 것으로 발전할 때까지 동

82) *Farm and Cottage Inventories,* nos. 28, 101, pp. 91, 148.
83) *Farm and Cottage Inventories,* no. 133, p. 175.

일했다. 수력이나 풍력 방아가 발명된 후에도 맷돌이 완전히 사라지지 않았다. 17~18세기에도 맷돌을 사용한 수많은 기록들이 남아있다. 그런데 이 시기에 맷돌은 주로 맥아, 겨자, 그리고 강력한 방아에 적합지 않은 작물을 빻는데 사용되었다.

방앗간의 여러 도구들에 대해서는 1679년 John Putto, 1693년 Henry May, 그리고, 1720년 John Overill의 유산목록들이 자세한 사항을 보여주고 있다. 예컨대 1693년 11월 17일에 작성된 방앗간 Henry May의 'In the Mill'에는 다음과 같은 물품들이 기록되어 있다. "13 peek bills, & two French bills, 7s.; a sheluch hammer, & a croe of iron, and a spileing chesscell, 3s. 6d.; Three halfe hundred waits, one ¼ cwt. & small waits, ￡23; one beam, and 1 payer of scales, ￡1; 12 sacks, 12s.; 1 flew, & 1 fishing bray, & 1 riddle, 5s.; a parcell of edge tooles, 4s.; one lanthorne, one halfe bushel, and six ould tubbs, one halfe peck, one peck, and 2 tread plonks, 5s.; coggs & staves, ruffle heaven, ￡1. 5s.; 5 bushells of wheat, ￡1. 18s.; 4 bushells of barly, 14 s."[84)]

Henry May는 Lord Petere 소유의 방앗간에서 일했는데, 검은 맷돌인 "cullen stones"은 Cologne에서 배로 실어온 것으로, 영국산 돌보다 곱게 갈렸다. 이 돌에 대한 기록은 1588~89년 Ralph Sheldon of Beoley의 기록에도 나온다.[85)] 그가 일했던 다른 'The Peek mill'에서는 French stone을 사용한 방앗간이었다. 1679년 John Putto의 Windmill 도구의 가치는 £9. 14s. 0d.이었고, Watermill 도구의 가치는 £13. 5s. 0d.였다. 1720년 John Overill의 mill-house에 있는 물건들의 가치는 £4. 13s. 8d.였다.[86)]

---

84) *Farm and Cottage Inventories,* no. 171, p. 215.
85) *Farm and Cottage Inventories,* p. 41.
86) *Farm and Cottage Inventories,* nos. 171, 103, 208, pp. 215, 150, 249.

유산목록에서 직업이 miller로 기록된 그 밖의 사람들은 1674년 Henry Groves, 1728년 John Godfrey, 그리고 1730년 Joseph Goodman이 있으나 자세한 연장들에 대한 기록은 제시되어 있지 않다. 1671년 2월 27일 Daniel Leonard의 유산목록에서 언급되고 있는 "bolting mill"은 밀가루를 체로 치는 도구에 대한 언급이다.[87]

5) 의복

당시 대다수의 의복은 당연히 가내에서 주부나 하녀들이 만들었다. 따라서 유산목록에는 의복제작에 대한 특별한 언급이 없다. 대신 가족들이 입던 의복에 대한 목록이 작성되어 전해지고 있다.

의복에 대한 자세한 목록이 처음 기록된 사람은 1638년 1월 14일 Janne Barnard이다. 다수의 품목들은 오래된 의복으로 묘사되어 있다. 우리는 주름칼라 옷을 여전히 입고 있었던 것을 알 수 있는데, 이는 빅토리아 시대의 모자와 후드 같은 것으로 입기에는 불편하나 사회적 지위를 드러내는 상징적인 옷이었다. Mrs. Barnard는 각각 6d. 가치의 두건을 가지고 있었는데, 이는 흰색의 한랭사(lawn) 혹은 흰색 비단천의 머리 두건이었다. 1659년 Charles Clark of Writtle은 2벌의 조끼(waistcoats), 5개의 페티코트(petticoats), 2s. 가치의 드레스의 상체 부분인 1쌍의 보디스(bodices), 3개의 앞치마와 3개의 손수건이 린넨에 포함되었다. 1672년 Widow Poole는 검은 스카프 1개, 녹색 앞치마 1개, 페티코트 5개, 조끼 1개, 모자 1개를 가지고 있었는데, 가치가 총 28s.이었다.[88]

---

87) *Farm and Cottage Inventories,* nos. 82, 229, 235, 69.
88) *Farm and Cottage Inventories,* nos. 15, 26, 76.

우리는 1683년 6월 6일 유산목록을 남긴 William Craig의 빚에 대한 목록에서 그가 적어도 24명의 다른 사람들과 연락관계를 가졌던 도보 포목상이었다는 것을 알 수 있다. 그가 지역 사람들로부터 현물로 빚진 가치는 많게는 8s. 9d.에서 적게는 6d.까지 모두 £3. 15s. 10½d.의 가치였다.[89] 그가 소유한 많은 천 품목에는 지역에서 직조한 것들이 다수 포함되어 있었을 것이다.

1692년 7월 1일 식료품상 겸 포목상이던 Joseph Clarke의 유산목록에는 서지(serges), 브로드(broad-cloth), Linsey-Wolsey, Kersey, 퍼스티언(fustian), 버크램(buckram), 린넨(linen), 옥양목(calico), 면직물(cotton), 비단(silke), 크레이프(crape)가 포함되어 있다. 이들의 가격은 야드(yard)나 1¼ 야드에 해당하는 ell 당 얼마로 표기되어 있다. 그는 또한 띠(tapes), 그물눈 모양 레이스(filletings), 레이스(laces), 리본(ribbons), 방적견사로 짠 리본(ferritts), 단추(buttons), 핀(pins), 바늘(needles), 실(thread) 같은 바느질도구를 갖고 있었다. 그의 기성복 가운데에는 7d.에서 2s. 사이의 바지, 각각 6d.의 아동용 조끼, 8s. 가치의 2개의 넓은 사선이 있는 페티코드가 포함되어 있다.[90]

1695년 Joseph Taverner의 물품 속에는 셔츠, 목도리, 모자, 앞치마가 포함되어 있다. 1720년경 성명미상의 유산목록은 그가 일반인들보다는 높은 사회계층에 속하는 사람이었다는 것을 보여주고 있다. 이유는 거기에는 붉은색과 푸른색의 실크 정장들과, 홀랜드 산 셔츠, 아마 원피스(shifts), 여성용 숄(turnovers), 브리치

89) *Farm and Cottage Inventories,* nos. 127, pp. 169-70.

90) serges: 짜임이 튼튼한 모직물, fustian: 과거 옷감으로 쓰던 두껍고 질긴 면직물, buckram: 과거 책 표지 등에 쓰이던 면이나 마로 빳빳하게 만든 천, calico: 날염을 한 거친 면직물, crape: 주로 상복, 상장(喪章)에 쓰이는 쭈글쭈글한 검정 비단, hose: 과거 남자들이 입던 몸에 딱 붙는 바지. *Farm and Cottage Inventories,* no. 169, pp. 212-13.

(breeches), 모직 모자(wollen capes), 3개의 가발, 한 쌍의 비단 단추가 포함되어 있었기 때문이다.[91]

대체로 유산목록에는 부츠, 망토, 드레스, 얼굴 스카프, 토시, 긴 셔츠 등이 기록되어 있고, 장갑과 가운도 언급되어 있다. 많은 경우 사망자의 의복이 가치가 매겨져 기재되어 있다. 그렇기는 하나 당시의 의복을 슈트어트 궁정 그림에서 보여주는 화려한 옷으로 상상해서는 안 된다. 끝에 레이스가 달린 칼라와 소맷동(cuffs) 또는 모피로 장식된 남성용 가운이나, 여성을 위한 비단, 새틴(satin), 비로드(velvet) 드레스 등은 상류층에 국한된 것이었다.[92] 가난한 사람들은 거의 예외 없이 자기 집이나 그 지역에서 생산된 직물로 만든 질기고 칙칙한 옷을 입었다. 여사들은 일요일이나 휴일에는 평시보다는 조금 더 나은 그러나 여전히 평범한 드레스와 페티코트를 입었고, 남자들은 평시보다는 좀 더 정교한 긴 셔츠를 입었다. 개인적인 치장이라고 생각할 만한 것은 1721년 이발사 겸 외과의(barber-surgeon)였던 John Freeman의 경우를 생각할 수 있는데, 그는 15장의 셔츠와 £1 가치의 은제 박차를 지녔다.[93] 17세기 당시에는 의복 역시 다른 것에서처럼 한 지역과 다른 지역 사이에 차이가 있었던 시대였으며, 오늘날처럼 유행에 따른 유사성이 존재하던 시대는 아니었다.

6) 세탁

대저택이든 오두막이든 마찬가지로 의복과 직물 세탁은 17세기 주부들이나 하녀들에게는 진저리가 날만큼 힘든 일이었다. 세탁

---

91) *Farm and Cottage Inventories,* nos. 178, 245.
92) satin: 광택이 곱고 보드라운 견직물.
93) *Farm and Cottage Inventories,* no. 213, p. 253.

기나 탈수기는커녕 우리가 알고 있는 흔한 세제조차 없었기 때문이었다. 대저택에서는 특별히 빨래를 위한 룸이 설비되지 있을 수 있으나, 우리들이 다루는 17세기 유산목록에는 빨래를 위한 특별한 룸이 언급되어 있지 않다. 빨래일은 특히 날씨좋은 날 뜰에서 이루어졌다. 예컨대 1690년 1월 30일 젠틀맨 William Garrat의 유산목록에서처럼 2s. 가치의 셔츠 2장이 "생울타리 위에(Upon the Hedge)" 있는 것으로 묘사되었는데[94], 이는 날씨 좋은 날 빨래 후 말리기 위하여 널어놓은 상태인 것이다.

빨래를 하기 위해서는 빨래 담글 물을 데워야 했는데, 큰 통에서 데워진 다음 나무통에 담겨 사용되었다. 빨래거리는 물에 담갔다가 빨래판 위에 놓고 평평한 빨래방망이로 두드렸다. 빨래에 이용되었을 통들이 특별히 빨래통(washing tub)으로 언급된 것은 7차례뿐이다.[95] 세탁물을 담는 광주리가 종종 목록에 나오는데, 이는 빨래거리 담는 통이나 옷 바구니였다.

비누가 처음 언급된 것은 1687년 7월 30일 미망인 Anne George의 유산목록인데, 비누에 대해 기록된 4개의 유산목록 가운데 3개가 상점에 진열된 품목의 하나였으며, 나머지 하나는 1694년 11월 12일 요먼 Joseph Westwood의 물품 중 ½ 퍼킨(firkin)이었다.[96] 당시 비누는 나무나 풀을 태우고 난 잿물이 일반적이었다. 특히 밀이나 귀리, 또는 보리짚을 잘 말려 서서히 태운 재에는 탄산칼륨(potash)이 풍부하여, 주부들이 빨래할 때 경수(hard water)를 부드럽게 만들었다.

---

94) *Farm and Cottage Inventories,* no. 159, p. 203.

95) *Farm and Cottage Inventories,* nos. 26, 83, 158, 218, 221, 238-39.

96) firkin: 약 41리터에 해당하는 용량 단위, *Farm and Cottage Inventories,* no. 177, p. 222.

7) 천

당시대에 부유한 신부는 결혼 전에 린넨을 모았다. 19세기 초까지도 신부는 결혼 후에 이것을 가지고 실을 잣고 옷감을 짜기도 했다. 모든 계층의 여인들이 실 잣는데 종사하였으며, 이를 위해 물렛가락(spindlc)과 실패(distaff)가 기본적인 도구였다. 이를 조작하는 사람이 spinster로 알려졌다.

유산목록에 언급되는 린넨은 용도로는 크게 식탁 천(table-linen)과 침대 천(bed-linen)으로 나눌 수 있고, 질적으로 크게 거친 천(coarse or towen)과 고운 천(Holland or fine)으로 나눌 수 있다. 고운 린넨 천은 아마 줄기의 내부 섬유질로 만든 것이고 고운 천보다 덜 하얗고 종종 canvas로 불리는 거친 천은 껍질 쪽 섬유질로 직조된 것이며, 'stupae' 혹은 'tow'로 불린다. 고운 린넨이 'Holland linen'으로 불렸던 이유는 특히 아마의 성장에 적합했던 the Low Countries의 비옥한 토양덕분에 거기서 질 좋은 아마가 생산되었기 때문이었다.

유산목록에서 침대용 린넨은 주로 시트, 베갯잇(pillow-cases, 즉 pillowbeers)에 한정되었다. 다마스크(damask)는 원래 Damascus에서 만든 비단을 모방하여 직조한 린넨인데, 양면에 무늬가 드러나게 짠 두꺼운 아마포로 이에 대한 언급은 1698년, 1720년경 등 소수의 유산목록에서 언급되고 있다. 1638년 1월 5일 요먼 Henry Bright의 유산목록에 등장하는 Darnex는[97] 거친 다마스크의 일종으로 카펫, 커튼 등을 만들 때 사용되며, 원래는 플랑드르 말로는 Dornick로 불리는 Tournay에서 직조되었다. 종종 린렌으로 묘사되는 수건에 대해서는 자주 언급되는데 17세기와 18세기 남녀의 개인적 청결에 대한 유일한 증거품이라 할 수 있다. 앞서 언급했듯이 당시

97) *Farm and Cottage Inventories,* nos. 182, 245, 14.

에는 부유한 계층의 유산목록에서조차 세탁설비에 대한 뚜렷한 언급이 없는 실정이다.

린넨을 제외하고는 다른 천에 대한 언급은 많지 않다. 실크는 1720년경 성명미상의 유산목록에 한번 언급되고, 옥양목은 17세기 3사분기부터 가끔 언급된다. 'bays'와 서지(serges)는 침대보나 이불천으로 사용되었다. 앞서 언급한 말의 털로 짠 마모직은 맥아에서 사용되었고, 'keeps'의 문이나 식육저장고에도 사용되었다. 1638년, 1673년, 그리고 1690년에 기록된 "barn-cloth"는 거친 천으로 타작할 때에 창고 바닥에 펼쳐 놓는 천이다.[98] 이 천위에서 도리깨질을 하여 곡물이 모아지면 가지고 나가서 채질을 하였다.

6. 토지의 이용

유산목록을 통하여 완전히 믿을만한 토지이용 정보를 알아내기는 힘드나, 100건의 유산목록을 정리하면 파종된 곡물의 종류와 면적을 [표 6-5]처럼 분류할 수 있다.[99] 우선 파종된 곡물은 다음과 같이 분류된다. 전분작물(farinaceous crops), 콩과작물(leguminous crops), 전분작물과 콩과작물 혼합(bullimong), 전분작물 혼합(meslin), 기타 혼합작물(miscellaneous), 비파종지(uncropped arable land), 미분류 작물(crop not stated), 초지(grass).

전분작물은 글자 그대로 주로 탄수화물을 공급하는 밀, 호밀, 보리, 귀리를 의미한다. 콩과작물은 주로 봄에 파종하던 강낭콩과 완두콩 종류였다. 혼합곡물로는 전분작물 혼합인 meslin이라는 용어는 19세기 중반까지 영국의 여러 지방에서 사용되었고, 전분작

98) *Farm and Cottage Inventories,* nos. 19, 79, 159.
99) *Farm and Cottage Inventories,* p. 51.

물과 콩과작물의 혼합인 bullimong이라는 용어는 14세기부터 식자들이 사용하던 단어였다. 밀과 호밀을 같은 양 섞어 만든 빵으로 품질이 좋고 건강에 좋은 것으로 평가되었던 meslin-bread는 주인의 식탁에 올리는 빵으로 인식되었던 반면, 하인들이 먹는 빵은 일반적으로 호밀로 만든 좀 더 검은 빵이었다.

Etch는 이른 수확에 뒤따르는 늦게 자라는 목초나 또는 그루터기에서의 재생초(aftermath)를 의미한다. 이들 etches의 일부분이 가끔 살갈퀴(tares)로 파종되었다. 정지(整地, 땅고르기)된 보리파종 예정지(barley land)는 파종에 앞서 여러 주 전에 준비하는 것이다. 목적은 잡초의 씨앗이 발아하게 한 다음 보리를 파종할 때 제거하기 위한 것이었다. 겨울보리는 9월, 10월, 봄보리는 3월, 4월에 파종한다.

감자는 우리들이 다루는 유산목록에서 전혀 언급이 없는데, 이유는 감자가 18세기 후반에서야 대중적인 인기가 시작되었기 때문이다. 호프재배는 ¾ acres 외에는 기록되어 있지 않았으나, 당시 맥주 제조에 필요한 작물이었다. 맥주제조에 필요한 호프는 외부에서 구매했을 것으로 생각된다.

유산목록에는 타작된 혹은 타작되지 않은 곡물에 대한 언급이 수없이 많으며, 타작된 콩과 강낭콩에 대한 언급도 있다. 밀짚에 대한 언급은 없으나, 건초는 중요한 가축의 겨울용 사료였다. 당시는 상시적인 사료부족과 거름부족의 시대로, 이엉으로 요구되는 밀짚 외에는 가축의 먹이나 외양간용을 사용되어 거름으로 환원되었다.

당시 3포제의 작물윤작이 관습적이었으며, 938 acres의 휴경지는 전체 기간을 통하여 경작 하에 놓였던 총면적의 3분의 1 정도였다. 휴경을 했던 이유는 토질의 회복 때문이었고, 파머들은 적은 거름의 이점을 살리는 지력회복에 전력을 다했다. 당시 토양의 거름은 들판의 그루터기를 뜯는 소들의 분뇨였다. 그런데 유산목록에서는 1663년, 1729년, 1732년, 1743년, 1744년, 그리고 1749년 6 차례 가축의 거름에 대하여 언급할 뿐이다.100)

우리들이 다루고 있는 시대에는 순무나 클로버가 알려지지 않았다. 따라서 지속적인 경작으로 토질이 고갈되지 않게 하려면 휴경뿐 다른 방법이 없었다. 순무가 도입된 후에는 오늘날까지 이어지는 4윤작이 발전했다. 이는 밀, 뿌리작물, 보리, 건초작물로, 콩과 강낭콩이 가끔씩 뿌리작물을 대체하는 윤작방식이다.

순무는 우리가 다루는 유산목록이 끝나는 시기까지 요리 외에는 거의 사용되지 않았다. 유산목록에는 두 차례 순무가 언급되고 있다. 1732년 1월 20일 Jonathan Sapsford와 1744년 1월 18일 Theophilus Lingard의 유산목록에서다. Jonathan Sapsford는 'Chamber over the Kitchen'에 ￡10 가치의 "호밀과 순무"를 가지고 있었고, Theophilus Lingard는 "7 roods의 순무"를 가지고 있었다. 두 사람은 모두 부유하여 Jonathan Sapsford의 동산의 가치는 ￡698. 2s.이었고, Theophilus Lingard의 동산의 가치는 ￡247. 19s. 8d.였다.101)

[표 6-5] 작물의 종류와 면적

종류	면적	면적의 합
전분작물		
밀	890½ acres	
보리	410½ acres	
귀리	122¼ acres	
호밀	27 acres	
소계		1450¼ acres

100) *Farm and Cottage Inventories,* nos. 38, 232, 236-38. 240.

101) *Farm and Cottage Inventories,* nos. 236, 238.

공과작물		
강낭콩	154$\frac{1}{2}$ acres	
콩과 강낭콩	13 acres	
소계		167$\frac{1}{2}$ acres
전분작물과 콩과작물 혼합		
불리몽	89 acres	
강낭콩과 불리몽	33 acres	
보리, 강낭콩과 귀리	14 acres	
강낭콩과 살갈퀴(tares)	23$\frac{1}{2}$ acres	
귀리와 콩	74 acres	
소계		233$\frac{1}{2}$ acres
전분작물 혼합		
밀과 호밀	34 acres	
밀과 보리	157$\frac{3}{4}$ acres	
소계		191$\frac{3}{4}$ acres
기타 혼합작물		
Etch 작물	50 acres	
호프	$\frac{3}{4}$ acres	
클로버 씨앗	10 acres	
소계		60$\frac{3}{4}$ acres
비파종지		
정지된 보리파종예정지	294$\frac{1}{2}$ acres	
휴경지	938 acres	
소계		1187$\frac{1}{2}$ acres
미분류 작물		77$\frac{1}{2}$ acres
초지		192 acres
합계		3560$\frac{3}{4}$ acres

[표 6-5]에서 알 수 있듯이 단일 작물로는 밀의 재배면적이 가장 넓다. 밀은 가을에 파종하는 유럽인들의 주력작물로 가장 중요한 곡물이었다. 그 결과 밀의 파종면적이 890½ acres로 비파종지와 미분류 작물 및 초지를 제외한 작물 파종면적 2103¾ acres 가운데 5분의 2가 넘는 42.3%에 달하고 있다. 이는 봄에 파종하는 대표적인 작물인 보리면적 410½ acres보다도 2배 이상 넓은 것으로 나타나고 있다. 보리면적은 작물 파종지의 19.5%이다.[102] 가을에 파종하는 호밀의 면적은 작물 파종지의 1.3% 정도인 27 acres밖에 안 되었으며, 봄에 파종하는 귀리는 5.8% 정도인 122¼ acres로 나타나고 있다. 그에 비해 봄에 파종하는 콩과작물은 8.0% 정도인 167½ acres로 나타나고 있다.

그런데 [표 6-5]에서 알 수 있듯이 작물 파종면적 2103¾ acres 가운데 혼합 작물의 면적이 486 acres로, 거의 4분의 1인 23.1%에 이르고 있다. 여기에는 전분작물과 콩과작물의 혼합파종인 bullimong이 거의 절반 가까운 233½ acres였고, 전분작물의 혼합인 meslin이 191¾ acres, 기타 혼합작물이 60¾ acres였다. bullimong에는 주로 콩과작물과 보리나 귀리의 혼합이었고, meslin에는 주로 밀과 호밀 또는 보리의 혼합이었다.

그러면 이들 곡물의 경작비용과 지대는 어떠했는가? 유산목록에는 이들에 대한 언급이 1687년, 1690년, 그리고 1713년 3 차례 기록되어 있다.[103] 1687년 2월 21일 Thomas Crow의 유산목록의 기록은 다음과 같다. Thomas Crow의 동산 총액은 £400. 6s. 10d.이었다.

---

102) 밀과 보리의 파종 면적은 지역에 따라 편차가 있었던 것으로 추정된다. 4장에서 살펴보았듯이 16세기 후반 옥스퍼드셔의 경우 밀과 보리의 파종면적 비율이 1: 2.5정도였다.

103) *Farm and Cottage Inventories,* nos. 140, 162, 197.

"기경(起耕), 파종, 씨앗 - 30 에이커의 기경, 에이커 당 5s., 소계 ￡7. 10s.
; 2 쿼터 파종된 밀, 쿼터 당 24 s., 소계 ￡2. 8s.
; 8 에이커 밀 경작지 써레질, 에이커 당 18d., 소계 12s.
; 23 에이커의 파종된 밀 5 쿼터 6 부셀, 쿼터 당 24s., 소계 ￡6. 18s.
; 31 에이커 파종, 에이커 당 12d., 소계 ￡1. 11s.
; 파종되기 전 10 에이커 써레질, 소계 10s.
; 49 에이커 기경, 에이커 당 14s., 소계 ￡34. 6s.
; 49 에이커에 대한 지난해 지대, 지난 Michaelmas 때, 에이커 당 10s., 소계 ￡24. 10s.
; 파종된 콩과 파종, 소계 14s.
; 추가 기경, 소계 ￡4. 12.
(Tillage, Sowing, & Seed - 30 akers of one tilt at 5s. the aker, ￡7. 10s.
; wheat sowne 2 quarters at 24 s. the quarter, ￡2. 8s.
; for harrowing 8 akers of wheat at 18d. the aker, 12s.
; more wheat sownw on 23 akers, 5 quarters 6 bushells at 24s. the quarter, ￡6. 18s.
; for sowing 31 akers at 12d. the aker is ￡1. 11s.
; for harrowing 10 akers before it was sowne, 10s.
; for plowing 49 akers at 14s. the aker, ￡34. 6s.
; for the last years rent for the 49 akers at 10s. an aker att Michaelmas last, ￡24. 10s.
; for beanes sowed & for sowing them, 14s.
; for more tilt, ￡4. 12.)"[104)]

이에 대하여 1690년 7월 7일 Richard Horsnaile의 유산목록의 기록은 다음과 같다. 그의 동산 총액은 Thomas Crow의 절반 정도인 ￡202. 6s. 4d.이었다.

104) *Farm and Cottage Inventories,* no. 140, p. 182.

"베지 않은 목초, £6
; 4 에이커 재배중인 콩, £5
; 6 에이커 재배중인 불리몽, £7. 10s.
; 14 에이커 재배중인 보리, £21. 14s.
; 16 에이커 재배중인 밀, £30
; 휴경지 26 에이커, 에이커 당 두 차례 기경에 8s., 6 에이커, 에이커 당 한 차례 기경에 4s. 이들 32 에이커의 지대, 에이커 당 7s. 6d., 소계 £23. 12s.
; 건초 작업, £8
(Grass standing, £6
; 4 acres of pease growing, £5
; 6 acres bullymong growing, £7. 10s.
; 14 acres of barly growing, £21. 14s.
; 16 acres wheat growing, £30
; faullow ground, 26 acres plowed twice at 8s. an acres, & 6 acres plowed once at 4s. and acres in all 32 acres, and for the rent of these 32 acres at 7s. & 6d. an acres in all it comes too, £23. 12s.
; hay made, £8)"[105)]

Thomas Crow와 Richard Horsnaile의 유산목록을 통하여 우리는 1690년경 경작비용의 경우는 써레질이나 파종 비용이 대체로 acre 당 12d.에서 18d. 정도였을 것으로 추산할 수 있다. 또 acre 당 지대는 대체로 7s. 6d.에서 10s. 정도였을 것으로 추산할 수 있다. 앞의 인용문에서 알 수 있듯이 1687년 Thomas Crow의 경우에는 acres 당 10s.이었던 데 비해 1690년 Richard Horsnaile의 경우에는 acre 당 7s. 6d.였다.

그렇다면 각 농가의 경작지 규모는 어떠하였는가? 유산목록에는 100가구가 농업에 종사하는 것으로 나타나고 있다. 이를 분석해보면 가구 당 농토의 크기는 다수가 생존농의 수준을 벗어나지 못한 것으

105) *Farm and Cottage Inventories,* no. 162, pp. 205-06.

로 보인다. 이들 100가구의 토지의 크기를 정리하면 [표 6-6]과 같다.

[표 6-6]을 살펴보면 우선 10 acres 미만의 경작자가 35가구로 35%에 이르고 있다. 이들은 농업만으로는 가족의 생계를 감당하지 못하는 빈농들로서, 노동이나 다른 업종을 겸업하여 생계를 유지했을 것이다. 이들에 비하여 10~30 acres를 경작하던 농민들은 농업으로 근근이 가족의 생계를 유지했거나 또는 일부 노동이나 겸업을 통하여 생계를 보충했을 것이다. 이들 가운데 20~30 acres의 경작 농민들이 중세 이후 전형적인 생존농들이었다. 반면에 150 acres를 넘는 농가는 하나도 없다.

따라서 토지에서의 생산물로 겨우 가족의 생계를 유지하거나 또는 노동이나 겸업을 통하여 생계를 보충했던 가난한 농민들이 전체의 60%정도였던 것을 알 수 있다. 그에 비하여 생활에 어느 정도 여유를 가질 수 있었던 30~50 acres 보유의 농민들이 18%, 50 acres 이상의 경작자로 요먼(yeoman)으로 분리될 수 있는 농민들이 23%였던 것을 알 수 있다. 따라서 17세기 중엽에서 18세기 중엽 사이에 우리들이 다루는 지역에서는 중간계층의 농민이라 생각되는 30~50 acres의 경작 농민들이 5가구 가운데 1가구 정도밖에 되지 않았고, 대신 일부의 부유한 요먼과 다수의 생존농들이나 빈농들로 양극화된 현상을 보여주고 있다.[106] 1630년대부터 1740년대까지 연대별 변화의 특징은 드러나지 않는다.

106) 이 같은 양극화 현상은 1544-1712년 Cambridgeshire 지역을 대상으로 분석한 M. Spufford의 연구서에도 잘 나타나 있다. M. SPufford, *Contrasting Communities*, pp. 65-85.

[표 6-6] 경작지면적 현황

연도/면적	1–5	5–10	10–20	20–30	30–50	50–100	100–150	소계
1638–1660	7	4	1	0	0	1	0	13
1660–1670	2	1	0	3	2	3	1	12
1670–1680	4	1	2	0	3	4	2	16
1680–1690	3	3	2	4	5	1	4	22
1690–1700	0	3	4	2	4	2	0	15
1700–1710	1	1	1	0	2	0	1	6
1710–1720	1	1	1	2	0	1	2	8
1720–1744	1	2	1	1	2	1	0	8
합계	19	16	12	12	18	13	10	100
(%)	(19)	(16)	(12)	(12)	(18)	(13)	(10)	(100)

* 면적 단위 : acre

그런데 유산목록을 통하여 알 수 있는 토지면적과 동산의 총액 사이에는 상당한 연관관계가 있다. [표 6-7]로 정리된 토지면적과 동산 총액 사이의 관계를 살펴보면, 5 acres 미만의 토지 보유자 가운데 동산의 가치가 ￡200를 넘는 경우가 없으며, 30에이커 미만의 토지 보유자가 ￡500를 넘는 경우도 없다. 반면에 30～50 acres의 보유자 가운데는 ￡1000～1500의 소유자가 있으며, 100 acres 이상의 보유자 가운데에는 ￡1500 이상의 소유자도 있다.

그런가 하면 5～20 acres의 토지 보유자 가운데에는 ￡30 미만의 동산 소유자가 없으며, 20～50 acres의 토지 보유자 가운데에는 ￡50 미만의 동산 소유자가 없다. 또 50～100 acres의 토지 보유자 가운데에는 ￡100 미만의 동산 소유자가 없고, 100～150 acres의 토지 보유자 가운데에는 ￡200 미만의 동산 소유자가 없다.

[표 6-7] 토지면적과 동산과의 관계

동산/면적	1–5	5–10	10–20	20–30	30–50	50–100	100–150
30 미만	5	0	0	0	0	0	0
30–50	7	4	2	0	0	0	0
50–100	5	9	5	1	1	0	0
100–200	2	2	5	5	5	2	0
200–500	0	1	0	6	10	8	6
500–1000	0	0	0	0	1	3	2
1000–1500	0	0	0	0	1	0	1
1500 이상	0	0	0	0	0	0	1
합계	19	16	12	12	18	13	10

* 면적 단위 : acre
* 동산 단위 : £

7. 가축사육

유산목록을 통하여 우리는 가축의 형태, 지역에서 부르는 명칭, 가구당 소유한 가축 수를 알 수 있다.

우선 유산목록에 나타나는 소를 지칭하는 명칭은 다음과 같이 여러 이름이 등장한다. Beasts, Buds (젖을 뗀 한 살배기 송아지), Bulchins (송아지 혹은 어린 황소), Bulls, Bull-stags (거세한 황소), Bullocks (엄밀한 의미에서 2살째의 송아지), Cow Bllocks, Fat Bullocks, Heifer Bullocks, Steer Bullocks (2살에서 4살 사이의 거세한 황소), Two-year-old Bullocks, Calves, Welsh Calves, Wennel Calves (젖을 뗀 송아지), Cattle, Fattening Cattle, Two-year-old Cattle, Cows, Dry Cows, Farrow Cows, Fatting Cows, Littlw Cows, Milch Cows, Old

Cows, Scotch Cows, Welsh farrow Cows, Heifers, Dry Heifers, Fat Welsh Heifers, Welsh Heifers, Oxen, Fat Oxen, Runts (어린 Ox 또는 Cow), Welsh Runts, Steers, Small Welsh Steers.

이 가운데 가장 많이 언급되는 것은 Cow로 122번 나타는데, 소가 언급되는 거의 모든 유산목록에 등장한다. 다음은 Calves가 29번, Bulls가 19번, Heifers가 17번, Bullocks이 12번, Wennel Calves가 10번 등장한다. 나머지 명칭은 각각 8번씩 기록된 Milch Cows, Old Cows를 제외하고는 1~3회씩 기록되어 있을 뿐이다.

말을 지칭하는 용어는 다음과 같다. Colts, Gelt Colts, Foal, Horses, Bay Horses, Blind Horses, Cart Horses, Gelt Horses, Old Horses, Rouncy Horses (보통의 승마용 말), Small Horses, Stone Horses, White Horses, Mares, Blind Mares, Breeding Mares, Little Mares, Old Mares, Sorry Mares.

이들 가운데 가장 많이 언급되는 것은 Horses로 90회 등장한다. 다음은 Mares로 58회, 그 다음은 Colts로 46회 등장한다. 나머지는 각각 8회와 6회 나타나는 Old Horses, Gelt Horses를 제외하고는 1~3회씩 기록되어 있다.

돼지에 대한 기록은 Boars, Gelts (번식을 위해 기르는 어린 암퇘지), Hogs, Fatting Hogs, Small Hogs, Sow Hogs, Store Hogs, Pigs, Small Pigs, Store Pigs, Sheats (어린 Hogs 또는 Store Pigs), Shots (어린, 반쯤자란 pigs), Sows 등으로 언급되어 있다. 이 가운데 가장 많이 언급된 것은 Pigs로 72회, 다음은 Hogs로 65회, 그 다음은 Sows로 31회이다. 나머지는 6회 등장하는 Store Hogs를 제외하고는 1~4회씩 등장한다.

양은 가장 많은 두수가 기록되어 있는데, 여러 이름으로 지칭되었다. Ewes, Lambs, Norfolk Lambs, Sorry Lambs, Welsh Lambs, Year-old

Lambs, Rams, Sheep, Dry Sheep, Ewe Sheep, Hoggerel Sheep (2년째의 어린 Sheep), Norfolk Sheep, Store Sheep, Welsh Sheep, Wether Sheep. 이 가운데 가장 많이 등장하는 것은 Sheep로, 115회 기록되어 있다. 다음은 Lambs으로 57회 기록되어 있고, Norfolk Lambs 7회와 Dry Sheep과 Wether Sheep 5회씩을 제외하고는 1~4회씩 기록되어 있다.

유산목록에 기록된 이들 가축의 현황을 정리하면 [표 6-8]과 같다.

[표 6-8] 가축소유 현황

가축	1-3	4-6	7-9	10-12	13-15	16-18	19-21	22이상	미상	소계	%
	가축별 소유가구 비율 (%)									소계	%
소/가구	47	37	14	15	2	5	2	10	0	132	76.7%
마리	102	180	112	165	29	88	41	353		1070	19.4%
말/가구	69	38	12	3	0	0	0	0	2	124	72.1%
마리	145	183	91	31	0	0	0	0		450	8.2%
돼지/가구	52	28	15	12	8	2	2	6	3	128	74.4%
마리	101	133	122	127	111	33	38	153		818	14.8%
양/가구	3	12	12	11	8	9	7	53	8	123	71.5%
마리	8	58	96	124	111	148	161	2466		3172	57.6%
총가구수										172	100%
총가축수										5510	100%

* 가축수 단위 : 마리

소나 말, 돼지, 양 등 어느 한 가축이라도 소유한 가구는 총 172가구이다. 그 가운데 소를 소유한 가구는 총 132가구로 가축을 소유한 전체 172가구의 76.7%이다. 말을 소유한 가구는 124가구로 전체의 72.1%, 돼지를 소유한 가구는 128가구로 74.4%, 양을 소유한 가구는 123가구로 71.5%이다.

이들 가운데 소, 말, 돼지, 양 모두를 소유한 가구는 78가구로 가축을 소유한 총 172가구의 45.3%이다. 3종류의 가축을 소유한 경우는 37가구로 21,5%, 2종류의 가축을 소유한 경우는 27가구로 15.7%이다. 소만을 소유한 가구는 6가구, 말만을 소유한 가구는 9가구, 돼지만을 소유한 가구는 10가구, 양만을 소유한 가구는 5가구로, 가축 한 종류만을 소유한 가구가 17.5%이다. 가축 한 종류만을 소유한 경우에는 양을 제외하고는 거의가 1~2마리 정도이다.

4종류의 가축을 모두 소유한 경우나 3종류의 가축을 소유한 경우가 그렇지 못한 가구에 비해 부유하였다. 특히 돼지나 소, 양이나 말 한 종류의 가축만을 소유한 경우가 가장 가난한 가구로 나타나고 있다.

소유한 가축의 총수는 5,510 마리로, 이 가운데 양이 가장 많아 3,172 마리로 57.6%이고, 다음은 소 1,070 마리로 19.4%, 그 다음은 돼지 818 마리로 14.8%이며, 말이 가장 적어 450 마리로 8.2%이다.

가축 소유의 비율에서 알 수 있듯이 양의 사육 두수가 다른 가축의 수를 압도하고 있다. 123가구가 3,172마리를 소유하여 가구당 평균 25.8마리를 소유하고 있다. 그런데 22마리 이상을 소유한 가구가 53가구로 양을 소유한 전체 123가구 가운데 43.1%이다. 반면에 1~3 마리를 소유한 경우는 3가구에 불과하며, 10마리 미만을 소유한 가구의 합 역시 27가구로 22% 정도이다. 대체로 양을 소유한 5가구 가운데 1가구 정도가 10마리 미만의 양을 소유하였고, 20가구 가운데 9가구 정도가 22마리 이상을 소유한 셈이다.

가구당 평균 25.8마리를 소유한 것을 생각하면 소수의 양 소유자들이 많은 양을 소유하고 있었다는 것을 추정할 수 있다. 실제로 30마리 이상의 양을 소유한 40가구 가운데 17가구는 50마리 이상을 소유하였고, 특히 7가구는 80마리 이상을 소유하였다. 가장 많은 양을 소유한 사람은 1684년 9월 1일 유산목록이 작성된 John Taverne로, ￡36 가치의 "120마리(6 score sheep & lambs)"를 소유하고 있었다.[107] 양을 사육하는 것은 상당수가 식용을 위해서였는데, 사육비용이 적게 들어가고 양젖에서 치즈생산도 가능했기 때문이었다. 더구나 양모를 제공하였기 때문에 주민들이 선호하던 가축이었다.

이와는 대조적으로 말은 124가구가 450마리를 소유하여 가구당 평균 3.6마리 정도를 소유하고 있다. 그런데 124가구 가운데 55.6%인 69가구가 1~3마리를 소유하여, 절반 이상이 소수의 말만을 소유한 것을 알 수 있다. 4~6마리의 소유자는 38가구로 30.6%, 7~9마리 소유자는 12가구로 9.7%, 10~12마리 소유자는 3가구로 2.4%에 불과하였다.

소의 경우는 132가구가 1,070마리를 소유하여 가구당 평균 8.1마리로 말의 가구당 평균 2배가 넘는 수치이다. 실제로 말의 경우는 13마리 이상의 소유자가 없었던 반면, 소는 19가구로 소를 소유한 전체 132가구의 14.4%를 점하고 있다. 그렇지만 소 역시 대부분 7마리 미만의 소유자로서 1~3마리 소유자가 47가구로 35.6% 4~6마리 소유자가 37가구로 28.0%로, 거의 3분의 2정도를 점하고 있다. 반면 22마리 이상의 소유자도 10가구로 7.6%를 점하고 있다. 이들 가운데 가장 많은 소를 소유한 사람은 1672년 9월 25일 유산목록이 작성된 요먼 Abraham Brecknock와 1713년 6월 4일 유산목록이 작성된 요먼 Richard Brown이다. Richard Brown은 ￡120 가치의 "40마리의 암소와 송아지(forty cowes & calves)"와 ￡38. 5s. 가치의 "16마리 암소와 1마리 황소(sixteen dry cowes & one bull)", 그리고 ￡56. 5s. 가치의 "24마리 비육우와 1마리 황소

107) *Farm and Cottage Inventories,* no. 130, p. 173.

(twenty four fatting cattle & one bull)” 등 총 82마리를 소유하고 있었다. 소외에도 Richard Brown은 말 11마리의 말(“four horses & their furnitures, ￡34. 8s., four small horses & plow harness and bridle and sadle ￡12, one breeding mare & two colts ￡12”), 11마리 돼지(“one sow & tenn piggs, ￡5”), 113마리의 양(“sheep & lambs thirty eight couple, ￡19; Thirty & seven sheep, ￡11 2s.”)을 소유하였다. 그의 동산 총액은 ￡1873. 14s.이었다. Abraham Brecknock은 소 57마리를 소유하였다.(“Eight bullocks, ￡30; four bullocks, ￡15. 15s.; nine fat bullocks, ￡40. 10s.; Sixeteene smaller bullocks, ￡48; five fatting cows, and a bull, ￡19. 10s.; eleaven milch cowes & three calves, ￡41. 10s.”) 그 밖에도 그는 말 7마리(“four hosres, 16s.; Three more horses, 8s.”), 돼지 16마리(“eight hogs, ￡8; eight store-pigs, ￡3. 12s.”), 양 31마리(“one & thirty sheepe, ￡13. 19s.”)를 소유하였으며, 동산 총액은 ￡644. 12s.이었다.[108)]

암소(cows)는 우유, 버터, 치즈, 고기를 제공하던 주요한 가축이었으나 18세기 전반까지는 투자 대비 효율성이 낮은 동물이었다. 소를 교배육종(cross-breeding)에 의하여 품질수준이 향상되기 시작한 것은 18세기 후반 Leicestershire의 Robert Bakewell, Norfolk Coke 등에 의해서였다. 우리들이 다루는 유산목록이 포괄하는 시기에는 소의 주요 털색깔이 불그레한 색깔(reddish colour)이었는데, 이는 Saxon인들이 동부 잉글랜드에 침입한 이후 들여온 것들이었다. 유산목록에서 보여주는 것들을 보면 서부 잉글랜드 원산의 검은색 소들이 동부로 도입되었다. 이런 소들의 지역적 교환이 가끔 기록되어 있으나, 유산목록에서 소를 소유한 대다수는 이동

108) *Farm and Cottage Inventories,* nos. 74, 198, pp. 123, 240.

에 별 관심이 없었던 것 같다. 하나의 예외가 있는데, 1681년 11월 18일 유산목록이 작성된 요먼 John Duke의 기록에는 비육에 적합한 방목지를 지니고 있는 Stow 늪지에 다수의 소를 소유하고 있었다. 그는 'In Stoo Marshes'에 "three cowes, ￡10; two olde cowes, ￡4; a bull stag, a bullchin and a bud, ￡4; six runts, ￡21; nine runts, ￡23; twelfe shepe, ￡3. 5s."을 소유하고 있었다. 또 'At Writtle'에 "two steer, ￡6. 10s.; five cowes and a kallf, ￡10; two cowes ￡5"를 소유하고 있었다. 그의 동산 총액은 ￡198였다.[109)]

돼지의 경우는 128가구가 818 마리를 소유하여 가구당 평균 6.4 마리 정도이다. 이 가운데 1～3마리의 소유자가 52가구로 40.6%, 4～6마리 소유자가 28가구로 21.9%를 차지하고 있다. 그에 비하여 7～9마리 소유자가 15가구로 11.7%, 10～12마리 소유자가 12가구로 9.4%를 차지하고 있다. 반면에 22마리 이상 소유자는 6가구로 4.7%에 불과하며, 25마리를 넘는 경우는 단 1가구로 1723년 6월 15일 유산목록을 남긴 요먼 John Herridge로 37마리를 소유하고 있었다.[110)]

이상에서 살펴보았듯이 돼지는 예상만큼 흔하지 않았는데, 이는 방목하는 돼지로 인하여 식량감소를 수반하는 숲의 황폐화를 가져오기 때문이었다. 당시에는 번식을 위한 암돼지를 제외하고는 도토리와 너도밤나무 열매가 떨어지고 겨울이 시작되기 전에 도살하는 것이 관습이었다. 이런 사실이 유산목록에 기록된 돼지 수가 적은 것의 이유를 설명한다. 소금에 절인 돼지고기("pork in the powdering tubs")가 2번 등장하는데,[111)] 다른 것들과의 합계로 가치가 매겨져 있어 보통 가정에서 겨울용으로 저장된 이런 고기

109) *Farm and Cottage Inventories,* no. 123. p, 166.
110) *Farm and Cottage Inventories,* no. 216. p, 253.
111) *Farm and Cottage Inventories,* nos. 115, 236, pp. 169, 267.

를 얼마로 가치평가 해야 하는지 알기 어렵다.

다른 지역에서의 가축소유 현황도 큰 차이가 없었던 것으로 보인다. 예컨대 1617～1620년 Bedfordshire의 166건의 유산목록에 나타난 가축의 총수 2,630 마리에 대한 F. G. Emmison의 분석은 다음과 같다.112)

[표 6-9] Bedfordshire 가축현황

가축	마리	%
소	689 마리	(26.2%)
말	145 마리	(5.5%)
돼지	414 마리	(15.7%)
양	1,382 마리	(52.6%)
합계	2,630 마리	(100%)

Bedfordshire의 경우에도 우리가 다루는 Mid-Essex의 경우와 마찬가지로 가구 당 소유한 가축의 수는 양이 가장 많고, 차례로 소와 돼지가 그 다음이며 말이 가장 적다. 물론 %에서의 얼마간의 차이는 존재하나 큰 의미는 없는 것으로 보인다. 즉, 두 지역 모두 양의 소유비율이 50%를 넘고 있으며, 말은 10% 미만이다. 돼지는 15% 전후이고, 소는 대체로 20～25% 전후 정도이다. 이를 통하여 당시의 이 같은 가축소유 현황은 농업지역 대부분에서 비슷했던 것으로 추정할 수 있다.

당시 가축들은 공동방목지에서 풀을 뜯기기 전에 주인의 표식이 낙인되었다. Forest of Essex의 장원관리인들은 18개 교구의 공

112) *Farm and Cottage Inventories,* p. 55.

동소유자 소유의 소들에게 교구의 낙인 외에 각각의 공동 소유자의 서로 구분되는 낙인을 사용하였다. 유사한 절차의 증거가 Writtle에서 1723년 6월 15일 요먼 John Herridge의 유산목록의 물품 가운데 낙인에 사용된 "피치 냄비와 낙인(pitch pan and brand)"이 언급되고 있다. 또 1693년 11월 17일 물방아주인 Henry May의 "쇠도장(iron seare)"도 마찬가지의 증거이다.113) 낙인에 사용된 피치 냄비에 대한 언급은 여러 차례 기록되어 있다.

8. 농기구

17~18세기에 사용되던 농기구는 크게 2개의 범주로 나눌 수 있는데, 무거운 농기구와 가벼운 농가구가 그것이다. 무거운 농기구는 쟁기, 써레, 롤러, 수레 같은 종류들이다. 가벼운 농기구는 주로 손 연장들이다. 농기구는 대체로 지역의 토질에 잘 맞는 형태를 갖고 있으며, 일부는 현재는 사용하지 않는 당대에 불리던 이름으로 기록되어 있어 특정 연장으로 확정하기 어렵다.

무거운 농기구의 대표적인 것은 쟁기였다. 영국의 많은 지역에서와 마찬가지로 Essex 지역의 무거운 점토질 땅을 갈아엎기 위해서는 무거운 쟁기가 필요했다. 쟁기에 대한 언급은 매우 많이 등장하고 있다. 특히 바퀴가 하나 달린 외바퀴쟁기(swing-plough)는 무거운 에식스의 점토질을 위하여 적합하였다. 쟁기 끝에는 땅이 잘 갈아지도록 쇠로 된 보습(ploughshare)이 박혀 있었다. 우리들이 다루는 유산목록에는 보습과 더불어 보습 끝의 날, 즉 Coulter를 의미하는 "Plough Irons"에 대한 언급이 다수 등장하고 있다.114)

113) *Farm and Cottage Inventories,* nos. 216, 171, pp. 254, 215.

일반적으로 이 무거운 쟁기는 황소나 말 2마리 혹은 4마리가 끌었는데 이들 쟁기와 가축을 합하여 쟁기 팀(plough team)이라 불렀고, 쟁기꾼(plowman)과 쟁기를 맨 가축을 모는 소년(plowboy)이 한 조가 되어 쟁기팀을 이용하여 밭갈이를 하였다.

써레(harrow)는 중세말과 거의 변동이 없었다. 대체로 무거운 사각형 틀 아래 갈아엎어진 흙이 부서져 평평해지도록 둥글고 끝이 보족한 다수의 써레살이 박혀 있었다. 써레는 쇠로 만들어지거나 혹은 나무로 만들어져, 말이 끄는 써레(horse-rake)가 일반적이었다.

파종기(seed-drill)는 발명가인 Jethro Tull(1674-1741)이 사망한 1741년 몇 년 뒤부터 기록에 나타나나, 우리들이 다루는 유산목록에는 기록되어 있지 않다. 당시 씨앗은 중세 이후의 전통적인 흩뿌리기나 또는 고랑이나 구멍을 파고 뿌렸다.

Waggons과 carts는 농업용으로 사용되는 짐수레(load-carts)였다. 이에 대한 언급은 많은데, 확실히 중세부터 유래하는 'loode'에서 기인하며 농업용으로 사용하는 cart의 포괄적인 의미로 사용하였다. 거름수레(dung-cart)는 별도로 언급되고 있다. 짐수레는 대체로 한 쌍의 바퀴가 달린 부착식 몸체를 가졌던 것 같은데, 한 마리 말이 끌었다. 긴수레(long-carts)도 간혹 언급되고 있는데, 이는 waggons의 다른 이름이었다.[115] Wagon의 몸체를 의미하는 East Anglia 말인 'buck'도 4차례 나오는데[116], 이 같은 사실은 'waggons'과 'carts'가 서로 교체할 수 있는 용어였던 것으로 확인된다. 그렇기는 하나 대체로 긴수레였던 waggon은 두 쌍의 바퀴가 달린 수레로 두 마리의 말이 끌었다.

---

114) *Farm and Cottage Inventories,* nos. 9, 35, 62-4, 74, 85, 85, 102, 108, 111, 119, 136-37, 154, 158, 160, 168, 187, 217, 227.

115) load cart의 예, *Farm and Cottage Inventories,* nos. 7, 8, 19, 21, 28, 32, 35, 46, … 201, 210, 212; long cart의 예, nos. 47, 68, 74, 94-5, 101, 109, 113, 131, 151, 154-55, 160, 182, 187, 204.

116) *Farm and Cottage Inventories,* nos. 86, 128, 161, 227.

마차(Carriages)에 대한 언급은 1670년, 1679년, 1694년 3차례 나오는데, 1694년 2월 14일 요먼 Richard Clary의 Carriage는 ￡1 가치가 있는 것으로 기록되어 있다.[117] 그런데 1677년 5월 28일 대장장이 William Eree의 물품 중에 나타나는 "one coach-box"는[118] 같이 등장하는 의자, 찬장 등의 내용으로 미루어 보아 대형 4륜마차를 의미하는 것이 아니라 여행용 가방을 의미하는 것이 분명하다.

쟁기나 수레용의 마구는 종종 언급되나, 마구로 집합적으로 표현될 경우에는 쟁기줄 같은 것을 포함한다. 유산목록에 등장하는 gears는 마구에 사용된 것으로 보인다. 좀 더 드문 물품으로는 안장에 관련된 안장받침, 봇줄, 재갈, 박차, 등자 등이 언급되고 있다. 여성용 곁안장(side saddles)이나 뒷사리(pillion)도 가끔 등장한다.

가벼운 농기구들은 주로 일꾼들이 손을 사용하여 일하는 농기구들이었다. 도끼, 낫, 거름 포크, 삽, 갈퀴(rakes), 곡괭이와 외바퀴손수레(wheel barrows) 및 기타 손 농기구들이 흔했다. 잡목, 콩과 강낭콩, 잡초, 풀을 베는 낫(hooks)에 대한 언급도 있으며, 풀을 베는 낫(grass-hooks)을 특정화하는 'brome'이라는 용어가 사용되기도 했다.[119]

낫(sickles)은 넓고 끝이 둥근 fagging hooks와 구분되는데, 1637년부터 1720년까지 14차례 기록되어 있다. 이 낫은 우리나라의 일반 낫과 같은 모양으로 주로 나뭇가지나 풀, 곡물 등을 베는데 사용되었다. 이 보다 더 자주 언급되는 것이 큰 낫(scythes)인데, 큰 낫에 대한 기록은 1637년부터 1729년까지 20차례 등장하고 있다. 큰 낫은 자루가 길고 날이 크고 약간 휘어진 것으로, 키가 큰 풀 등을 서서 자루를 휘두르며 작업을 하는 연장이다. 큰 낫에는 자

117) *Farm and Cottage Inventories,* nos. 63, 164, 173.

118) *Farm and Cottage Inventories,* no. 96, p. 143.

119) 1692년 7월 1일 작성된 식료품상 겸 포목상인 Joseph Clarke의 유산목록에서이다. *Farm and Cottage Inventories,* no. 169, p. 213.

루(snath)외에 받침대(cradles)가 달려있어 풀이나 곡물을 벨 때 사용되었다. Cradles은 큰 낫의 날과 평행으로 구부러진 가벼운 나무 프레임이었으며, 베는 과정 동안 풀이나 곡물을 모아 작은 줄을 형성했다. 낫과 큰 낫은 파머들이 소유한 농기구 가운데 가장 흔했던 것으로, 많은 농가에서 몇 자루씩 소유하고 있었다. 예컨대 1671년 4월 22일 농부였던 Nathaniell Campyon의 유산목록에는 "큰 낫 두 자루와 낫 두 자루(two sithes, two sickelles)"가 기록되어 있다.[120]

수확된 밀과 보리 등 곡물은 집안의 헛간으로 옮겨진 후 탈곡되었다. 탈곡기가 발명되기 이전이었으므로 대체로 숫게 깐 나무판 위에서 도리깨(flails)로 탈곡되고, 바람이 부는 날 팬이나 체를 통해서 까불렀다. 곡물 알갱이는 천에 떨어지고 날아가지 않은 큰 껍질을 제거하기 위하여 "caving sieve" 등으로 걸러진다. cavings은 껍질이 제거된 후 부서진 곡물 이삭에서 남겨진 것을 의미하는 방언으로, 우리들이 다루는 유산목록에서는 1659년 12월 20일 Charles Cleark의 물품 중에 4s. 가치의 "one Caving-Sieve & a fann"이 기록되어 있다.[121] 껍질을 실어나는 남자나 소년을 'cavey'라 불렀다.

도리깨는 4차례만 언급되나[122], 도리깨 외에도 헛간에 까는 천(barn-cloths), 어레미(riddles), 체(sieves and screen), 삽(casting-shovels) 같은 장비들은 탈곡에 필수적인 것이었다. 이 같은 여러 세기 동안 친밀하게 사용하던 연장들은 산업화 이후 급격히 사라진 것들이다. 그런데 왕겨(chaffs)에 대한 언급은 자주 나오나 왕겨 박스(chaff-box), 절단기(cutter), 지붕이기 도구 등은 존재했음에 틀림없는데도 우리들이 다루는 유산목록에는 보이지 않는다.

---

120) *Farm and Cottage Inventories,* no. 67, p. 118.
121) *Farm and Cottage Inventories,* no. 26, p. 89.
122) *Farm and Cottage Inventories,* nos. 25, 137, 193, 210.

참고문헌

1. 사료

Carte Nativeorum : A Peterborough Abbey Cartulary of the Fourteenth Century, ed. C.N.L. Brooke and M.M. Postan (Northamptonshire Record Society, xx, oxford, 1960).

Chesterfield Wills and Inventories, 1521-1603, ed. J.M. Bestall and D.V. Fowkes (Derbyshire Record Society, vol. 1, 1977).

Elizabethan Wills of South-West Essex, ed. F.G. Emmison (The Kylin Press, Waddesdon, Buckinghamshire, 1983).

Farm and Cottage Inventories of Mid-Essex 1635-1749, ed. Francis W. Steer (London, 1969).

Household and Farm Inventories in Oxfordshire, 1550-1590, ed. M.A. Havinden (London, 1965).

Leicestershire Medieval Village Notes, 6 vols, ed. George F. Farnham (Leicester, 1929-33).

Life and Death in Kings Langley : Wills and Inventories 1498-1659, ed. Lionel M. Munby (Kings Langley Local History & Museum Society, 1981).

Miners & mariners of the Severn Gorge : probate inventories for Benthall, Broseley, Little Wenlock, and Madeley, 1660-1764, ed. Barrie Trinder (Chichester, West Sussex : Phillimore, 2000).

Probate Inventories and Manorial Excepts of Chetnole, Leigh and Yetminster, ed. R. Machine (University of Bristole, 1976).

Probate Inventories of Lichfield and District 1568-1680, ed., D. G. Vaisey (Staffordshire Record Society; Suffolk, 1969).

Probate inventories of Lincoln citizens, 1661-1714, ed. J.A. Johnston (Lincoln Record Society, 1991).

Some Oxfordshire Wills: Proved in the Prerogative Court of Canterbury, 1393-1510, ed. J.R.H. Weaver and A. Beardwood (Oxfordshire Record Society, 1958).

Southampton probate inventories, 1447-1575, 2 vols, ed. Edward Roberts and Karen Parker (Southampton University Press, 1992).

Stockport Probate Records, 1578-1619, ed. C.B. Phillips and J.H. Smith (Lancashire and Cheshire Society, 1985).

The Description of England by William Harrison, ed., Georges Edelen (Cornell University Press, 1968).

The Goods and Chattels of Our Forefathers : Framton Cotterell and District Probate Inventories 1539-1804, ed. John S. Moore (Phillimore: London, 1976).

The Ipswich Probate Inventories, 1583-1631, ed. Michael Reed (Boydell Press: Suffolk Records Society, 1981).

The State of England, Anno Dom. 1600 by Thomas Willison, ed. F.J. Fisher (Camden Miscellany, 1936).

Wills of Leeds, Pontefract, Wakefield, Otley and District 1539-1553, ed. George Denison Lumb (Privately printed; Leeds, 1913).

Wills of Leeds, Pontefract, Wakefield, Otley and District 1553-1561, ed. George Denison Lumb (Privately printed; Leeds, 1930).

Yeomen and Colliers in Telford : Probate Inventories for Dawley, Lilleshall, Wellington and wrockwardine, 1660-1750, ed. B. Trinder and J. Cox (Phillimore: London, 1980).

Yorkshire Probate Inventories 1542-1689, ed. Peter C. D. Brears (Yorkshire Archaeological Society, 1972).

2. 단행본

Ad van der Woude and Anton Schuurman ed., *Probate Inventories : A New Source for the Historical Study of Wealth, Material Culture, and Agricultural Development* (Wageningen, I980).

Agrarian History of England and Wales, vol. IV. 1500-1640, ed. J. Thirsk (Cambridge University Press, 1967).

Agrarian History of England and Wales, vol. V-1. 1640-1750: Regional Farming System, ed. J. Thirsk (Cambridge University Press, 1984).

Agrarian History of England and Wales, vol. V-2. 1640-1750: Agrarian Change, ed. J. Thirsk (Cambridge University Press, 1985).

Agrarian History of England and Wales, VI, 1750-1850, ed. G.E. Mingay (Cambridge University Press, 1989).

Allen, R.C., *Enclosure and the Yeoman : The Agricultural Deveopment of the South Midland* (Clarendon Press: Oxford, 1992).

Baker, J.H., *English Legal History* (Butterworth, 3rd edn 1990).

Barley, M. W., *The English Farmhouse and Cottage* (Routledge & Kegan Paul, 1961).

Beckett, J.V., *The Agricultural Revolution* (Basil Blackwell: Oxford, 1990).

Briggs, Asa, *A Social History of England* (Weidenfeld and Nicolson: London, 1983).

Brunskill, R.W., *An Illustrated Handbook of Vernacular Architecture* (Faber and Faber : London, 1971).

Bujak, Edward, *England's Rural Realms : Landholding and the Agricultural Revolution* (London : I.B.Tauris, 2007).

Butlin, R.A., *The Transformation of Rural England c. 1580-1800: A Study in Historical Geography* (Oxford University Press, 1982).

Campbell, B.M.S. and Overton, M. ed., *Land, Labour and Livestock: Historical Studies in European Agricultural Productivity* (Manchester University Press, 1991).

Campbell, Mildred, *The English Yeoman under Elizabeth and the early Stuarts* (Yale University Press, 1942: rep. N. Y., 1968).

Chartres, J. and David Hey ed., *English Rural Society, 1500-1800: Essays in Honour of Joan Thirsk* (Cambridge University Press, 1990).

Clay, C. ed., *Rural Society: Landowners, Peasants and Labourers 1500-1750* (Cambridge University Press, 1990).

Coward, B., *Social Change and Continuity in Early Modern England 1550-1750* (Longman: London, 1988).

Gibson, J. and Churchill, E., *Probate Jurisdictions: Where To Look For Wills, 5th edition* (Federation of Family History Societies, 2002).

Goose, N. ed., *When Death Do Us Part : Understanding and interpreting the probate records of early modern England* (University of Hertfordshire Press, 2006).

Grannum, Karen and Nigel Tayor, *Wills and Other Probate Records* (The National Archives, 2004).

Gray, H.L., *English Field System*, (Harvard University Press, 1915).

Grigg, David, *The Agricultural Revolution in South Lincolnshire* (Cambridge University Press, 2009).

Hey, D., *Packmen, Carriers and Packhorse Roads. Trade and Communications in North Derbyshire and South Yorkshire* (Leicester, 1980).

Hey, D., *The Rural Metalworkers of the Sheffield Region* (Leicester, 1972).

Hey, D.G., *An English Rural Community: Myddle under the Tudors and Stuarts,* (Leicester University Press, 1974).

Holderness B.A. and Turner M., *Land, Labour and Agriculture, 1700-1920: Essays for Gordon Mingay* (The Hambledon Press: London, 1991).

Homans, G.C., *English Villagers of the Thirteenth Century* (Rusell & Russell: N.Y., 1960).
Hoskins, W.G., *Studies in Leicestershire Agrarian History* (The Leicestershire Archaeological Society, 1949).
Hoskins, W. G., *Essays in Leicestershire History* (Liverpool at the University Press, 1950).
Hoskins, W.G., *The Midleland Peasant: The Economic and Social History of a Leicestershire Village* (London, 1957).
Hoskins, W. G., *Provincial England: Essays in Social and Economic History* (London, 1965).
Hoskins, W.G., *Local History in England*, 3rd ed. (Routledge, 1984).
Howell, C., *Land, Family and Inheritance in Transition: Kibworth Harcourt, 1280-1700* (Cambridge University Press, 1983).
Jones, E.L., *Agriculture and the Industrial Revolution* (Basil Blackwell: Oxford, 1974).
Kerridge, Eric, *The Agricultural Revolution* (Routledge, 2013).
Laslett, P., *The World We Have Lost* (2nd, ed. 1971).
Lemire, Beverly, *Dress, Culture, and Commerce: The English Clothing Trade before the Factory, 1660-1800* (N.Y: St. Martin's Press, 1997).
Lord Ernle, *English Farming: Past and Present*, 6th edn, introduction by G. E. Fussell and O. R. Mcgregor (London, 1961).
Miller, E. and J. Hatcher, *Medieval England: Rural Society and Economic Change 1086-1348* (Longman: London, 1978).
Milward, Rosemary, *A Glossary of Household, Farming and Trade Terms from Probate Inventories* (Derbyshire Record Society, 1982).
Muldrew, Craig, *Food, Energy and the Creation of Industriousness: Work and Material Culture in Agrarian England, 1550–1780* (Cambridge, 2011).
Overton, Mark, *Agricultural Revolution in England: The Transformation of the Agrarian Economy 1500-1850* (Cambridge University Press, 1996).
Phillips, C.B. and J.H. Smith, *Lancashire and Cheshire from 1540* (Routledge, 1994).
Platt, Colin, *The Great Rebuildings of Tudor and Stuart England: Revolutions in Architectural Taste.* (Routledge, 1994).
Riden, Philip ed. *Probate Records and the Local Community* (Alan Sutton, 1985).
Rowlands, M., *Masters and Men in the West Midland Metalware Trades before the Industrial Revolution* (Manchester, 1975).
Sheehan, Michael M., *The Will in Medieval England* (Pontifical Institute of Medieval Studies, Toronto, Studies and Texts No. 6, 1963).
Spufford, M., *Contrasting Communities: English Villagers in the Sixteenth and*

Seventeenth Centuries (Cambridge University Press, 1974).
Stone, L., *Family, Sex and Marriage in England, 1500- 1800* (Weidenfeld & Nicolson, 1977).
Thirsk, J., *English Peasant Farming: The Agrarian History of Lincolnshire from Tudor to Recent Times* (London, 1957).
Thirsk, J., *England's Agricultural Regions and Agrarian History, 1500-1750* (Macmillan: London, 1987).
Weatherill, Lorna, *Consumer Behavior and Material Culture in Britain, 1660-1760* (Routledge, 1988).
Whitelock, Dorothy, *Anglo-Saxon Wills* (Cambridge University Press, 1930).
Willan, T.S., *The Inland Trade* (Manchester University Press, 1976).
Wrigley E. A. and R. S. Schofield, *The Population History of England, 1541–1871: A Reconstruction* (Cambridge, 2002).
김호연, 『근대초 영국 농촌사회 연구』 (울산대학교 출판부, 2005).

3. 논문

Allen, Roert C., "Inferring Yields from Probate Inventories", *Journal of Economic History*, Vol. 48 (1988).
Allen, Robert C., "Tracking the Agricultural Revolution in England", *The Economic History Review*, New Series, Vol. 52, No. 2 (1999).
Allen, Robert C., "The Two English Agricultural Revolution, 1459-1850", in Campbell, B.M.S. and Overton, M. ed., *Land, Labour and Livestock: Historical Studies in European Agricultural Productivity* (Manchester University Press, 1991).
Allen, Robert C., "The Nitrogen Hypothesis and the English Agricultural Revolution: A Biological Analysis", *Journal of Economic History*, Vol. 68, no.1 (2008).
Baer, William C., "The house-building sector of London's economy, 1550–1650", *Urban History*, Vol. 39, no.3 (2012).
Baer, William C., "Early retailing: London's shopping exchanges, 1550-1700", *Business History*, Vol. 49, no.1 (2007).
Bedell, John, "Archaeology and Probate Inventories In the Study of Eighteenth-Century Life", *Journal of Interdisciplinary History*, Vol. 31 (2000).
Bert De Munck, "The agency of branding and the location of value: hallmarks and monograms in early modern tableware industries", *Business History*, Vol. 54 (2012).
Brown, Frank E., "Continuity and Change in the Urban House: Developments in

Domestic Space Organisation in Seventeenth-Century London", *Comparative Studies in Society and History,* Vol. 28, No.3 (1986).

Buck, Anne, "Clothing and Textiles in Bedfordshire Inventories, 1617-1620", *The Journal of the Costume Society*, Vol. 34 (2000).

Campbell, B.M.S. and Overton, M., "A New Perspective on Medieval and Early Modern Agriculture: Six Centuries of Norfolk Farming, c.1250-c.1850", *Past and Present,* No. 141 (1993).

Caunce, S.A., "Complexity, community structure and competitive advantage within the Yorkshire woollen industry, c.1700-1850", *Business History*, Vol. 39 (1997).

Clark, G., "Yields per Acres in English Agriculture, 1250-1860", *Economic History Review*, Vol. 44 (1991).

Clarkson, L.A., "The leather crafts of Tudor and Sturat England", *Agricultural History Review,* XIV (1968).

Clarkson, L.A., "The Organisation of the English Leather Industry in the late Sixteenth and Seventeenth Centuries", *Economic History Review*, 2nd series, XIII (1960).

Clifford, Helen, "Concepts of Invention, Identity and Imitation in the London and Provincial Metal-Working Trades, 1750-1800", *Journal of Design History*, Vol. 12 (1999).

Dyer, C., "English Peasant Buildings in the Later Middle Ages (1200-1500)", *Medieval Archaeology*, vol. 30 (1986).

Dyer, Christopher, "Vernacular Architecture and Landscape History : The Legacy of 'The Rebuilding of Rural England' and 'The Making of the English Landscape'", *Vernacular Architecture*, Vol. 37 (2006).

Emery, F., "The Farming Regions of Wales", in *The Agrarian History of England and Wales, Vol. IV. 1600-1640.*

Evance, N., "Inheritance, Women, Religion and Education in early Modern Society as Revealed by Will", in Philip Riden, ed., *Probate Records and the Local Community* (Allen Sutton, 1985).

Everitt, A., "Farm Labourers", in J. Thirsk ed., *The Agrarian History of England and Wales, Vol. IV. 1600-1640* (Cambridge University Press, 1967).

Faith, R.J., "Berkshire: Fourteenth and Fifteenth Centuries," in P.D.A. Harvey ed., *The Peasant Land Market in Medieval England* (Oxford, 1984).

Field, R.K.. "Worcestershire Peasant Building, Household Goods and Farming Equipment in the Later Middle Ages", *Medieval Archaeology*, Vol. 9 (1965).

Fowler, Christina, "Changes in provincial retail practice during the eighteenth century, with particular reference to central-southern England.(Special Issue: The

Emergence of Modern Retailing, 1750-1950)", *Business History*, Vol. 40, no.4 (1998).

Garrard, R.P., "English Probate Inventories and their Use in Studying the Sgnificance of the Domestic Interior, 1570-1700", in Ad van der Woude and Anton Schuurman (eds.), *Probate Inventories.*

Grassby, Richard, "Material Culture and Cultural History", *Journal of Interdisciplinary History*, Vol. 35 (2005).

Harding, Vanessa, "Families and Housing in Seventeenth-Century London", *Parergon*, Vol. 24 (2008).

Hoskins, W.G., "The Rebuilding of Rural England, 1570-1640", in W.G. Hoskins, *Provincial England: Essays in Social and Economic History* (London, 1965).

Hoskins, W.G., "The Leicestershire Farmer in the Seventeenth Century", in W.G. Hoskins, *Provincial England: Essays in Social and Economic History* (London, 1965).

Hoskins, W.G., "The Leicestershire Farmer in the Sixteenth Century", in W.G. Hoskins, *Essays in Leicestershire History* (Liverpool University Press, 1950).

Howell, C., "Stability and Change, 1300-1700: the Socio-Economic Context of the Self-Perpetuating Family Farm in England", *The Journal of Peasant Studies,* Vol. 2 (1975).

Lemire, Beverly, "The Theft of Clothes and Popular Consumerism in Early Modern England," *Journal of Social History*, 24 (1990).

Machine, R., "The great Rebuilding: a Reassessment", *Past and Present*, no. 77 (1977).

Moore, J. S., "Probate Inventories: Problems and Prospects", in Philip Riden ed., *Probate Records and the Local Community* (Allen Sutton, 1985).

Overton M. and Campbell, B.M.S., "Norfolk Livestock Farming 1250-1740: a Comparative Study of Manorial Accounts and Probate Inventories", *Journal of Historical Geography*, Vol. 18 (1992).

Overton M., "English Probate Inventories and the Measurement of Agricultural Change", in A. Van Der Woude, and A. Schuurman eds., *Probate Inventories: A New Source for the Historical Study of Wealth, Material Culture and Agricultural Development* (Hes Publishers: Utrecht, Netherlands, 1980).

Overton, M., "Agricultural Revolution? Development of the Agrarian Economy in Early Modern England", in Alan R. Baker and Derek George, *Explorations in Historical Geography* (Cambridge University Press, 1984).

Overton, M., "Estimating Crop yields from Probate Inventories: an Example from East Anglia, 1585-1735", *Journal of Economic History*, Vol. 39 (1979).

Overton, M., "Re-establishing the English Agricultural Revolution", *Agricultural History Review*, Vol. 44 (1996).

Overton, M., "The Determinents of Crop Yields in Early Modern England", in Campbell, B.M.S. and Overton, M. (eds.), *Land, Labour and Livestock: Historical Studies in European Agricultural Productivity* (Manchester University Press, 1991).

Overton, Mark, "Agricultural Productivity in Eighteenth Century England : Some Further Speculations," *Economic History Review*, 2nd series, vol. 37 (1984).

Overton, Mark, "Re-estimating Crop Yields from Probate Inventories : A Comment", *The Journal of Economic History*, Vol. 50, No. 4 (1990).

Overton, Mark, "The Diffusion of Agricultural Innovations in Early Modern England: Turnips and Clover in Norfolk and Suffolk, 1580-1740", *Transactions of the Institute of British Geographers*, Vol. 10 (1985).

Ponsonby, Margaret, "Towards an Interpretation of Textiles in the Provincial Domestic Interior: Three Homes in the West Midlands, 1780-1848", *Textile History*, Vol.38, no.2 (2007).

Priestley, Ursula, P. J. Corfield, "Rooms and room use in Norwich housing, 1580-1730", *Post-Medieval Archaeology*, Vol. 16 (1982).

Razi, Zvi, "Family, Land and the Village Community in Later Medieval England," *Past and Present*, 93 (1981).

Schuurman, A., "Probate Inventories: Research Issues, Problems and Results", in Van Der Woude and Schuurman eds., *Probate Inventories.*

Shammas, Carole, "Explaining Past Changes in Consumption and Consumer Behavior", *Historical Methods*, Vol. 22 (1989).

Shepard, Alexandra, "Crediting Women in the Early Modern English Economy", *History Workshop Journal*, Vol. 79, no.1 (2015).

Spufford, M., "The Limitation of the Probate Inventory", in John Chartres and David Hey, *English Rural Socity, 1500-1800 : Essays in Honour of Joan Thirsk* (Cambridge University Press, 1990).

Stobart, Jon ; Hann, Andrew, "Retailing revolution in the eighteenth century? Evidence from North-West England", *Business History*, Vol. 46, no.2 (2004).

Stobart, Jon, "A history of shopping: the missing link between retail and consumer revolutions", *Journal of Historical Research in Marketing*, Vol. 2, no.3 (2010).

Stobart, Jon, "Selling (Through) Politeness: Advertising Provincial Shops in Eighteenth -century England", *Cultural and Social History*, 5 (2008).

Stobart, Jon, "The Economic and Social Worlds of Rural Craftsmen-Retailers in Eighteenth-Century Cheshire", *The Agricultural History Review*, Vol. 52, no.2

(2004).
Styles, John, "Clothing the North: the Supply of non-elite Clothing in the Eighteenth -Century North of England," *Textile History*, 25 (1994).
Styles, John, "Involuntary Consumers? Servants and Their Clothes in Eighteenth-Century England", *Textile History*, 33 (2002).
Theobald, Jonathan, "Agricultural Productivity in Woodland High Suffolk, 1600-1850", *The Agricultural History Review*, Vol. 50, no.1 (2002).
Thomas, Richard, "Zooarchaeology, Improvement and the British Agricultural Revolution", *International Journal of Historical Archaeology*, Vol. 9 (2005).
Titow, J.Z., "Some Difference between Manors and their effects on the Condition of the Peasant in the Thirteenth Century," *Agricultural History Review*, x (1962).
Vaisey, D.G., "Probate Inventories and Provincial Retailers in the Seventeenth Century." in Riden, ed., *Probate Records and the Local Community.*
William C. Baer, "Using housing Quality to track change in the standard of living and poverty for seventeenth-century London", *Historical Methods*, Vol. 47 (2014).
Williamson, Janet, "Norfolk: Thirteenth Century," in P.D.A. Harvey ed., *The peasant Land Market in Medieval England* (Oxford, 1984).
Wrightson, K., "Aspects of Social Differentiation in Rural England, c. 1580-1660", *The Journal of Peasant Studies*, Vol. 5 (1977).
Yelling, J.A., "Probate Inventories and the Geography of Livestock Farming: a study of east Worcestershire, 1540-1750", *Transactions of the Institute of British Geographers*, no. 51 (1970).
Zell, M. L., "Fifteenth and Sixteenth Century Wills as Historical Sources", *Archives*, vol. 62 (1979).

찾아보기